Stephan Förster

Das politische System des Kantons Schaffhausen
Akteure, Institutionen und Entscheidungsprozesse in einem Kleingliedstaat

Occasional Papers
Nr. 30

Herausgeber:	Europäisches Zentrum für Föderalismus-Forschung
Anschrift:	Nauklerstraße 37 a D-72074 Tübingen Telefon: +49 (0)7071-29 77 368 Fax: +49 (0)7071-92 28 76 E-Mail: ezff@uni-tuebingen.de
Vorstand:	Prof. Dr. Dr. h.c. Horst Förster Prof. Christopher Harvie, Ph.D. Prof. Dr. Rudolf Hrbek (Sprecher) Prof. Dr. Martin Nettesheim Prof. Dr. Barbara Remmert Prof. Dr. Josef Schmid Prof. Dr. Dr. h.c. Wolfgang Graf Vitzthum Prof. Dr. Hans-Georg Wehling
In Zusammenarbeit mit:	Prof. Dr. Franz Knipping (Wuppertal) und Prof. Dr. Roland Sturm (Erlangen-Nürnberg)
Koordination:	Ass. iur. Annegret Eppler, M.A.

Alle Rechte vorbehalten.
Copyright: Europäisches Zentrum für Föderalismus-Forschung,
Februar 2005
Erschienen im Selbstverlag
Druck: Schwäbische Druckerei, Stuttgart
ISBN-Nr.: 3-9806978-9-4
Schutzgebühr: 8,- €

Die Veröffentlichung dieser Arbeit wurde durch einen Zuschuss zu den Druckkosten vom Kanton Schaffhausen ermöglicht. Sie basiert auf einer an der RWTH Aachen eingereichten Dissertation. Stand der Daten ist Dezember 2003.

ein Engagement des Kantons
im KulturRaumSchaffhausen

Inhaltsübersicht

Einleitung

Erster Teil: **Intermediäre Akteure und Institutionen des politisch-administrativen Entscheidungssystems**

    Erstes Kapitel: Intermediäre Akteure

    Zweites Kapitel: Institutionen des politisch-administrativen Entscheidungssystems

Zweiter Teil: **Empirische Analyse kantonaler Entscheidungsprozesse**

    Drittes Kapitel: Methodisches Vorgehen und Datensatzbeschreibung

    Viertes Kapitel: Formelle, inhaltliche und prozessuale Merkmale kantonaler Entscheidungen

    Fünftes Kapitel: Der Anstoß zu einem politischen Entscheidungsprozess und die vorparlamentarische Phase

    Sechstes Kapitel: Die parlamentarische Phase

    Siebtes Kapitel: Die nachparlamentarische Phase

    Achtes Kapitel: Die neue Kantonsverfassung als Sonderfall

Zusammenfassung der empirischen Ergebnisse und Ausblick

Anhang

Inhaltsverzeichnis

Inhaltsverzeichnis ... 7
Vorwort ... 13
Einleitung ... 14

Erster Teil: Intermediäre Akteure und Institutionen des zentralen politischen Entscheidungssystems ... 17

Erstes Kapitel: Intermediäre Akteure ... 18

1. Einleitung ... 18
2. Parteien ... 21
  2.1 Art des kantonalen Parteiensystems ... 21
  2.2 Organisation der kantonalen Parteien ... 26
    2.2.1 Mitgliederzahl, Mitgliederentwicklung und Mitgliedschaft ... 26
    2.2.2 Innerer Aufbau ... 29
    2.2.3 Finanzen ... 31
  2.2 Programmatische Ausrichtung ... 32
3. Verbände ... 33
4. Presse ... 37
  4.1 Die kantonale Presselandschaft ... 37
  4.2 Die „Schaffhauser Nachrichten" ... 38
  4.3 Die „Schaffhauser AZ" ... 40
  4.4 Die Landzeitungen ... 41
  4.5 Der „Schaffhauser Bock" ... 41
5. Gemeinden ... 42

Zweites Kapitel: Institutionen des politisch-administrativen Entscheidungssystems ... 48

1. Einleitung ... 48
2. Parlament ... 49

2.1 Die Funktionen des kantonalen Parlaments 49
2.1.1 Repräsentation und Kommunikation 51
2.1.2 Artikulation und Initiative 52
2.1.3 Gesetzgebung 53
2.1.4 Budgetfunktion und Wirkungssteuerung 54
2.1.5 Aufsicht und Kontrolle 55
2.1.6 Wahlen 56
2.1.7 Rekrutierung 57
2.1.8 Weitere Befugnisse 57
2.2 Die Organisation des kantonalen Parlaments 58
2.2.1 Die Parlamentsleitung 58
2.2.2 Die Fraktionen 59
2.2.3 Das Plenum 61
2.2.4 Die Kommissionen 61
2.3 Die Zusammensetzung des kantonalen Parlaments 63
2.3.1 Wahl des kantonalen Parlaments 63
2.3.2 Parlamentssoziologie 63
2.3.2.1 Alter 63
2.3.2.2 Geschlecht 64
2.3.2.3 Kantonsratszugehörigkeit 64
2.3.2.4 Ausbildung und Berufstätigkeit 65
2.3.2.5 Interessenbindungen 66
2.3.3 Kompetenz, Aufwand und Entschädigung im Milizparlament 67
2.4 Reformmöglichkeiten 70
3. Regierung und Verwaltung 71
3.1. Die Funktionen der kantonalen Regierung und Verwaltung 71
3.2 Die Organisation der kantonalen Regierung und Verwaltung 72
3.2.1 Regierung 72
3.2.2 Staatskanzlei 74

3.2.3 Verwaltung 75

3.2.4 Aufgabenerfüllung in einem kleinen Kanton 79

3.3 Die Zusammensetzung der kantonalen Regierung 84

Zweiter Teil: Entscheidungsprozesse 89

Drittes Kapitel: Methodisches Vorgehen und Datensatzbeschreibung 90

Viertes Kapitel: Formelle, inhaltliche und prozessuale Merkmale kantonaler Entscheidungen 92

1. Rechtssetzungsstufe 92

2. Neuheit der Norm 92

3. Politikfeld 94

4. (Erwartete) gesellschaftliche Auswirkungen 96

5. Impulsgeber 100

6. Dauer des Entscheidungsprozesses 103

Fünftes Kapitel: Der Anstoß zu einem politischen Entscheidungsprozess und die vorparlamentarische Phase 107

1. Der Anstoß zu einem politischen Entscheidungsprozess 107

1.1 Volksinitiativen 107

1.2 Parlamentarische Initiativen 110

1.3 Initiative seitens Regierung und Verwaltung 111

1.4 Bewertung 112

2. Die vorparlamentarische Phase 112

Sechstes Kapitel: Die parlamentarische Phase 116

1. Ablauf der parlamentarischen Beratungen 116

2. Parlamentarischer Einfluss auf die Gesetzgebung (Legiferierung) 117

3. Einflussfaktoren auf die Höhe der parlamentarischen Zustimmung 120

Siebtes Kapitel: Nachparlamentarische Phase 126

    1. Formen des Referendums 126

    1.1 Verfassungsreferenden 126

    1.2 Gesetzesreferenden 127

    1.3 Finanzreferenden bei Ausgaben und Steuern 127

    1.4 Grundsatzreferenden 129

    1.5 Sonstige Referenden 129

    1.6. Änderungen in der neuen Kantonsverfassung von 2003 129

    2. Abstimmungskampf und Abstimmung 130

    3. Einflussfaktoren auf das Abstimmungsergebnis 133

    3.1 Abstimmungsergebnis 133

    3.2 Einfluss der formellem, inhaltlichen und prozessualen Merkmale sowie der Gesamtveränderung auf das Abstimmungsergebnis 134

    3.3 Einfluss der Zustimmungsquote im Parlament auf das Abstimmungsergebnis 136

    3.4 Einfluss der Stimmbeteiligung auf das Abstimmungsergebnis 137

    3.5 Einfluss der Parolen auf das Abstimmungsergebnis 138

    3.5.1 Die großen Parteien 138

    3.5.2 Die Verbände 139

    3.5.3 Die „Schaffhauser Nachrichten" 140

    3.5.4 Kombinationen von Parolen 141

    3.5.5 Erklärungskraft der Parolen 142

    3.6 Gesamtmodell 142

Achtes Kapitel: Die neue Kantonsverfassung als Sonderfall 146

    1. Vorbemerkung 146

    2. Der Anstoß und die Festlegung der Vorgehensweise 146

    3. Der erste Verfassungsentwurf (vom Volk abgelehnt) 149

    4. Der zweite Verfassungsentwurf (vom Volk angenommen) 151

    5. Bewertung 152

Zusammenfassung der empirischen Ergebnisse und Ausblick 153
   1. Zusammenfassung der empirischen Ergebnisse 153
   2. Entwicklungstendenzen im Kanton Schaffhausen 155
   3. Zu den Kleingliedstaaten 156
   4. Folgerungen für die Deutschsprachige Gemeinschaft Belgiens 158

Anhang 162
   1. Literaturverzeichnis 162
   2. Amtliche Dokumente 173
   3. Nichtamtliche Dokumente 173
   4. Statistisches Material 173
   5. Presseerzeugnisse 173
   6. Rechtsnormen 174
   7. Experteninterviews 175
   8. Liste der untersuchten Normen 177

Vorwort

Der eigentliche Anstoß für mein Forschungsvorhaben lag überhaupt nicht im Schweizer Kanton Schaffhausen, dem Untersuchungsobjekt der vorliegenden Studie. Angeregt hat mich vielmehr die Diskussion um die Fortentwicklung der Deutschsprachigen Gemeinschaft Belgiens[1], mit knapp 72.000 Einwohnern einer der kleinsten Gliedstaaten der Welt und die kleinste Region mit Gesetzgebungshoheit innerhalb der Europäischen Union.

Auf der Suche nach Vergleichbarem bin ich schnell auf die kleinen Schweizer Kantone gestoßen und habe mich wegen ähnlicher Rahmenbedingungen wie Bevölkerungszahl, Grenzlage oder wesentlich größerem Nachbargliedstaat schnell für den Kanton Schaffhausen entschieden.

Von dem ursprünglichen Vorhaben, diese beiden Gliedstaaten miteinander zu vergleichen, musste ich jedoch abrücken. Zum einen standen aufgrund von zeitintensiven Datenerhebungen arbeitsökonomische Gründe im Wege. Zum anderen ist es ungemein schwierig, Entscheidungsprozesse zwischen zwei Gliedstaaten zu vergleichen, in denen einerseits ein repräsentatives und andererseits ein halbdirektes Demokratiemodell leitend sind. Nicht zuletzt habe ich den Kanton Schaffhausen derart schätzen gelernt, dass der Wunsch entstand, ihm mein Promotionsvorhaben zu widmen.

Mein Dank gilt an erster Stelle den beiden Betreuern meiner Doktorarbeit, PD Dr. Manfred Schmitz und Prof. Dr. Ralph Rotte (beide RWTH Aachen).

Darüber hinaus bin ich allen Gesprächspartnern im Kanton Schaffhausen zu Dank verpflichtet, ganz Besonders Herrn Staatsschreiber Dr. Reto Dubach, Frau Parlamentssekretärin Erna Frattini, Herrn Kantonsrat Dr. Eduard Joos, Herrn Regierungsrat Dr. Hans-Peter Lenherr sowie Herrn Staatsschreiber-Stellvertreter Christian Ritzmann.

Dem Ministerpräsidenten der Deutschsprachigen Gemeinschaft Belgiens, Herrn Karl-Heinz Lambertz, danke ich für das der Thematik entgegengebrachte Interesse und der daraus resultierenden Zusammenarbeit. So konnte es zu einem fruchtbaren Austausch zwischen politischen Verantwortungsträgern aus der Deutschsprachigen Gemeinschaft und dem Kanton Schaffhausen kommen.

Für die kritische Durchsicht meiner Arbeit danke ich Herrn Marc Lazarus, Frau Annegret Eppler und Frau Katrin Böttger, für die Aufnahme in die Reihe der Occasional Papers danke ich Prof. Dr. Rudolf Hrbek.

Zu guter Letzt danke ich meiner Freundin Florence Steffens und meiner Familie für die andauernde Unterstützung und das entgegengebrachte Verständnis.

Eupen, im März 2005 Stephan Förster

---

[1] Vgl. Förster/Lambertz/Neycken, 2004

Einleitung

Die vorliegende Arbeit hat den Anspruch, die Funktionsweise eines politischen Systems fundiert zu analysieren. Als Untersuchungsobjekt dient der kleine Schweizer Kanton Schaffhausen.

Es spricht nichts dagegen, einen Kanton als politisches System zu betrachten und auch als solches zu analysieren. Die Kantone verfügen über alle staatlichen Attribute (Staatsvolk, Staatsgebiet, Staatsgewalt), auch wenn ihre Souveränität durch den Bund eingeschränkt ist. Es handelt sich um Gliedstaaten[2] mit weitgehender institutioneller Autonomie[3], mit zahlreichen und wichtigen eigenverantwortlichen Kompetenzbereichen und einer umfassenden Finanzautonomie. Ein Kanton ist, ebenso wie ein Gesamtstaat, mit verschiedenen anderen Ebenen verflochten und in Kooperationsverhältnissen.

Die politische Wirklichkeit soll in zwei großen Themenkomplexen dargestellt und analysiert werden. Im ersten *polity*-orientierten Teil geht es um die Akteure und Institutionen im Kanton und im zweiten *politics*-orientierten Teil geht es um die Entscheidungsprozesse bei Sachgeschäften.

Der politikwissenschaftliche Erkenntnisgewinn liegt in der Beseitigung eines Forschungsdefizites, zum einen in der Föderalismusforschung in der Schweiz und zum anderen in der wissenschaftlichen Beschäftigung mit sehr kleinen gliedstaatlichen Einheiten (Kleingliedstaaten).

Obwohl die Schweiz aufgrund der vielen und verschiedenartigen Kantone als föderalistisches Schlaraffenland bezeichnet werden kann, gibt es erstaunlicherweise recht wenig spezifische Literatur zur kantonalen Ebene. In erster Linie gibt es vergleichende Studien über verschiedene Institutionen oder Verfahren. Den umfassendsten Vergleich der kantonalen Strukturen liefert die *polity*-orientierte Studie von Vatter (2002), die auch einen guten Literaturüberblick gibt (S. 29ff). Zum Kanton Schaffhausen gibt es bislang keine politikwissenschaftliche Studie. In diesem Sinne stellen Joos/Ott (2002, 93) fest:

„Für die Zeit von 1975-2000 existieren weder Arbeiten über einzelne Problemkreise noch Versuche für eine Gesamtdarstellung...Die Frage auf welche Weise sich Politik in Schaffhausen überhaupt ausdrückte...sind bisher ebenfalls kaum untersucht worden."

---

[2] Die Schweiz stellt - unter Berücksichtigung der föderal-unitarischen sowie der prozessualen Strukturdimension - den im internationalen Vergleich ausgeprägtesten Fall eines föderalen Staates dar (Vgl. Vatter, 2004).

[3] In ihrer Organisationsweise sind die Kantone frei, der Bund legt lediglich gewisse Mindeststandards fest.

Hervorzuheben sind an dieser Stelle zwei historische Werke von Joos (1975 und 2002 (mit Ott)), und der staatsrechtliche Sammelband des Schaffhauser Juristenvereins (2001).

Kleingliedstaaten sind bundesstaatliche Gliedstaaten, die sich durch eine sehr geringe (absolute) Bevölkerungszahl auszeichnen und deshalb durch besondere Probleme (beispielsweise Defizite in Gesetzgebung und Vollzug aufgrund fehlender Ressourcen) aber auch Handlungschancen (beispielsweise Bürgernähe, Beteiligungsformen, einfache Staatsstrukturen) gekennzeichnet sind. Diese Studie ist ein Beitrag zu diesem jungen und exotischen Forschungszweig innerhalb der Föderalismusforschung[4].

Das ebenso ein politisch-praktisches Interesse vorhanden ist, lässt sich vor allem durch die umfassende und durchweg positive Resonanz bei den Experteninterviews (siehe unten) mit den kantonalen Entscheidungsträgern belegen.

Bei vorliegender Untersuchung handelt es sich um eine atheoretische Einzelfallstudie gemäß Lijphart (1971, 691ff). Diese zeichnet sich durch das Fehlen eines theoretischen Wertes aus, hat aber den großen Vorteil, dass durch das Fokussieren auf einen einzigen Fall dieser sehr intensiv untersucht werden kann. Somit kommt der Einzelfallstudie eine indirekte theoriebildende Bedeutung zu, da sie als Datenbasis einer höher gelagerten vergleichenden Untersuchung dienen kann (Vgl. ebd.).

Zur Erhebung der Daten war der „Gang ins Untersuchungsfeld" notwendig. Die Erhebung und Auswertung der Daten erfolgte anhand verschiedener Methoden. Ein solcher Methodenmix oder –pluralismus bietet sich gerade bei Fallstudien besonders an. Es wurde erstens eine schriftliche Befragung der kantonalen Parlamentarier der laufenden Legislaturperiode durchgeführt, wobei der Rücklauf 55 Prozent (44 von 80) betrug. Zweitens wurden sowohl offizielle Dokumente aus dem Staatsarchiv und der Staatskanzlei, als auch diverse weitere Dokumente (graue Literatur, Statuten, interne Publikationsorgane, etc.) ausgewertet. Drittens wurden Experteninterviews[5] mit Entscheidungsträgern geführt (siehe Liste der Interviewpartner im Anhang). So konnten Wissensbestände erlangt werden, zu denen es keinen anderen Zugang gibt. Zusätzlich wurde auf Sekundärdaten zurückgegriffen.

---

[4] Vgl. Förster/Lambertz, 2004.

[5] Experteninterviews werden häufig im Rahmen eines Methodenmixes eingesetzt. Es sei hier erwähnt, dass diese Form der Befragung von Experten und Eliten in den meisten Lehrbüchern – wenn überhaupt - nur am Rande behandelt wird. Eine der wenigen Ausnahmen sind die Beiträge von Meuser/Nagel (1991). Ein nicht zu unterschätzender Vorteil der Experteninterviews ist der oft damit verbundene Zugang zu nicht erhältlichen Dokumenten. Die Expertenbefragung der Parteipräsidenten wurde aus technischen Gründen schriftlich durchgeführt.

Im *ersten Kapitel* werden die an der kantonalen Entscheidungsfindung beteiligten Akteure behandelt. Für die Parteien und die Verbände erfolgt zunächst eine Typologisierung, danach wird deren Funktionsweise untersucht. Ebenfalls als Akteur werden die Presse sowie die Gemeinden des Kantons angesehen und in die Betrachtung mit einbezogen.

Das Untersuchungsfeld des *zweiten Kapitels* sind die Institutionen, in denen die Akteure handeln. Dies sind das kantonale Parlament (Kantonsrat) und die Exekutive (Regierung und Verwaltung) des Kantons. Die Justiz wird in dieser Untersuchung außen vorgelassen, da sie nicht als maßgeblicher Akteur in der Entscheidungsfindung angesehen wird.

In den *Kapiteln drei bis sieben* werden sämtliche kantonalen Entscheidungen im Zeitraum 1989 bis 2002, die unter das Letztentscheidungsrecht des Volkes fielen, analysiert. In *Kapitel drei* werden das methodische Vorgehen, die aufgetretenen Probleme sowie der Datensatz beschrieben. Im *vierten Kapitel* werden die einzelnen Entscheidungen gemäß verschiedener formeller, inhaltlicher und prozessualer Merkmale analysiert. Die *Kapitel fünf, sechs und sieben* behandeln dann jeweils eine Phase des Entscheidungsprozesses (Impuls und vorparlamentarische Phase (*Kap.* 5), parlamentarische Phase (*Kap.* 6), sowie die nachparlamentarische Phase (*Kap.* 7)). Die drei zentralen Fragen sind diejenigen nach dem tatsächlichen Einfluss des Parlamentes in der Legiferierung sowie diejenigen nach den Einflussfaktoren auf das Abstimmungsergebnis im Parlament und beim Referendum.

Im *achten Kapitel* wird die Entstehungsweise der neuen, am 1. Januar 2003 in Kraft getretenen, Kantonsverfassung untersucht. Hierbei handelt es sich zwar ebenso um einen Entscheidungsprozess, doch hebt sich dieser sowohl vom Inhalt, als auch vom Verfahren von den übrigen ab.

Zum *Schluss* erfolgt dann eine abschließende Zusammenfassung der empirischen Ergebnisse, vor allem der drei zentralen Fragen. Zusätzlich wird ein Ausblick - einerseits über die Entwicklung des Kantons Schaffhausen im Besonderen und andererseits die Herausforderungen und Handlungschancen von Kleingliedstaaten im Allgemeinen - gewagt. Außerdem werde ich den Versuch unternehmen, einige Folgerungen für die Deutschsprachige Gemeinschaft Belgiens herauszuarbeiten.

Erster Teil: Intermediäre Akteure und Institutionen des zentralen politischen Entscheidungssystems

Erstes Kapitel: Intermediäre Akteure

1. Einleitung

Gesamtgesellschaftlich verbindliche Entscheidungen werden unter Vorbehalt der Volksabstimmung im politisch-administrativen System gefällt. Das Volk oder präziser die (Stimm-) Bürgerschaft ist durch verschiedene intermediäre Akteure, die gemeinsam ein System der Interessenvermittlung[6] und Informationsvermittlung bilden, mit diesem politisch-administrativen Entscheidungszentrum verbunden.

Im politischen System sind verschiedene intermediäre Akteure aktiv, die sich aber alle durch ihre spezifische Funktion unterscheiden, teils nur graduell, teils aber auch ganz deutlich. Im System der Interessen- und Informationsvermittlung tätig sind Parteien, Interessengruppen, soziale Bewegungen und Medien[7]. Während die drei ersten Akteure versuchen, Interessen zu vermitteln und durchzusetzen, liegen die ursprünglichen politischen Hauptfunktionen der Medien in der Information und der Mitwirkung an der Meinungsbildung der Öffentlichkeit, sowie in der Kontrolle und Kritik aller Abläufe und Entscheidungen im politischen Prozess (Vgl. Meyn, 2004, 24). Darüber hinaus ist es heute so, dass die Medien bzw. die Journalisten auch die Themen und deren Rangfolge (agenda setting) festlegen, über die überhaupt diskutiert und schließlich entschieden wird (Vgl. Ebd., S. 27).

Die Tatsache, dass sich die drei Interessenvermittler Parteien, Interessengruppen und soziale Bewegungen seit ihrer Herausbildung nicht gegenseitig verdrängt haben, lässt auf eine Ergänzung ihrer spezifischen Funktionen im intermediären Bereich schließen.

> „Leitend ist die These, dass Parteien, Verbände und Bewegungen unter funktionalen Gesichtspunktion in einem komplementären Verhältnis zueinander stehen" (Rucht, 1993, 251).

---

[6] Zur Begriffsklärung von Interesse und Vermittlung Vgl. Rucht, 1993, 257ff.
[7] Nicht dazu gehören die direktdemokratischen Institutionen, die der Polity zuzuordnen sind.

Schema 1: Systeme der Interessen- und Informationsvermittlung

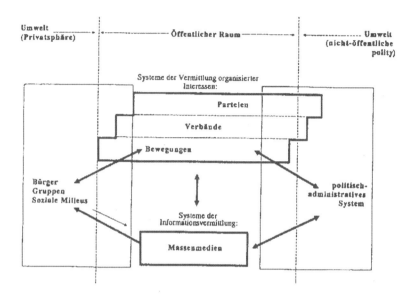

Quelle: Rucht, 1993, 262

Die nachfolgenden Ausführungen beschränken sich bei den Interessenvermittlern auf die Parteien und Interessengruppen, die auf kantonaler Ebene aktiv sind und somit die relevanten Akteure für die empirische Analyse im dritten Teil dieser Arbeit sind.

Die maßgeblichen politischen Parteien auf kantonaler Ebene sind leicht identifizierbar, ein Blick ins Parlament genügt. Es kann davon ausgegangen werden, dass Parteien, die nicht im Kantonsrat vertreten sind, auch über keinen Einfluss im Entscheidungsprozess verfügen. Schwieriger ist die Isolierung der Interessengruppen, die Einfluss ausüben. In vorliegender Analyse werden primär die stark organisierten Verbände aus den Bereichen Wirtschaft und Arbeit berücksichtigt.

Die Frage, welcher dieser beiden intermediären Akteure einen höheren Einfluss auszuüben vermag, ist eine Kernfrage des empirischen Teils dieser Arbeit. Dort wird dann folgende Aussage von Neidhart auf ihren empirischen Wahrheitsgehalt überprüft werden:

„An den Bund gelangt die Gesellschaft eher über ihre Interessenverbände, wogegen diese den Parteien auf der kantonalen Ebene weniger erfolgreich Konkurrenz machen können" (Neidhart, 1986, 40).

Die Tatsache, dass die Parteien im Unterschied zu den Verbänden in der neuen Kantonsverfassung (wie auch in der Bundesverfassung) ausdrücklich als Mitwirkende der Meinungs- und Willensbildung (Art. 37 KV) erwähnt werden, spielt für den tatsächlichen Einfluss wohl keine Rolle.

In inhaltlicher Hinsicht liegt der Unterschied zwischen Parteien und Verbänden darin, dass Parteien im Prinzip in allen Politikfeldern aktiv sind, wohingegen Verbände nur dann aktiv werden, wenn das von ihnen vertretene Interessenfeld berührt wird. Sie sind stärker spezialisiert als Parteien (Partialinteresse vs. Gesamtinteresse). Deswegen haben Programme bei Parteien auch einen hohen Stellenwert, was für Verbände wohl eher nicht zutrifft.

Im methodischer Blickwinkel versuchen Parteien Wählerstimmen zu maximieren, um so möglichst stark im Parlament und vor allem in der Regierung vertreten zu sein und so ihre Programme umzusetzen. Dagegen liegt der Ansatzpunkt der Verbände in der Bündelung von Mitgliederinteressen zur direkten Beeinflussung von Entscheidungsprozessen, ohne an Wahlen teilzunehmen.

Für die schweizerische Bundesebene hat Kriesi (1980, 58) eine enge Verflechtung zwischen Partei- und Verbandssystem nachgewiesen. Die Parteien sind abhängig von den Verbänden hinsichtlich der Stimmunterstützung bei Wahlen und Abstimmungen und sie sind angewiesen auf finanzielle und personelle (Expertenwissen) Unterstützung der Verbände. Als Gegenleistung verschaffen die Parteien den Verbänden durch Überlassung von Listenplätzen den Zugang ins Parlament. Auch im Kanton Schaffhausen gibt es die übliche Verbindung zwischen bürgerlichen Parteien und Wirtschafts- und Gewerbeverbänden, bzw. zwischen der Linken und den Gewerkschaften oder anderen Arbeitnehmerverbänden.

Von vornherein außen vorgelassen werden für die weitere Analyse die sozialen Bewegungen. Einerseits kann ihnen eine recht schwache Bedeutung unterstellt werden, da sie meist nur punktuell aktiv (hier allerdings auch Bedeutsames bewirken können) und in der Regel schwach institutionalisiert sind. Andererseits bietet sich ein Verzicht auf die Einbeziehung der sozialen Bewegung aus arbeitsökonomischen Gründen an, da gerade die schwache Institutionalisierung und häufig kurze Lebensdauer eine ungenügende empirische Überprüfbarkeit der Tätigkeit befürchten lassen.

In dieser Untersuchung werden die Medien mit der geschriebenen Presse gleichgesetzt. Zwar bestehen auf kantonaler Ebene auch Hörfunkprogramme

und sogar ein Fernsehprogramm, doch wird diesen in der Analyse keine Bedeutung beigemessen[8].
Die Auswertung der relevanten Presseerzeugnisse dient zweierlei. Erstens werden Informationen über den Entscheidungsprozess gewonnen und zweitens wird der jeweilige Standpunkt der Presse im Entscheidungsprozess ausgemacht, dessen Einfluss im zweiten Teil der Arbeit untersucht wird. In diesem Teil der Untersuchung wird die Schaffhauser Presselandschaft mit ihren verschiedenen Erzeugnissen dargestellt.

In einer älteren Studie mahnt Bollinger (1978, 102f) davor, die Rolle der Presse auf kantonaler Ebene, den Einfluss auf die Meinungsbildung zu hoch einzuschätzen. Nichtsdestotrotz steht außer Frage, dass einerseits die Presse von den Akteuren des Interessenvermittlungssystems benutzt wird, die zunehmende Mediatisierung der Politik zwingt sie sogar dazu (Vgl. Kriesi, 2001, 424 und Meyn, 2004, 251) und dass andererseits die direkte Demokratie, mit den zahlreichen Sachvorlagen, es der Presse in besonders hohem Maße ermöglicht, selbst als politischer Akteur aufzutreten. Sie berichtet nicht nur über Abstimmungskämpfe und die Positionen der anderen Akteure, sondern gibt eine eigene begründete Empfehlung ab. Dies gilt im Übrigen auch bei – hier nicht untersuchten – Personalentscheidungen.

Neben den beiden Interessenvermittlern Parteien und Verbände und dem Informationsvermittler Presse wird hier als vierter Akteur die 34 Gemeinden des Kantons betrachtet. Die Gemeinden sind für den Vollzug vieler kantonaler Politikbereiche zuständig und demzufolge massiv in die Kantonalpolitik involviert.

2. Parteien

2.1 Art des kantonalen Parteiensystems

Auf gesamtschweizerischer Ebene nehmen die kantonalen Parteien eine zentrale Stellung ein. Delley/Auer (1986, 101) sehen in ihnen die Basisorganisationen des politischen Lebens in der Eidgenossenschaft. Es kommt der Sache schon sehr nahe, wenn man die Bundesparteien lediglich als Dachorganisation der autonomen Kantonalparteien beschreibt. Linder (1999, 89f) gibt hierfür zwei Beispiele. Erstens sind die Kantonalparteien nicht an die Standpunkte der Bundesparteien gebunden und zweitens ist den Bundesparteien teilweise nicht einmal der Einblick in die kantonalen Mitgliederdateien gestattet. Letzteres

---

[8] Einen Überblick über die gesamte kantonale Medienlandschaft geben Joos/Ott (2002, 90f).

Beispiel wird allerdings durch die Befragung der kantonalen Parteipräsidenten[9] nicht bestätigt[10].

Eine gewisse Relativierung der Parteien geschieht womöglich durch die direktdemokratischen Institutionen - die Initiative und das Referendum - die besonders auf kantonaler Ebene sehr ausgebaut sind. Einerseits schränkt die direkte Demokratie die Macht der Parteien insofern ein, als Wahlen eine geringere Bedeutung haben und Entscheidungen unter Vorbehalt der Zustimmung der Stimmberechtigten stehen. Andererseits bietet die direkte Demokratie ein alternatives Instrument zur Politikdurchsetzung beziehungsweise Verhinderung von Entscheidungen. Auch Fagagnini (1978, 79) hebt die Verhinderungsmacht der Parteien hervor[11]:

> „Lehnt eine bedeutendere Partei...eine...Vorlage ab und tritt sie auch gegen sie an, besteht für diese nur noch geringe Aussicht auf eine Ja-Mehrheit".

Bei den kantonalen politischen Parteien scheint es sich also um starke, von der Bundespartei unabhängige Akteure im politischen System der Kantone zu handeln.

Parteiensysteme werden an erster Stelle immer noch nach der Anzahl der Parteien kategorisiert. Allerdings sind die Typen heute ausdifferenzierter als die klassische Unterteilung in Zwei- und Mehrparteiensystem. Verschiedene Autoren haben seit 1978 versucht, die kantonalen Parteiensysteme in Kategorien einzuteilen.

Nach Blum (1978, 18) lassen sich die Kantone unter dem Aspekt der Parteienzahl in drei Gruppen einteilen:

1. Kantone mit Hegemonialsystem, in denen höchstens zwei Parteien auftreten und ... höchstens zwei Fraktionen im Parlament vertreten sind.
2. Kantone mit einem gemäßigten Multipartismus, meist mit einer prädominierenden Partei.
3. Kantone mit vollem Multipartismus, in der Regel ohne prädominierende Partei.

Der Kanton Schaffhausen stellte in der damaligen Auflistung gewissermaßen einen Sonderfall dar, da er als einziger Kanton unter 165.000 Einwohnern in die dritte Kategorie eingeteilt wurde.

---

[9] Schriftliche Befragung der Präsidenten folgender Kantonalparteien: SVP, FDP, SP, EVP, ÖBS, GB. Der an den Präsidenten der kantonalen CVP geschickte Fragebogen wurde nicht beantwortet. Zur Bedeutung der Parteikürzel siehe weiter unten.

[10] Die Mutterparteien von FDP, SP, EVP und GB haben Einblick. Nur bei der SVP und der ÖBS ist dies nicht der Fall.

[11] Dies ist eine zentrale Frage des zweiten Teils dieser Arbeit.

Das politische System des Kantons Schaffhausen 23

Eine ähnlich geartete Dreiteilung nimmt Fagagnini (1978, 77) vor. Er unterscheidet zwischen Kantonen mit:

1. Mehrheitsparteien. Sie verfügen im Parlament über die absolute Mehrheit.
2. Dominanten Parteien. Sie verfügen in den Legislativen über einen Mandatsanteil von 35 Prozent und mehr.
3. Ausschließlich mittleren und kleinen Parteien. Mittlere Parteien verfügen über 10 bis 30 Prozent der Mandate und kleine Parteien besitzen weniger als 10 Prozent der Mandate im Parlament.

Auch in dieser Dreiteilung gehörte der Kanton Schaffhausen zur dritten Kategorie, womit die beiden Typologisierungen von Blum und Fagagnini zumindest hinsichtlich Schaffhausen übereinstimmen.

In einer aktuelleren Untersuchung unterscheidet Klöti (1998, 46-51) die Kantone nach der Größe des Parteiensystems und nach der dominierenden bürgerlichen Partei (CVP in den vorwiegend katholischen Kantonen, SVP/FDP in den anderen deutschsprachigen Kantonen und LPS/FDP in der französischen Schweiz und Basel-Stadt). Der Kanton Schaffhausen gehört gemäß dieser Typologisierung zu der Gruppe der Kantone, deren Parteiensystem auf bürgerlicher Seite von der SVP und der FDP dominiert wird und zwischen einer und drei Parteien zählt.

Zeichnet sich das Schaffhauser Parteiensystem etwa durch eine Reduzierung der Parteienzahl seit 1978 aus? Keineswegs, denn die Wahl der Indikatoren bei Klöti lässt hinsichtlich der Anzahl der Parteien keine Rückschlüsse auf die Schaffhauser Parteienlandschaft zu. Hier dienen nämlich die Zahl der in den Nationalrat gewählten Parteien (maximal zwei), sowie die Parteivertretung im Ständerat (maximal zwei) und in der kantonalen Regierung als Indikatoren. Die Bezeichnung „Schaffhausens" als ein auf bürgerlicher Seite SVP/FDP dominierter Kanton ist allerdings völlig zutreffend.

Die aktuellste[12] und aussagekräftigste Typologisierung findet sich bei Vatter (2002, 198-203). Seine Einteilung zeichnet sich aus durch eine vielfältige, auf kantonale Wahlen beruhende, Indikatorenauswahl mit institutionellen und kompetitiven Faktoren einerseits (Fraktionalisierung d.h. die effektive Anzahl der Parteien[13], Polarisierung, Volatilität) und durch historisch – soziologische

---

[12] Sein Untersuchungszeitraum erstreckt sich von 1950 bis 1997.
[13] Die relative Stärke der Parteien wird wiedergegeben. Die relevanten Determinanten zur Bestimmung der Fraktionalisierung sind die konfessionelle Heterogenität, die durchschnittliche Wahlkreisgröße, die Bevölkerungsdichte und der Urbanisierungsgrad eines Kantons. Weniger relevant sind hingegen das Wahlsystem, das Wahlquorum, die Sitzzahl, die sprachliche Heterogenität und die wirtschafts-sektorielle Heterogenität eines Kantons (Vatter, 2002, 216).

Faktoren andererseits (Stärke der linken Parteien, Hauptspannungslinien). Vatter unterscheidet drei Grundtypen:

- „Der Typ des hegemonialen Zweiparteiensystems mit tiefer Fraktionalisierung, schwacher Polarisierung, geringer Volatilität und einem niedrigen Anteil linker Parteien, bei dem nach wie vor der liberalkonservative Konflikt dominiert. […]
- Der Typ eines gemäßigten Drei- bis Vierparteiensystems mit mittlerer Fraktionalisierung, durchschnittlicher Polarisierung und Volatilität, bei dem in der Regel keine Konfliktlinie dominiert, sondern verschiedene Spannungsfelder eine Rolle spielen. […]
- Der Typ eines ausgeprägten Mehrparteiensystems mit ausgeprägter Fraktionalisierung, hoher Polarisierung, starker Volatilität und einem hohen Anteil linker Parteien, bei dem hauptsächlich der Links-Rechts-Konflikt dominiert." (Vatter, 2002, 201f)

Nachstehende Tabelle fasst diese Ergebnisse zusammen und ordnet alle Kantone einer Kategorie zu. Der Kanton Schaffhausen gehört auch hier wiederum zur dritten Kategorie und ist der mit Abstand bevölkerungsmäßig kleinste Kanton in dieser Kategorie. Hinsichtlich des Parteiensystems ist der Kanton Schaffhausen demnach kein typischer Schweizer Kleinkanton.

Schema 2: Typologie kantonaler Parteiensysteme nach Vatter

		Hegemoniales Zweiparteiensystem	Gemäßigtes Drei- bis Vierparteiensystem	Ausgepragtes Mehrparteiensystem
Historisch dominierende Konfliktlinien	Fraktionalisierung Polarisierung Volatilität	Tief Tief Tief	Mittel Mittel Mittel	Hoch Hoch Hoch

		OW, NW,SZ, UR,	
liberal-konservativ	Linke schwach < 15%	LU, VS, ZG	
Verschiedene	Linke mittel >15% < 28%		SG, TI, GL, SO, FR, GR, BE, JU, VD
Bürgerlich-sozialdemokratisch und weitere	Linke stark > 28%		GE, ZH, BS, BL, SH, AG, TG, NE

fett: alle vier quantitativen Kriterien (Fraktionalisierung, Polarisierung, Volatilität, Stärke der Linksparteien) erfüllt.

nicht fett: drei von vier quantitativen Kriterien erfüllt.

Quelle: Vatter, 2002, 200

Erst sehr spät, nämlich zu Beginn des zwanzigsten Jahrhunderts, bilden sich im Kanton Schaffhausen feste Parteien im heutigen Sinne (Vgl. Gruner, 1977, 70 und Joos/Ott, 2002, 734). Die Freisinnig-Demokratische Partei FDP und die Sozialdemokratische Partei SP wurden beide im Januar 1904 gegründet, die Christlich-Soziale Partei (heute Christliche Volkspartei CVP) entstand 1911, und die Gründung der Evangelischen Volkspartei EVP erfolgte 1922 durch den Zusammenschluss zweier Vorläufer-Parteien[14]. Die Bauernpartei (seit 1971 Schweizerische Volkspartei SVP) spaltete sich 1918 aus der FDP ab. Bis dahin war die FDP eine Hegemonialpartei (Gruner, 1977, 70), der alle Regierungsmandate zufielen. Die beiden grünen bzw.- ökoliberalen Parteien[15] entstanden Ende der 1980er Jahre: das Gründe Bündnis Schaffhausen GB 1987 (vorher Progressive Organisation Schweiz POCH) und die Ökoliberale Bewegung Schaffhausen ÖBS 1990 (vorher Jungliberale Bewegung)[16].

---

[14] Liberaldemokratische Partei und Evangelisch soziale Vereinigung.
[15] Beide Parteien sind Mitglied der Grünen Partei der Schweiz, das GB nimmt allerdings einen Beobachterstatus ein. Vgl. Ladner/Brändle (2001, 49) und www.gruene.ch.
[16] Zur Parteiengeschichte im Kanton Schaffhausen Vgl. Joos (1975) und Joos/Ott (2002). Zur Geschichte der SVP Vgl. Waldvogel (1993).

Bei einer Quantifizierung der Parteien im Kanton Schaffhausen kann erst einmal zwischen Parteien unterschieden werden, die seit 1980 über einen oder mehrere Parlamentssitze verfügt haben und/oder verfügen und solchen, für die dieses Kriterium nicht zutrifft. Letztere – falls überhaupt vorhanden - werden wegen Bedeutungslosigkeit und Schwierigkeit der Rekonstruktion in der Analyse nicht berücksichtigt.

Bei den Parlamentsparteien kann zudem noch unterschieden werden zwischen Parteien, die dauerhaft vertreten sind und solchen, die nur eine oder wenige Legislaturperioden über einen Platz im Parlament verfügten.

Seit Beginn des Untersuchungszeitraumes im Jahr 1989 und schon lange darüber hinaus sind die SVP, die FDP, die SP, die CVP und die EVP im Kantonsrat vertreten. Die beiden grünen bzw. ökoliberalen Parteien sind seit 1989 dauerhaft vertreten. Alle anderen Parteien können nicht als dauerhaft vertreten bezeichnet werden[17]. Erwähnung verdient hier wohl die rechte Auto-Partei AP (später Freiheits-Partei FPS), die zeitweise beachtliche Stimmenanteile im Kanton Schaffhausen erzielte. Insgesamt gehörten dem Kantonsrat in den letzten zwanzig Jahren immer zwischen acht und zehn verschiedene Parteien an. Für diesen Zeitraum können 18 verschiedene Parteien ausgemacht werden, allerdings inklusive einiger Umbenennungen. Tatsächlich dürfte diese Zahl also geringfügig tiefer liegen[18].

Aufgrund dieser Zahlen gehört Schaffhausen also zweifelsfrei zu den Kantonen mit vollem Multipartismus (Blum), beziehungsweise zu denen mit ausschließlich mittleren und kleinen Parteien (Fagagnini), und nach aktueller Terminologie zu den Kantonen mit einem ausgeprägten Mehrparteiensystem (Vatter).

2.2 Organisation der kantonalen Parteien

2.2.1 Mitgliederzahl, Mitgliederentwicklung und Mitgliedschaft

Die Mitgliedschaft in einer Partei wird in der Schweiz in der Regel durch den Beitritt in eine Ortspartei erworben (Vgl. Geser, 1994, 18; Ladner, 1996, 20; Fagagnini, 1978, 91). Dies ist in Schaffhausen bei den drei großen politischen Kräften SVP, FDP und SP der Fall[19]. Damit setzt sich der Mitgliederbestand einer Kantonalpartei aus der Summe der Mitglieder der Lokalparteien im Kanton

---

[17] Allgemein zu den neuen politischen Gruppierungen Vgl. Moser (1990, 175-190).

[18] Bei der Analyse unbeachtet sind die Parteilosen Parlamentarier und die Parteien, die nur kurze Zeit im Kantonsrat vertreten waren. Zu neueren politischen Gruppierungen Vgl. Moser, 1990, 175-190.

[19] Eine Abweichung von diesem Grundsatz ist in Ausnahmefällen, bspw. FDP Schaffhausen, aber möglich.

zusammen. Bei den kleinen Parteien erfolgt der direkte Beitritt zur Kantonalpartei, da es keine oder nicht flächendeckende Ortsparteien gibt.
Bei dem Versuch einer Erhebung der Mitgliederzahl der kantonalen Parteien ergibt sich allerdings das Problem, dass Mitgliedschaft unterschiedlich verstanden wird. Das Spektrum reicht von einer „engen" Auffassung, definiert durch die Zahlung eines Mitgliedbeitrags über eine Festlegung durch den Kreis von Abonnenten beispielsweise einer Parteizeitschrift oder eines jährlichen Präsidentenbriefes bis hin zu einer „weiten" Auffassung, wo dann sogar alle Wähler einer Partei als Mitglieder oder Anhänger definiert werden. Glücklicherweise besteht aber im Kanton Schaffhausen eine im gesamtschweizerischen Vergleich „...besonders ausgeprägte Neigung zur formalisierten Mitgliedschaft..." (Ladner/Brändle, 2001, 90). Die großen Parteien und die EVP unterscheiden zwischen Mitgliedern und Anhängern (oder auch Sympathisanten).
So hat dann die Erhebung von Ladner/Brändle (2001, S. 339ff) auch für die SP, die SVP, die EVP und die FDP präzise und wirklichkeitsgetreue Mitgliederzahlen erbracht. Nur die Zahlen der CVP und der GPS[20] mussten geschätzt werden. Die nachfolgende Tabelle stellt diese Ergebnisse denen aus der schriftlichen Befragung der Parteipräsidenten gegenüber.

Tabelle: Anzahl Mitglieder der kantonalen Parteien

Partei	Schriftliche Befragung	Ladner/Brändle (2001)
SVP	1200	1200
FDP	760	850
SP	638	780
EVP	34	45
GB	25	k.A.
ÖBS	140	k.A.

Demnach liegen die aktuelleren Ergebnisse aus der schriftlichen Befragung im Jahre 2003, ausgenommen die SVP, etwas unterhalb der Erhebung von Ladner/Brändle. Der Frauenanteil bewegt sich zwischen geschätzten 15 Prozent (SVP) und geschätzten 50% (ÖBS und GB)[21]. Angaben zu Altersstruktur und Berufsgruppenzugehörigkeit erscheinen bei den meisten Parteien derart unsicher, dass auf eine Darstellung und Analyse verzichtet werden muss. Bemerkenswert sind folgende Aspekte:

---

[20] Hiermit ist das Grüne Bündnis Schaffhausen als kantonaler Ableger der Grünen Partei der Schweiz gemeint. Die ÖBS wurde nicht in die Untersuchung einbezogen.
[21] Keine Angaben für SP und EVP.

1) Die beiden stärksten kantonalen Parteien, die SP und die SVP, verfügen mit etwa zwei Prozent über einen im Vergleich zur Bevölkerung (Schaffhausen umfasst etwa ein Prozent der Schweizer Bevölkerung) überdurchschnittlich hohen Anteil an den gesamtschweizerischen Mitgliederzahlen beider Parteien. Der Anteil der FDP entspricht dagegen mit einem Prozent dem Schaffhauser Bevölkerungsanteil. Der Anteil der CVP ist hingegen mit 0,4 Prozent unterdurchschnittlich. Für die anderen Parteien ist kein gesamtschweizerischer Vergleich möglich.

2) Die SP und die SVP verfügen mit 1,6 bzw. 2,5 Prozent im gesamtschweizerischen Vergleich beide über den jeweils zweithöchsten Verbreitungsgrad (Anteil Parteimitglieder an den Stimmberechtigten[22] im Kanton) ihrer Partei.

3) Dieser Verbreitungsgrad weist einen starken Zusammenhang mit dem Wahlerfolg einer Partei auf und ist deshalb der beste Indikator für die Stärke einer Partei (Vgl. Ladner/Brändle, 2001, 107). So verfügen dann auch die drei großen Schaffhauser Parteien SVP, FDP und SP - mit einen im Unterschied zu den anderen Parteien wesentlich höheren Verbreitungsgrad - über die meisten Parlamentssitze, sowie über alle Sitze in der Kantonalregierung und über alle vier Schaffhauser Sitze in National- und Ständerat.

Insgesamt sind nach Ladner/Brändle (2001, 137) mit 3.327 Personen 6,9 % aller Stimmberechtigten Mitglied einer von acht im Kanton Schaffhausen untersuchten Parteien. Damit liegt Schaffhausen im gesamtschweizerischen Durchschnitt von 6,7% (Vgl. Ladner/Brändle, 2001, 134).

Über die Entwicklung der Mitgliederzahl im Zeitverlauf bringt die Erhebung von Ladner/Brändle (2001, S. 350ff) leider nur geringe Erkenntnisse. Während die SP in den letzten 20 Jahren Mitglieder verloren hat, ist der Trend für die SVP unklar. Für die restlichen Parteien liegen keine Ergebnisse vor. Die schriftliche Befragung der Parteipräsidenten 2003 ergibt folgende Aussage: Die SVP und die ÖBS haben in den letzten 20 Jahren Mitglieder gewonnen, die SP und die EVP Mitglieder verloren, und die Mitgliederzahl der FDP ist konstant geblieben.

Von den Mitgliedern sind bei der SVP 15%, bei der FDP und der SP 20%, bei der ÖBS 25-30% und beim GB 50% aktiv[23]. Hier kann festgestellt werden, dass ein umgekehrt proportionales Verhältnis zwischen Mitgliederzahl und Aktivität besteht.

---

[22] Ca. 48.000 Stimmberechtigte.

[23] Als Nicht-Aktiv gelten diejenigen Mitglieder, die lediglich den Mitgliederbeitrag entrichten und an sehr wenigen Versammlungen teilnehmen. Keine Angabe bei der EVP.

Hinsichtlich der Mitgliederbindung hat keine der befragten Parteien Schwierigkeiten, was den Nachwuchs angeht haben – außer der FDP – alle Parteien Probleme.

Beim Mitgliederbeitrag sind keine großen Unterschiede erkennbar, außer dass die linken Parteien zu einem einkommensabhängigen Beitrag tendieren.

Tabelle: Mitgliedsbeitrag der kantonalen Parteien

Partei	Mitgliedsbeitrag	Bemerkung
SVP	50 – 100 CHF	Unterschiedlich zwischen Ortsparteien
FDP	60 – 120 CHF	Unterschiedlich zwischen Ortsparteien
SP	Sektionen	Bspw. in der Stadt Schaffhausen einkommensabhängig
EVP	Min. 50 CHF	Empfehlung 2-3% des Jahreseinkommens
ÖBS	120 CHF	
GB	Freiwillig	

Ansonsten ergeben sich aus der Mitgliedschaft keine weiteren Verpflichtungen. Ein Zusammenhang zwischen Mitgliedsbeitrag und Mitgliederzahl ist nicht ersichtlich.

Was die Besetzung politischer Ämter im Kanton angeht, liegt die SVP an der Spitze. Dies gilt v.a. auf Gemeindeebene. Von den drei großen Parteien ist die SP auf Gemeindeebene am schwächsten. Die kleinen Parteien haben – wenn überhaupt – nur in der Stadt einige wenige Gemeindemandate besetzt.

Tabelle: Von den Parteien besetzte Kantons- und Gemeindemandate

Partei	Gemeindereg.	Gemeindeparl.	Kantonsreg.	Kantonsparl.
SVP	50	60	1	27
FDP	15	30	2	16
SP	10	20	1	21
EVP	-	2	-	2
ÖBS	5	14	1	5
GB	-	1	-	1

Auf Bundesebene ist die FDP in beiden Kammern mit je einem Parlamentarier vertreten. Die SP hat ihren Nationalratssitz (Volkskammer) bei den Wahlen 2003 verteidigen können. Die SVP ist mit einem Ständerat (Föderale Kammer) im Bundesparlament vertreten.

2.2.2 Innerer Aufbau

Rechtlich gesehen sind die Parteien als Vereine organisiert. Die größeren kantonalen Parteien in Schaffhausen sind untergliedert in Ortsparteien und bei zwei Parteien (SVP und FDP) existiert mit den Kreis- oder Bezirksparteien auch noch eine Zwischenstufe. Deren Aufgabe liegt primär in der Vorbereitung der Kantonsrats-Wahlen.

Die SVP verfügt über die mit Abstand am geographisch weitesten ausdifferenzierte Parteistruktur. In fast jeder der 34 Gemeinden des Kantons hat sie eine Ortspartei. Weit abgeschlagen folgen etwa gleichauf die SP und die FDP. Kleine Parteien haben in der Regel keine Ortsparteien.

Tabelle: Anzahl Ortsparteien

Partei	Anzahl Ortsparteien
SVP	30
FDP	12
SP	11
EVP	-
ÖBS	3
GB	-

Nach Ladner/Brändle (2001, 63-66) können bei den Kantonalparteien folgende Organe existieren:

a) Auf normativer Ebene:

- Delegiertenversammlung als formell höchstes Organ, besteht hauptsächlich aus Delegierten der Ortsparteien,
- Mitglieder- oder Parteiversammlung zur breiteren Abstützung bedeutender Entscheidungen.

b) Auf strategischer Ebene der Parteivorstand.

c) Auf operativer Ebene die Geschäfts- oder Parteileitung.

Dazu kommen noch Kontrollorgane, Sekretariat und parteiinterne Gruppen (Frauengruppe, Jugendgruppe, ständige oder ad-hoc Arbeitsgruppen und die Parlamentsfraktion).

Die organisatorische Ausdifferenzierung hängt von der Größe einer Partei ab. Die drei großen kantonalen Parteien verfügen über viele dieser Organe. Bei den kleinen Parteien gibt es dagegen nur eine Mitgliederversammlung und eine Parteiführung, das GB ist sogar eine reine Mitgliederpartei ohne weitere Organe. Eine Frauengruppe gibt es in keiner Partei, über eine Jugendgruppe verfügen SVP, FDP und SP. Bei den beiden bürgerlichen Parteien bedeutet eine Mitgliedschaft in der Jugendorganisation auch eine automatische Mitgliedschaft in der Mutterpartei, wo hingegen die Mitgliedschaften bei der SP strikt getrennt sind.

Das politische System des Kantons Schaffhausen 31

Die Parteien bauen gemäß Fagagnini (1978, 91) auf dem Milizsystem auf und weisen demnach eine schwache Professionalisierung auf. Gilt dies dann wohl erst recht in einem kleinen Kanton wie Schaffhausen?

Bei der Messung der Professionalisierung einer Partei ist der am häufigsten verwendeten Indikator die Anzahl der Stellen, die eine Partei einrichten und auch finanzieren kann (Vgl. Ladner/Brändle, 2001, 196).

Nur die großen Parteien verfügen über hauptamtlich tätiges Personal, welches bei allen dreien überwiegend (ca. 80%) administrative Aufgaben wahrnimmt. Demnach wird inhaltliche Politikarbeit fast ausschließlich ehrenamtlich geleistet. Die FDP weist 70, die SVP 25 und die SP 20 Stellenprozente[24] aus. Bei der FDP und der SP haben die Stellenprozente in den letzten 20 Jahren abgenommen, nur die SVP weist eine Steigerung auf. Insgesamt verfügen die Schaffhauser Parteien damit zusammen über 115 Stellenprozente. Die Fraktionen verfügen nicht über eigenes Personal[25]. Somit sind die Parteien im Kanton Schaffhausen sehr schwach professionalisiert.

2.2.3 Finanzen

Alle Angaben beruhen auf Aussagen der Parteipräsidenten. Die Zuverlässigkeit der Aussagen ist nicht überprüfbar. Wichtig ist die Unterscheidung zwischen Nicht-Wahljahren und Wahljahren mit teilweise wesentlich größeren Budgets.

Tabelle: Jahreshaushalt der Einnahmen der Parteien

Partei	Letztes Nicht-Wahljahr	Letztes Wahljahr (kantonal)
SVP	62.000 CHF	150.000 CHF
FDP	100.000 CHF	100.000 CHF
SP	90.000 CHF	230.000 CHF
EVP	5.000 CHF	35.000 CHF
ÖBS	k.A.	30.000 CHF[26]
GB	5.000 CHF	15.000 CHF

Die Lokalparteien geben einen Teil der erhobenen Mitgliederbeiträge an die höhere kantonale Ebene weiter. Bei den drei großen Parteien machen diese Transfers 55 % (SVP und SP) bzw. 30% (FDP) der Gesamteinnahmen in Nicht-Wahljahren aus. Ein Einnahmenposten, der bei SVP (24%) und SP (30%) stark ins Gewicht fällt, sind Abgaben der Mandatsträger. Das Spendenaufkommen hängt massiv davon ab, ob es sich um ein Wahljahr handelt oder nicht.

---

[24] 100 Stellenprozente entsprechen einer Vollzeitstelle.
[25] Siehe Zweites Kapitel.
[26] Ohne Wahlkampf für Exekutiv-Kandidaten.

Auf der Ausgabenseite fallen neben den Rückstellungen für Wahl- und Abstimmungskämpfe bei den bürgerlichen Kräften SVP und FDP hohe Kosten für Administration und Sekretariat auf (60 bzw. 70%). Dieser Ausgabenposten fällt mit 13% bei der SP wesentlich moderater aus. Auffallend ist bei der SP der hohe Beitrag an die Bundespartei, der 30 Prozent der Ausgaben ausmacht. Dieser Posten existiert bei der FDP und der SVP nicht. Damit wird die Aussage von Ladner/Brändle (2001, 192) bestätigt.

Finanzielle Verflechtungen bestehen in erster Linie zwischen Lokal- und Kantonalpartei, und zwar fließen Beiträge von den Orts- an die Kantonalparteien. Zwischen der kantonalen und nationalen Ebene finden sich mit Ausnahme der SP schwache finanzielle Verbindungen.

Die finanzielle Situation hat sich in den letzten 20 Jahren für die SVP, die FDP und das GB eher verbessert, während sie für die anderen Parteien weitgehend gleich geblieben ist.

2.2 Programmatische Ausrichtung

Ladner/Brändle (2001, 298f) ordnen die Schaffhauser Kantonalparteien in einem Fünf-Gruppen-System folgendermaßen ein[27]:

Links-Grün	Mitte-Links	Mitte	Mitte-Rechts	Rechte 1	Rechte 2
SP SH	EVP SH		FDP SH	SVP SH	

Bei der schriftlichen Befragung der kantonalen Parteipräsidenten sollten diese ihre Partei auf einer Skala von 1 bis 7 eintragen, wobei 1 für die äußerste Linke, 4 für die Mitte und 7 für die äußerste Rechte steht. Am weitesten links (2) ordnen sich das GB und die ÖBS ein. Dicht dabei gesellt sich die SP (zwischen 2 und 3). Die EVP positioniert sich ebenfalls im linken Spektrum (3). Rechts der Mitte stehen die FDP (5) und die SVP (6). Dass diese Einteilung nicht statisch ist, zeigt die Einschätzung der Veränderung auf dieser Skala in den letzten Jahren. Demnach ist die SVP nach Selbsteinschätzung nach rechts gewandert, die SP ein wenig nach rechts und die EVP hat sich nach links entwickelt. Die SVP hat ihren Schwerpunkt – nicht nur im Kanton Schaffhausen – immer weiter in die rechte Richtung verschoben. Die maßgeblichen Themen der einstigen offenen und liberalen Partei sind heute die Verhinderung der Öffnung nach außen (v.a. EU-Beitritt), eine restriktive Ausländer- und Asylpolitik, sowie eng damit verbunden das Thema Sicherheit. Bei der SP ist eine Tendenz zu mehr Umweltanliegen sowie ein Bedeutungsgewinn der Wirtschafts- und Finanzpolitik festzustellen.

---

[27] Die CVP ist in der Analyse nicht berücksichtigt, kann aber entweder der Gruppe Mitte-Links, Mitte oder Mitte-Rechts zugeordnet werden, wie alle anderen untersuchten CVP Kantonalparteien auch.

Im gesamtschweizerischen Vergleich der drei großen politischen Kräfte liegen die FDP und die SVP im Durchschnitt, wohingegen die SP eine der SP-Kantonalparteien mit der rechtesten Tendenz ist (Klöti, 1998, 66). Es stellt sich die Frage, wie sinnvoll ein solches Rechts-Links-Schema in einem solch kleinen Kanton überhaupt ist. Hier ist die Meinung der Parteipräsidenten gespalten: die SVP und die FDP, sowie das GB sehen durchaus einen Sinn in einer solchen Einteilung, die anderen Parteien (SP, EVP, ÖBS) erkennen nur wenig oder keinen Sinn darin.

Ladner/Brändle (2001, 302) haben Recht mit ihrer Feststellung, dass keine Tendenz feststellbar ist, dass sich die Parteien einander angleichen. „In der Mitte des politischen Spektrums mag dies teilweise noch stimmen, an den Polen scheint eher das Gegenteil der Fall zu sein" (Ebd.). Allerdings gibt es in Schaffhausen keine maßgebliche politische Kraft, die in der Mitte anzusiedeln wäre. Hier käme am ehesten noch die im Kanton Schaffhausen unbedeutende CVP in Frage.

Ein eigenes kantonales Parteiprogramm oder zumindest Grundsätze haben ausgenommen der EVP alle Parteien. Bei den meisten Parteien spielt auch das eidgenössische Programm eine Rolle, sei es als Basis für das eigene Programm, als Ergänzung oder auch als Wahlkampfplattform. Einen Unterschied zwischen Partei- und Wahlprogramm macht nur die SVP. Während die SVP und die SP die Bedeutung des Parteiprogramms als sehr wichtig bzw. wichtig einstufen, kommt diesem bei den anderen Parteien eine eher untergeordnete Bedeutung zu.

Die bürgerlichen Parteien SVP und FDP sind mit den Gewerbe- und Wirtschaftsverbänden des Kantons in der so genannten Bürgerlichen Zusammenarbeit (BÜZ) organisiert. Auf der anderen Seite besteht eine Verbindung zwischen den Linksparteien (SP und GB) und den Gewerkschaften.

3. Verbände

Zunächst muss festgestellt werden, dass keine Literatur zum Schaffhauser kantonalen Verbandssystem existiert und sich eine Analyse des Verbandssystems schwieriger erweist als diejenige des Parteiensystems. Ganz allgemein befasst sich die Verbände - Forschung fast ausschließlich[28] mit der

---

[28] Für den Kanton Basel-Stadt existiert ein Beitrag zum kantonalen Verbandssystem: Stolz, 1984. Auch die vergleichende kantonale Forschung bezieht die Untersuchung des kantonalen Verbandswesens nicht mit ein. Vatter (2002, 25) begründet dies in der bislang wohl umfassendsten Studie über die Kantone in erster Linie mit arbeitsökonomischen Gründen und erst in zweiter Linie mit der untergeordneten geringeren Bedeutung der Verbände: „Aus politologischer Sicht mag erstaunen, dass den organisierten Interessengruppen bzw. den Beziehungen zwischen Staat und Wirtschaft kein eigenes Kapitel gewidmet wird. Dieser Einwand ist nicht ganz ungerechtfertigt, lässt sich aber zumindest teilweise mit dem Hinweis entkräften, dass die

eidgenössischen Ebene. Dies kann natürlich als Indiz für eine möglicherweise sehr schwache Bedeutung des Verbandswesens auf kantonaler Ebene gedeutet werden, andererseits ist dies auch bislang nicht klar nachgewiesen. Linder (1999, 156) bemerkt, dass der vorparlamentarische (dies ist ja der Hauptansatzpunkt der Verbände auf Bundesebene) Einfluss von Verbänden und Interessengruppen bislang empirisch kaum untersucht ist. Aus diesem Grund müsse die Frage, ob er generell geringer als beim Bund ist, offen bleiben.

Zuerst geht es nun darum, die verschiedenen Arten von Interessengruppen bzw. Verbänden zu kategorisieren und die für diese Studie maßgeblichen zu identifizieren.

Verbände können nach verschiedenen Kriterien unterschieden werden. Die Art des Interesses kann ein materieller (wirtschaftlicher) oder ideeller sein. Beim Organisationstypus sind Mitglieder- und Dachverbände zu unterscheiden. Es muss ebenfalls zwischen den Handlungsfeldern der Interessen unterschieden werden (Wirtschaft & Arbeit, soziales Leben & Gesundheit, Freizeit & Erholung, Religion, Weltanschauung & gesellschaftliches Engagement und Kultur, Bildung & Wissenschaft) (Vgl. Schreyer/Schwarzmeier, 2000, 106f).

Das bedeutende Handlungsfeld „Wirtschaft und Arbeit" lässt sich dann nochmals in zwei große Kategorien mit weiteren Untergliederungen einteilen. Auf der einen Seite stehen die Interessen der Arbeitgeber und Selbständigen (Wirtschafts- und Unternehmerverbände, Arbeitgeberverbände, Selbständigenverbände, sowie Kammern und Innungen). Auf der anderen Seite stehen die Arbeitnehmerinteressen, unterteilt in Gewerkschaften (Branchen) und Berufsverbänden (Vgl. Ebenda, S. 106).

In vorliegender Studie gilt das Hauptaugenmerk vor allem den materiellen Interessen in den Handlungsfeldern Wirtschaft und Arbeit. Dies allein aus dem Grunde der Annahme, dass diese tatsächlich einen maßgeblichen Einfluss auf den Entscheidungsfindungsprozess im Kanton ausüben können. Laut Mach (2002, 199) und in ähnlicher Weise auch anderen Autoren ist die Rolle der übrigen Interessengruppen, bspw. aus dem Umweltbereich, im politischen Leben unbedeutender und weniger direkt wahrnehmbar.

Auf der Seite der Arbeitgeber, Unternehmer und Selbständigen ist die Struktur einfach. Die Industrie- und Wirtschaftsvereinigung IVS vertritt als reiner Mitgliederverband die Interessen der größeren, mittleren und auch kleinen Schaffhauser Unternehmen. Der Schaffhauser Gewerbeverband KGV vertritt als reiner Dachverband verschiedener Branchenverbände und lokaler Gewerbeverbände die Interessen der kleinen und mittleren Betriebe aus Gewerbe, Handel

---

Wirtschaftsorganisationen auf kantonaler Ebene im Gegensatz zur Bundesebene, auf der die wichtigsten ordnungspolitischen Entscheidungen getroffen werden, eine vergleichsweise untergeordnete Rolle spielen" (Vatter, 2002, 25).

und Dienstleistungen. Die Abgrenzung zwischen IVS und KGV ist fließend, es gibt auch Überschneidungen. Der Schaffhauser Bauernverband oder auch Kantonaler Landwirtschaftlicher Verband vertritt ebenfalls als Dachverband die Interessen der verschiedenen Bereiche der Landwirtschaft.

Auf Arbeitnehmerseite gibt es neben der Unterscheidung zwischen Mitglieder- und Dachverbänden zwei weitere Differenzierungsmöglichkeiten: Es ist zu unterscheiden zwischen Gewerkschaften, die in der Regel unabhängig vom einzelnen Berufsbild nach Branchen oder Sektoren organisiert sind und Berufsverbänden. Und es kann unterschieden werden zwischen Verbänden, in denen die in der Privatwirtschaft tätigen Personen beschäftigt sind und denjenigen des öffentlichen Dienstes

Die Einzelgewerkschaften der Privatwirtschaft sind im kantonalen Ableger des Schweizerischen Gewerkschaftsbundes SGB organisiert. Ein weiterer Dachverband ist travail.suisse, der in Schaffhausen aber unbedeutend ist.

Die Arbeitnehmerseite ist – wie auch auf der eidgenössischen Ebene – stärker fragmentiert als die Arbeitgeberseite. Als Gründe kommen laut Kriesi (2001, 420) konfessionelle, berufsständische und ideologische Gegensätze in Frage. Konfessionelle Gründe sind in Schaffhausen sekundär, da die christliche Gewerkschaft SYNA nur eine marginale Rolle spielt. Ideologische Gründe sind bei den Verbänden des öffentlichen Dienstes ersichtlich, wo die Berufsverbände politisch neutral sind, während die Gewerkschaft VPOD links einzuordnen ist. Ebenfalls spielen berufsständische Unterschiede im öffentlichen Dienst eine Rolle, so sind die vier größten Gruppen kantonaler Beschäftigte in eigenen Verbänden organisiert (Kernverwaltung, Lehrer, Polizei, Pflege). Gemeinsam sind diese zusammen mit der Gewerkschaft VPOD in einem Dachverband, dem Verband des Personals des öffentlichen Dienstes VÖPS, organisiert.

Wie die Parteien sind die Verbände als Vereine organisiert. Die innere Struktur ist bei allen Verbänden identisch. Eine Delegiertenversammlung wählt den Vorstand und der Präsident wird entweder von diesem oder von der Delegiertenversammlung gewählt. Die meisten Verbände haben verschiedene fachspezifische Kommissionen oder Arbeitsgruppen. Die meisten Geschäfte werden im Vorstand entschieden, nur die wichtigsten Geschäfte werden der Delegiertenversammlung vorgelegt.

Die Zahl der Mitglieder hängt natürlich davon ab, ob es sich um einen Dachverband oder einen Mitgliederverband handelt.

Tabelle: Anzahl Mitglieder der Dachverbände und Mitgliedsverbände

Dachverband	Mitglieder
Kantonaler Gewerbeverband	6 regionale oder örtliche Verbände 28 Branchenverbände
Bauernverband	25 örtliche Sektionen (Genossenschaften) 5 Fachverbände
Gewerkschaftsbund	6 Gewerkschaften
Verbände des öffentlichen Personals	5 Verbände (davon eine Gewerkschaft)
Mitgliederverband	**Mitglieder**
Industrie- und Wirtschaftsvereinigung	193 (Firmen)
VPOD	390
Staatspersonalverband	509
Lehrerverband	Ca. 700
Pflegeberufe-Verband	260
Polizeibeamten-Verband	210

Besonders im öffentlichen Dienst sind Doppelmitgliedschaften, bspw. in einem Berufsverband und in einer Gewerkschaft durchaus möglich.

Bei den Dachverbänden stellt sich die Frage, wie exklusiv ihre politische Aktivität ist.

Beim Kantonalen Gewerbeverband werden die Mitgliedsverbände teils politisch aktiv, wenn ihre Branche betroffen ist. Da es nicht immer einfach ist, die verschiedenen spezifischen Interessen auf einen gemeinsamen Nenner zu bringen, kann es vorkommen, dass sie sich nicht definitiv vereinbaren lassen. Es kann sogar in seltenen Fällen vorkommen, dass ein Mitgliedsverband bei der Volksabstimmung eine andere Parole als der KGV fasst.

Auch beim Bauernverband kann es vorkommen, dass eine oder mehrere der Mitgliedsverbände nicht mit einer Entscheidung des Vorstandes einverstanden sind. Insgesamt soll diese Problematik bei diesen beiden Verbänden aber nicht überbewertet werden. Beim SGB ist nach Aussage des Präsidenten diese Problematik nicht vorhanden.

Der VÖPS tritt dagegen überhaupt nicht exklusiv auf. Wenn Einigkeit herrscht, bleiben die einzelnen Mitgliedsverbände trotzdem weiterhin selbst aktiv und wenn kein gemeinsamer Nenner gefunden wird, bleibt der VÖPS inaktiv. Der VÖPS ist ein recht schwacher Dachverband, was neben den begrenzten Ressourcen v.a. auf die Polarisierung zwischen den einzelnen Mitgliedsverbänden zurückzuführen ist. Wie bereits erwähnt, sind die Berufsverbände politisch neutral und die Gewerkschaft VPOD ist links anzusiedeln.

Die Vorstandsmitglieder und Präsidenten der Verbände sind alle nebenberuflich oder ehrenamtlich in ihrer Verbandsfunktion tätig. In der Regel wird dem Präsidenten eine Aufwandsentschädigung zugewiesen.

Einige der Verbände verfügen über eine Geschäftsstelle mit hauptamtlichem Personal.

Tabelle: Hauptamtliches Personal der Verbände (in Stellenprozente)

Verband	Stellenprozente
KGV	Ca. 100
IVS	70
Bauernverband	80
VPOD	20
LSH	Mandat an Rechtsanwalt vergeben

Somit weisen die Verbände aus dem Bereich Wirtschaft und Arbeit im Kanton Schaffhausen eine höhere Professionalisierung auf, als die kantonalen Parteien.

Der Großteil der Einnahmen der Verbände stammt aus Beiträgen, bei den Mitgliederverbänden direkt von den Einzelmitgliedern und bei den Dachverbänden von den Mitgliedsverbänden. Die Verbandsvertreter bezeichnen die finanzielle Situation ihrer Verbände allgemein als gesund, große Sprünge sind allerdings nirgends möglich. Einige Verbände erwirtschaften zudem Einnahmen aus erbrachten Dienstleistungen. So dient die Geschäftsstelle des Kantonalen Gewerbeverbandes auch als Geschäftsstelle und Sekretariat anderer – hier nicht genannter – Verbände. Der Bauernverband erzielt bspw. Einnahmen aus Versicherungsprämien. Einige Verbände erhalten zudem Beiträge des Kantons.

Mehrere Verbände bieten ihren Mitgliedern neben einer allgemeinen Auskunftsstelle auch eine Rechtsberatung an. Der Gewerkschaftsbund ist einer der Träger des Schaffhauser Arbeitersekretariats.

Außerdem bieten verschiedene Verbände ihren Mitgliedern gewisse Vergünstigungen (bspw. günstige Konditionen beim Einkauf von Energie, private Sozialversicherung) an. Dies geschieht aber aufgrund der beschränkten Ressourcen in sehr bescheidenem Rahmen. Normalerweise wird das Instrument des Dienstleistungsangebots an Mitglieder zur Förderung des internen Zusammenhalts von Verbänden eingesetzt.

4. Presse

4.1 Die kantonale Presselandschaft

Heute gibt es im Kanton Schaffhausen noch eine einzige Tageszeitung, die „Schaffhauser Nachrichten". Vor fünfzig Jahren wurden täglich noch vier Zeitungen gedruckt, die im ganzen Kanton erschienen. Die anderen Zeitungen erscheinen entweder dreimal oder einmal pro Woche. Auch die Auflage zeigt die dominante Position der „Schaffhauser Nachrichten". Im Vergleich zu früher ist die Schaffhauser Presselandschaft heute ausgedünnt.

Tabelle: Auflage und Erscheinungsweise der Schaffhauser Presse

Zeitung	Auflage	Erscheinungsweise
„Schaffhauser Nachrichten"	26.000	Tageszeitung
„Schaffhauser AZ"	3.000	Wöchentlich
„Schleitheimer Bote"	2.600	Drei Mal pro Woche
„Klettgauer Zeitung"	2.600	Drei Mal pro Woche
„Heimatblatt"	2.000	Wöchentlich
„Schaffhauser Bock"	43.000 (Gratisanzeiger)	Wöchentlich

Presseerzeugnisse können gemäß der klassischen Einteilung in der Zeitungswissenschaft (Idealtypen) entweder parteigebunden, parteinah oder überparteilich (unabhängig) sein. Waren früher die kantonalen Presseerzeugnisse in Schaffhausen eindeutige Parteiblätter – „Von der aristokratisch-konservativen Weltanschauung bis zur kommunistischen Doktrin waren [...] alle Richtungen mit eigenen Zeitungen vertreten" (Späth 1990, 173) – ist dies heute nicht mehr der Fall.

„Die stramme parteipolitische Bindung der verbliebenen Schaffhauser Presseerzeugnisse lockerte sich in der zweiten Hälfte des 20. Jahrhunderts beträchtlich" (Joos/Ott, 2002, 900).

Nichtsdestotrotz haben die drei großen kantonalen Parteien nach wie vor ihnen nahe stehende Presseerzeugnisse: die „Schaffhauser Nachrichten" stehen der FDP nahe, die „Schaffhauser AZ" ist SP nah und die „Klettgauer Zeitung/Schaffhauser Land" ist SVP-nah.

4.2 Die „Schaffhauser Nachrichten"

Die „Schaffhauser Nachrichten"[29] wurden 1861 gegründet. Nach einigen schwierigen Jahren der Irrungen und Wirrungen etablierte sich die Zeitung als freisinniges Parteiblatt. Dieser Parteiblattgedanke hat sich relativ lange gehalten. Anders als heute gab es früher mit der katholischen „Schaffhauser Zeitung" und der „Schaffhauser Arbeiterzeitung AZ" bedeutsame Konkurrenz. Mit dem Verschwinden der „Schaffhauser Zeitung" und den Problemen der „AZ" in den 1970er Jahren wurden die „Schaffhauser Nachrichten" schnell größer. Der wirkliche Grund für den Erfolg liegt in der Öffnung der Parteizeitung

---

[29] Bis 1939 hieß die Zeitung „Schaffhauser Intelligenzblatt" (intelligence = Nachricht). Noch heute steht dieser Name mit auf dem Zeitungskopf.

("Freisinniges Kampforgan") hin zu einer bürgerlich-liberalen Zeitung. Eine eigene politische Linie in Sach- und Personalfragen wurde trotzdem beibehalten. Heute haben die „Schaffhauser Nachrichten" mit einer fast ausschließlich abonnierten Auflage von über 26.000 Exemplaren in einem Einzugsgebiet von etwa 100.000 Menschen[30] die obere Grenze des Sättigungsgrades[31] erreicht. In den 1990er Jahren haben die „Schaffhauser Nachrichten" den früher eigenständigen „Schaffhauser Bauer" übernommen. Dieser erscheint freitags als Beilage, ist aber redaktionell unabhängig. Redaktion und Gestaltung obliegen dem Sekretariat des Bauernverbandes.

Die Strategie der „Schaffhauser Nachrichten" liegt darin, Regionalzeitung und Erstzeitung zu sein, d.h., es wird neben dem regionalen Geschehen (Kanton und Gemeinden) auch über die Schweiz und die Welt berichtet. Aus diesem Grund konnten die großen Zürcher Zeitungen „Tagesanzeiger" und „Neue Zürcher Zeitung (NZZ)" bislang im so nahen Kanton Schaffhausen nicht Fuß fassen.

Die „Schaffhauser Nachrichten" werden herausgegeben von dem Unternehmen Meier, das größtenteils einer Stiftung gehört, in deren Statuten die Bewahrung der Unabhängigkeit der Zeitung festgeschrieben steht. Von den 180 Beschäftigten des Unternehmens arbeiten etwa 100 im Zeitungsbereich, wobei die Redaktion 30 Mitarbeiter umfasst. Die „Schaffhauser Nachrichten" haben sich in den letzten zwanzig Jahren zu einem bedeutenden Medienunternehmen entwickelt. Ihnen gehört das „Schaffhauser Fernsehen", das „Radio Munot" und das Internetportal „Schaffhausen.ch". Inhaltlich sind diese Medien redaktionell unabhängig. Das Hauptanliegen liegt in der Schaffung einer breiten Werbeplattform.

Die „Schaffhauser Nachrichten" können sich in der derzeitigen Medienkrise recht gut behaupten, denn als Regionalzeitung, die auf der „news to use-Idee" (ständiger Informationsfluss über das Gebiet, in dem man lebt) aufbaut, hat sie weniger Probleme als die überregionalen Zeitungen, die durch das Fernsehen ersetzbar sind.

Die „AZ" und die Landzeitungen stellen für die „Schaffhauser Nachrichten" keine Konkurrenz dar, und es wird keine aggressive Expansionspolitik betrieben. Ein Übernahmeangebot einer der Landzeitungen wurde sogar abgelehnt. Mit dem „Schaffhauser Bock" befinden sich die „Schaffhauser Nachrichten" in Konkurrenz sowohl im Anzeigengeschäft als auch im politischen Kommentar. Durch die unterschiedliche Konzeption können diese beiden Zeitungen sich aber nicht verdrängen, sie koexistieren ja auch bereits seit

---

[30] Kanton Schaffhausen plus angrenzende Zürcher Gemeinden sowie die deutsche Enklave Büsingen.
[31] In der Haushaltsabdeckung belegen die die „Schaffhauser Nachrichten" hinter dem Walliser Boten den zweiten Platz in der Schweiz.

annähernd 40 Jahren. Die einzig reale Gefahr für den Marktführer im Kanton wäre das Eindringen eines großen auswärtigen Verlages.

4.3 Die „Schaffhauser AZ"

Die „Schaffhauser AZ"[32] (bis 1968 noch Arbeiterzeitung ausgeschrieben) wurde 1918/19 gegründet und war bis August 1997 eine Tageszeitung. Ein halbes Jahr lang erschien sie dann drei Mal pro Woche und seitdem ist sie eine Wochenzeitung.

Lange Zeit gab es in der Schweiz sehr viele Arbeiterzeitungen, die aus der sozialdemokratischen Bewegung entstanden waren. Träger waren die sozialdemokratischen Parteien (teilweise auch die kommunistischen Parteien), die Gewerkschaften und die Genossenschaften (v.a. die COOP). Nach dem Zweiten Weltkrieg wurde es für Zeitungen immer mehr zum Handicap, wenn sie zu stark in einem bestimmten Milieu verankert war. So ist die gesamte katholische Presse und auch der Großteil der Linkspresse verschwunden. Die einzigen Ausnahmen sind die „Schaffhauser AZ" und das „Stadtblatt in Wintherthur"[33].

Seit der Konzeptänderung 1997 ist die AZ nur noch eine auf die Agglomeration Schaffhausen konzentrierte Lokalzeitung und ganz eindeutig eine Zweitzeitung. Vor 1997 gab es einen gemeinsamen Inland-Ausland Teil mit den immer weniger werdenden anderen „Arbeiterzeitungen" der Deutschschweiz. Die „AZ" ist heute ein Nischenprodukt, das über Dinge aus der kantonalen Politik und den Gemeinden des Erscheinungsgebietes berichtet, die sonst keine Erwähnung finden. Die Auflage liegt heute bei etwa 3.000 Exemplaren, ausschließlich im Abonnement, und damit etwa ein Drittel niedriger als vor 30 Jahren.

Eine eigentliche Arbeiterschicht gibt es im Kanton Schaffhausen heute nicht mehr. Die „Schaffhauser AZ" richtet sich an ein gut ausgebildetes, an Umwelt- und Gleichberechtigungsthemen interessiertes Publikum links der Mitte

Die früheren Besitzstrukturen sind sehr kompliziert. Seit 1996, einem Krisenjahr, das eine Neuorganisation erforderlich machte, ist die „AZ" eine Aktiengesellschaft mit 50 Aktionären, die größtenteils der SP angehören. Größter Aktionär ist der frühere Chefredakteur und heutige SP-Nationalrat Hans-Jürg Fehr, der 1996 Geldgeber war. Auch die sechs Redaktionsmitglieder (350 Stellenprozente) besitzen Anteile. Die Stellenzahl ist gegenüber früher erheblich reduziert. Die Redaktion arbeitet sehr konsensorientiert ohne Chefredakteur, sondern als Kollektiv ohne Vorsitz.

---

[32] Zur Geschichte der „Schaffhauser Arbeiterzeitung" bis 1968 Vgl. Harnisch u.a., 1968.

[33] Mittlerweile gibt es in Zürich eine Neugründung („P.S."), die vom Präsidenten der SP Stadt Zürich herausgegeben wird. Daneben gibt es nur einige kleine Wochenzeitungen, die äußerst links anzusiedeln sind.

Durch die anhaltende Krise im Anzeigengeschäft ist die Situation der „AZ" auch heute noch immer problematisch und die Zukunftsaussichten bleiben offen. Die SP und die Gewerkschaften wollen und können kein Geld geben, und dies wird von der „AZ" gar nicht gewünscht. Kooperationsmöglichkeiten sind ebenfalls nicht vorhanden. Ein weiteres Problem liegt im fehlenden Nachwuchs. Eine kleine Zeitung wie die „AZ" ist vom starken Engagement der Mitarbeiter abhängig.

4.4 Die Landzeitungen

In den Landgebieten des Kantons gibt es drei kleine Landzeitungen, das „Heimatblatt" (gegründet 1953, erscheint wöchentlich) im Reiat, die „Klettgauer" Zeitung/Schaffhauserland" (gegründet 1869, drei Mal pro Woche) im unteren Klettgau sowie der „Schleitheimer Bote" (gegründet 1878, drei Mal pro Woche) im oberen Klettgau. Bei diesen Lokalzeitungen mit Kleinstredaktion, geringem Umfang und geringer Auflage handelt es sich um reine Zweitzeitungen. Der inhaltliche Schwerpunkt liegt ganz klar in den Gemeinden des Erscheinungsgebietes, wo sie auch als offizielles Publikationsorgan fungieren. Während das „Heimatblatt" politisch neutral ist, sind die beiden anderen Landzeitungen parteinah. Der „Schleitheimer Bote" gibt sich freisinnig-bürgerlich und die „Klettgauer Zeitung/Schaffhauser Land" bäuerlich-bürgerlich. Letztere ist offizielles Publikationsorgan der SVP.

Wie die „AZ" sind auch die Landzeitungen sehr vom Engagement der Mitarbeiter und besonders von den Verlegern abhängig. Eine Fusion zwischen dem „Schleitheimer Boten" und der „Klettgauer Zeitung/Schaffhauserland" wird zwar immer wieder diskutiert, kam bislang aber nicht zustande. Natürlich muss auch bedacht werde, dass zwei sehr kleine Zeitungen zusammen noch keine große bilden, zumindest aber könnte die wirtschaftlich angespannte Situation verbessert werden. Die Produktionskosten wären geringer und das Produkt wäre für Inserenten attraktiver.

4.5 Der „Schaffhauser Bock"

Der „Schaffhauser Bock" wurde 1965 von dem Politiker und Verleger René Steiner gegründet. Seine Hauptabsicht war, das seiner Meinung nach relative Meinungsmonopol der „Schaffhauser Nachrichten" zu relativieren. Dies obwohl die Presselandschaft damals noch breiter war als heute. Der „Schaffhauser Bock" ist ein Gratisanzeiger mit redaktionellem Teil (in der Regel zwei Zeitungsseiten). Dieser Gratisanzeiger ist allerdings viel stärker als andere Schweizer Gratisanzeiger auf das politische Geschehen im Kanton und den Gemeinden ausgerichtet. Die Redaktion besteht aus dem Verleger selbst und einem weiteren Mitarbeiter. In den Beiträgen des „Schaffhauser Bock" werden meist politisch brisante Themen oder solche, die von anderen Medien nicht behandelt werden, aufgegriffen und in einer teilweise etwas polemischer Form behandelt. Der „Schaffhauser Bock" lässt sich keiner politischen Linie zuordnen, doch sind Themen wie Steuersenkung und Bürokratieabbau sehr dominant.

Der „Schaffhauser Bock" möchte unabhängig fortbestehen. Aus diesem Grund nimmt er an einem großen Inserate-Verbund teil, damit kein Groß-Gratisanzeiger versucht, auf dem Schaffhauser Markt Fuß zu fassen. Aber auch beim „Schaffhauser Bock" ist die personelle Perspektive nicht gelöst.

Somit ist die Zukunft der kaum noch vorhandenen Schaffhauser Pressevielfalt abhängig vom Engagement einiger weniger Leute und deren Fähigkeit, ihr Produkt für die Zukunft zu wappnen, d.h. eine finanzielle und personelle Perspektive zu schaffen.

5. Gemeinden

Die Gemeinden – selbständige Körperschaften des öffentlichen Rechts – sind die unterste Stufe des dreigliedrigen föderalistischen Staatsaufbaus. Obwohl sich diese Studie mit Entscheidungsprozessen auf kantonaler Ebene befasst, muss die Gemeindeebene mit in Betracht gezogen werden. Die Gemeinden gehören so zu den Kantonen, wie die Kantone zum Bund. Eine direkte Beziehung zwischen Bund und Gemeinden gibt es nicht. Die Wichtigkeit der Gemeinden für das Verständnis der politischen Systeme der Kantone hat Bassand schon 1978 festgestellt.

> „La compréhension des systèmes politiques cantonaux [...] passe par la prise en compte de leurs institutions communales."[34] (Bassand, 1978, 167)

Die Gemeindeorganisation ist eine rein kantonale Angelegenheit, die Bestimmungen finden sich in der Kantonsverfassung und im kantonalen Gemeindegesetz[35]. Der Kanton entscheidet, wie weit die Autonomie der Gemeinden geht hinsichtlich der inneren Ausgestaltung und des Funktionierens der Behörden (politische Struktur und Verwaltungsstruktur), sowie hinsichtlich der Aufgabenverteilung und der Finanzkompetenz. Der Kanton nimmt die Aufsicht über die Gemeinden wahr[36].

In Schaffhausen gibt es heute 33 Gemeinden (häufig auch Einwohnergemeinden oder politische Gemeinden genannt). Bei 73.667 Einwohnern[37] liegt die durchschnittliche Gemeindegröße bei 2.232 Einwohnern. Nun ist die Situation

---

[34] Das Verständnis der politischen Systeme der Kantone erfordert die Berücksichtigung ihrer kommunalen Institutionen.
[35] Vgl. den Kommentar zum Gemeindegesetz von Kübler/Schneider, 2001.
[36] Die einzelnen Bestimmungen zu den Gemeinden finden sich in der Kantonsverfassung und im Gemeindegesetz. Einen Kommentar zu letzterem geben Kübler/Schneider, 2001.
[37] Stand 31. Dezember 2002. Davon 58.803 Schweizer und 14.864 Ausländer (20,2 %).

im Kanton Schaffhausen eine besondere. Der Kantonshauptort, die Stadt[38] Schaffhausen, hat alleine 33.672 Einwohner, das sind 45,7 Prozent der Kantonsbevölkerung. Lässt man die Stadt außen vor, sinkt die durchschnittliche Einwohnerzahl der übrigen 32 Gemeinden auf nur noch 1.250 Einwohner. Man kann noch weiter gehen: Die Stadt Schaffhausen bildet quasi ein Ballungszentrum mit der Gemeinde Neuhausen am Rheinfall, beide Gemeinden sind zusammengewachsen. Wenn man nun Schaffhausen und Neuhausen am Rheinfall zusammennimmt, sinkt der Durchschnitt der Einwohnerzahl der restlichen 31 Gemeinden weiter auf nunmehr 968 Einwohner.

Tabelle: Gemeinden mit Einwohnerzahl zum 31. Dezember 2002

Gemeinde	Einwohnerzahl	Gemeinde	Einwohnerzahl
Altdorf	192	Lohn	646
Bargen	236	Merishausen	653
Barzheim	172	Neuhausen a/Rhf.	9983
Beggingen	524	Neunkirch	1756
Beringen	3095	Oberhallau	422
Bibern	261	Opfertshofen	144
Buch	267	Osterfingen	369
Buchberg	814	Ramsen	1284
Büttenhardt	334	Rüdlingen	636
Dörflingen	799	Schaffhausen	33672
Gächlingen	777	Schleitheim	1718
Guntmadingen	256	Siblingen	713
Hallau	2011	Stein am Rhein	3077
Hemishofen	409	Stetten	908
Hemmental	543	Thayngen	3900
Hofen	138	Trasadingen	553
Löhningen	1122	Wilchingen	1283

Quelle: Verwaltungsbericht 2002, 25

Aus der Tabelle geht hervor, dass 23 von 33 Gemeinden weniger als 1.000 Einwohner zählen, von diesen haben wiederum zwölf weniger als 500 Einwohner. Die kleinste Gemeinde zählt gerade einmal 138 Einwohner. Selbst die drittgrößte Gemeinde (nach Schaffhausen und Neuhausen am Rheinfall) hat gerade noch 3.900 Einwohner. Damit lässt sich die Zahl und Größe der Schaffhauser Gemeinden folgendermaßen charakterisieren:

1. Die typische Gemeinde des Kantons Schaffhausen ist die Kleingemeinde, teilweise sogar die Kleinstgemeinde.

---

[38] In der Schweiz gelten Gemeinden ab 10.000 Einwohnern als Stadt.

2. Dem gegenüber steht die Stadt Schaffhausen als Kantonshauptstadt, die alleine fast die Hälfte der Kantonsbevölkerung[39] und zusammen mit der Gemeinde Neuhausen am Rheinfall 60 Prozent der Kantonsbevölkerung ausmacht.

Hieraus ergeben sich gewisse Konsequenzen, Problemstellungen und Lösungsansätze, die nachstehend kurz erläutert werden.

Daneben gibt es mit den 37 Kirchengemeinden noch eine Form der Spezialgemeinde. Die 34 Bürgergemeinden sind mit der Totalrevision des Gemeindegesetzes von 1998 abgeschafft und die Befugnisse auf die Einwohnergemeinden übertragen worden (Vgl. Marti, 1999, 5).

In den meisten Gemeinden ist die Gemeindeversammlung die Legislative (Versammlungsdemokratie oder auch direkte Demokratie). Das Volk kommt in der Regel zwei Mal pro Jahr zusammen und entscheidet über alle wichtigen Vorlagen, u.a. den Staatsvoranschlag und die Staatsrechnung. Nur in sechs Gemeinden wählt das Volk ein Gemeindeparlament, darunter den Großen Stadtrat der Stadt Schaffhausen. In den Gemeinden mit Versammlungsdemokratie liegt die Teilnahmequote eher tief bei etwa 10 bis 30 Prozent, wobei letzterer schon als sehr guter Wert gilt. Allgemein ist von einer bei steigender Einwohnerzahl sinkenden Teilnahmequote auszugehen. Eine Gefahr der Versammlungsdemokratie, aber natürlich auch der direkten Demokratie im Allgemeinen, ist die erhöhte Durchsetzungsfähigkeit von Partikularinteressen.

Die Regierung (Gemeinderat bzw. Stadtrat) wird als Kollegialorgan direkt vom Volk gewählt. Anders als auf Bundes- und Kantonsebene wird jedoch auch der Regierungspräsident (Gemeinde- bzw. Stadtpräsident) vom Volk gewählt und erhält damit eine herausragendere Stellung. In den meisten Gemeinden sind die Regierungsmitglieder milizmäßig, d.h. ehrenamtlich tätig, allenfalls der Gemeindepräsident ist teil- oder vollbeschäftigt. Insgesamt gibt es im Kanton vier hauptamtliche Gemeindepräsidenten, darunter der Schaffhauser Stadtpräsident.

Die Verwaltungsorganisation hängt direkt mit der Einwohnerzahl einer Gemeinde zusammen. In den kleinen Gemeinden sind zahlreiche Aufgaben milizmäßig[40] organisiert, die relativ größeren Gemeinden kennen Milizelemente

---

[39] Zum historischen Hintergrund des Dualismus zwischen Kanton und Stadt Vgl. Joos/Ott, 2002, 684-688.

[40] Geser (1986, 172) definiert Milizverwaltung folgendermaßen: „[E]ine auf nichtberufliche Rollen abgestützte Form öffentlicher Organisation, bei der exekutive Aufgaben in Politik und Verwaltung von quasi beliebigen, nicht besonders qualifizierten Bürgern während einer limitierten Amtszeit übernommen und für eine geringe, zum Lebensunterhalt niemals ausreichende Honorierung neben ihren normalen Berufsverpflichtungen ausgeführt wird."

kombiniert mit professionellen Strukturen. Die Stadt Schaffhausen sowie Neuhausen am Rheinfall besitzen eine professionelle Verwaltung.

Nachteile der Milizverwaltung sind nach Geser (2002, 454f) die begrenzte zeitliche Abkömmlichkeit und die beschränkte Qualifiziertheit der ehrenamtlich Tätigen. Dies ist wohl ein Preis, der bezahlt werden muss, wenn man am hoch eingeschätzten Gut der Gemeindeautonomie selbst in kleinster Form festhalten möchte.

Die direktdemokratischen politischen Rechte (Referendum und Volksinitiative) sind in Gemeindeangelegenheiten ähnlich ausgestaltet wie auf kantonaler Ebene.

Die Gemeinden werden häufig als Demokratieschulen bezeichnet. Tatsächlich findet in den Gemeinden mit Versammlungsdemokratie die direkteste Form der Bürgerbeteiligung statt. Und das Milizsystem eignet sich besonders gut als Einstiegsmöglichkeit für eine politische Laufbahn.

Die Gemeinden verfügen über ein sehr breites Aufgabenspektrum – welches beinahe alle Politikbereiche betrifft -, sei es in eigener Zuständigkeit oder im Vollzug kantonaler Politiken. Die Aufgaben sind einerseits im Gemeindegesetz aufgelistet, andererseits liegt aber auch die Residualkompetenz bei ihnen. Sie können also alle Aufgaben übernehmen, die nicht dem Bund oder dem Kanton zufallen.

Zur Bewältigung ihrer Aufgaben können die Gemeinden im Rahmen der kantonalen Gesetzgebung eigene Steuern erheben. Die wichtigste Einkommensart ist der Gemeindesteuerfuß auf die Einkommensteuer.

Es sei schließlich noch erwähnt, dass sich alle Gemeinden eine eigene Ortsverfassung geben müssen. Ziel dieser Maßnahme ist die „Entlastung" der Kantonsverfassung bzw. des Gemeindegesetzes.

Die kleinräumige Gemeindestruktur im Kanton Schaffhausen ist für den Kanton problematisch. Viele der kleinen Gemeinden sind finanziell, aber vor allem auch personell nicht mehr in der Lage, komplexe Vollzugsaufgaben befriedigend zu erfüllen. Eine in vielen Kantonen vorhandene Problematik trifft im Kanton Schaffhausen besonders zu.

> „Die kleinförmige Gemeindestruktur führt dazu, dass die Kantone häufig nicht mehr in der Lage sind, ihre Aufgaben an die kommunalen Vollzugsträger zu delegieren." (Geser, 2002, 431)

In der Praxis gibt es zwei Möglichkeiten, die Problematik der suboptimalen Grösse zu beheben oder zumindest zu entschärfen. Einerseits die interkommunale Zusammenarbeit und andererseits eine Gemeindestrukturreform. Heute werden tatsächlich zahlreiche kommunale Aufgaben im Verbund von zwei oder mehreren Gemeinden gewährleistet. Es gibt mehrere Formen dieser interkommunalen Zusammenarbeit[41]. Der Kanton hat sich selbst dazu verpflichtet, diese Formen der Zusammenarbeit zu fördern. Allerdings sind die Zweckverbände mit dem Makel des Demokratiedefizites behaftet. In der Tat sind Zweckverbände weder demokratisch noch transparent.

Im Kanton Schaffhauen gibt es allerdings die unüblichere Form der vertikalen Kooperation[42]. So können sich der Kanton und einzelne Gemeinden gegen Verrechnung gegenseitig Aufgaben und deren Verwaltung übertragen. Diese Art der Zusammenarbeit ist nur in solch kleinen Gebieten möglich. So haben einige Gemeinden Aufgaben an den Kanton abgetreten, der Kanton wiederum betreibt bspw. die Finanzkontrolle des Kantons gemeinsam mit der Stadt Schaffhausen.

Was die zweite Möglichkeit – die Reform der Gemeindestruktur – betrifft, scheint der Kanton Schaffhausen absolut reformresistent zu sein. Bis heute gab es nur sehr wenige Eingemeindungen[43].

Der Kanton könnte zwar – rein theoretisch[44] gesehen – eine Zwangsfusion einzelner Gemeinden oder sogar eine komplette Gemeindestrukturreform beschließen, doch ist dies politisch kaum durchsetzbar. Vorschläge[45] zu einer Strukturreform gibt es durchaus, doch fehlt der politische Wille zur Umsetzung.

Warum verzichten die Gemeinden auf die ökonomischen Vorteile, die ein Zusammenschluss bringt? Linder (1999, 156) macht hierfür zwei allgemeingültige Gründe aus: Erstens gilt die Gemeindeautonomie als hoher politischer Wert und wird von den lokalen Eliten als solcher auch gelegentlich „ideologisch überhöht" (Ebd.). Zweitens werden durch die Möglichkeit der Schaffung von Gemeindeverbänden und durch die Existenz eines innerkantonalen Finanzausgleichs keine oder nur geringe Anreize geschaffen.

Beide Gründe treffen für den Kanton Schaffhausen zu. Gerade der letzte Punkt bietet allerdings auch eine Möglichkeit für den Kanton, über indirekte Wege, durch ein Anreizsystem, eine Strukturreform voranzutreiben. Natürlich muss auch hierfür der politische Wille vorhanden sein. Dieser scheint in letzter Zeit zu wachsen. Die Kantonsregierung hat ein Projekt (SH.auf) lanciert, das in

---

[41] Vgl. hierzu – allerdings nicht mehr ganz aktuell - Hendry, 1979. Vgl. auch Schaffhauser Abstimmungsmagazin zur Volksabstimmung vom 29. November 1998 (Änderung Gemeindewesen in der Kantonsverfassung und neues Gemeindegesetz), S. 5f.

[42] Zur funktionalen Zusammenarbeit zwischen Kanton und Stadt Schaffhausen Vgl. Friedli, 1996.

[43] 2004 Barzheim in Thayngen, 1946 Buchthalen und1963 Herblingen in die Stadt Schaffhausen.

[44] Der Bund hat darauf keinen Einfluss. Natürlich muss in der kantonalen Verfassung die Möglichkeit geschaffen werden. Heute sind Fusionen von Gemeinden nur mit der Zustimmung der betroffenen Gemeinden möglich.

[45] Eine ausführliche Übersicht über die bisherigen Vorschläge zur Reform der Gemeindestruktur im Kanton Schaffhausen gibt Betschart 1999, 45-53 und 2001, 94ff.

Kooperation mit den Gemeinden die zukünftige Gemeindestruktur, die Aufgabenteilung und die Finanzverteilung reformieren und damit einen Grund für die Entwicklungsschwäche des Kantons[46] beseitigen soll. Bislang sind erst einige kleine Veränderungen der Aufgabenverteilung umgesetzt worden. Ob durch dieses Projekt der wirklich große Durchbruch gelingt, ist heute noch nicht absehbar. Die Wichtigkeit dieses Projektes erkennt Joos (2001, 53f), er sieht „[...] eine wesentliche Aufgabe der nächsten Jahre [darin], die Gemeinden (wieder) leistungsfähig zu machen."

---

[46] Vgl. NZZ vom 12. Juni 2003, S. 12 (Keine Zukunft für Kleingemeinden).

Zweites Kapitel: Institutionen des politisch-administrativen Entscheidungssystems

1. Einleitung

Das 80 Mitglieder umfassende kantonale Parlament des Kantons Schaffhausen, der Kantonsrat (früher Großer Rat), übt gemäß Art. 52 KV die oberste Gewalt des Kantons unter Vorbehalt der Volksrechte aus. Eine Schwächung seiner Stellung im kantonalen politischen System erfährt das Parlament einerseits durch die ausgebauten direktdemokratischen Institutionen und andererseits durch die Volkswahl der Regierung.

Das kantonale Parlament ist Teil eines nicht-parlamentarischen, sondern quasi-präsidentiellen Regierungssystems. Vom parlamentarischen Regierungssystem unterscheidet den Kantonsrat die Tatsache, das weder die Regierung durch das Parlament gestürzt werden kann, noch ist die Regierung bemächtigt, das Parlament aufzulösen (Gewaltentrennung von Regierung und Parlament). Beide können allerdings vom Volk abberufen werden.

Vom präsidentiellen Regierungssystem, gekennzeichnet durch die Volkswahl der Exekutiven, unterscheidet sich die Wahl eines Kollegialorgans und nicht die eines alleinigen Regierungschefs.

Besonders hervorzuheben ist die Konkurrenzsituation zu den ausgebauten Volksrechten im Kanton. Sowohl im vorparlamentarischen Bereich (Volksinitiative) als auch im nachparlamentarischen Bereich (Referendum) besteht eine solche zu Konsens zwingende Situation.

Das klassische Gewaltenteilungskonzept mit dem Nebeneinander - ohne gegenseitige Abhängigkeit - von Parlament und Regierung führt dazu, dass nicht klar zwischen Mehrheit und Opposition unterschieden werden kann. Vielmehr bilden sich Mehrheiten nach Sachgebiet. Die Parteien, die ein oder mehrere Regierungsmitglieder stellen, verfügen gemeinsam über eine große Mehrheit im Parlament, die bei den letzten beiden Wahlen nochmals größer geworden ist. Der Gewinn dieses konkordanzdemokratischen Systems ist das freiere Mandat, der Preis liegt im Fehlen einer wirklichen Opposition.

Tabelle: Mandate der regierenden Parteien im Kantonsrat

Wahljahr	Sitze von 80	Prozentwerte	Regierungsparteien
1988	58	73	SVP, FDP, SP
1992	56	70	SVP, FDP, SP
1996	63	79	SVP, FDP. SP
2000	69	86	SVP, FDP, SP, ÖBS

Funktional sind die Gewalten aber nicht so strikt voneinander getrennt, es werden von den einzelnen Gewalten auch Aufgaben der anderen Gewalten wahrgenommen.

„Ziel der Gewaltentrennung bleibt [..] zwar die Verhinderung von Machtkonzentrationen und eine Erhaltung des Gleichgewichts der Gewalten. Gleichzeitig soll aber das effektive Leistungsvermögen jeder Gewalt optimal eingesetzt und durch ein funktionsgerechtes Zusammenwirken die hinreichende Leitung des Staates gewährleistet werden" (Dubach, 2001, 183).

Im Kanton Schaffhausen sind die Gewalten also formell strikt getrennt, in der Praxis hat sich aber ein pragmatisches Zusammenwirken von Parlament und Regierung in der Staatsleitung gefunden. Da neben diesen beiden Akteuren das Volk auch an Entscheidungsprozessen in Sachfragen beteiligt ist, wird von einer halbdirekten Demokratie gesprochen. Da ein Entscheidungsprozess in der Regel so abläuft, dass die Regierung eine Vorlage gibt, über die das Parlament berät und vorentscheidet, bevor das Volk den Letztentscheid fällt, ist zutreffend, das sich „[d]er Große Rat im Zentrum der Gewalten" (Bolli, 1992, 16) befindet.

2. Parlament

2.1 Die Funktionen des kantonalen Parlaments

Um die Funktionen oder Aufgaben eines Parlamentes im Allgemeinen oder des Schaffhauser Kantonsrates im Speziellen zu ergründen, bietet sich ein Blick in die Kantonsverfassung an. Die Schaffhauser Kantonsverfassung listet die verschiedenen Aufgaben in den Artikeln 52 bis 57 auf. Demnach sind die Hauptaufgaben der Erlass und die Änderung von Gesetzen, die allgemeine Staatsverwaltung und die Oberaufsicht über die spezielle Staatsverwaltung. Doch für eine politikwissenschaftliche Analyse verzerrt diese Auflistung in der Kantonsverfassung die Realität, da wichtige Aufgaben eines Parlamentes nicht erwähnt sind.

Hinsichtlich ihrer Funktionsweise ähneln die kantonalen Parlamente stark der Bundesversammlung (Delley/Auer, 1986, 94). Deshalb spricht auch nichts dagegen, das kantonale Parlament von Schaffhausen politikwissenschaftlich so zu untersuchen, wie das eidgenössische Parlament oder überhaupt jedes andere Parlament.

Die Politikwissenschaft hat zahlreiche Kataloge mit Parlamentsfunktionen erarbeitet, in der auch Aufgaben aufgelistet sind, die nicht aus Verfassungen ableitbar sind. Riklin (1997, 66) analysiert beispielsweise das schweizerische Bundesparlament aufgrund folgender sechs Funktionen: 1. Repräsentations-, Artikulations- und Kommunikationsfunktion, 2. Wahlfunktion, 3. Rekrutierungsfunktion, 4. Initiativfunktion, 5. Gesetzgebungsfunktion und 6. Kontrollfunktion.

Die vorliegende Analyse bedient sich der noch etwas weiter ausdifferenzierteren Kategorisierung der Parlamentsfunktionen von Möckli (2000, 6). Er unterscheidet folgende Funktionen:

1. Repräsentation und Kommunikation,
2. Artikulation und Initiative,
3. Gesetzgebung,
4. Budgetfunktion (und Wirkungssteuerung),
5. Aufsicht und Kontrolle,
6. Wahlen,
7. Rekrutierung.

In der schriftlichen Befragung der Schaffhauser Kantonsräte der Legislaturperiode 2001-2004 beurteilen diese die Funktionen (ausgenommen der Rekrutierungsfunktion) hinsichtlich ihrer Bedeutung und ihrer Wirksamkeit. Die erste Tabelle (Bedeutung) spiegelt dabei das normative Verständnis von Parlamentsfunktionen wieder und die zweite Tabelle (Wirksamkeit) die parlamentarische Realität im Kanton Schaffhausen.

Tabelle: Bedeutung der Parlamentsfunktionen (bereinigte Prozentwerte)

Funktion	sehr groß	groß	mittel	schwach	keine
Repräsentation und Kommunikation	10,3	23,1	45,2	20,5	0
Artikulation und Initiative	23,1	30,8	25,6	15,4	5,1
Gesetzgebung	50	35	7,5	2,5	5
Budgetfunktion (u. Wirkungssteuerung)	55	30	5	5	5
Aufsicht und Kontrolle	30	42,5	17,5	7,5	2,5
Wahlen	40	32,5	10	15	2,5

Tabelle: Wirksamkeit der Parlamentsfunktionen (bereinigte Prozentwerte)

Funktion	sehr groß	groß	mittel	schwach	keine
Repräsentation und Kommunikation	5,1	10,3	46,2	28,2	10,3
Artikulation und Initiative	15,4	38,5	30,8	7,7	7,7
Gesetzgebung	35	37,5	22,5	2,5	2,5
Budgetfunktion (u. Wirkungssteuerung)	37,5	30	20	12,5	0
Aufsicht und Kontrolle	5	27,5	45	22,5	0
Wahlen	22,5	35	25	17,5	0

Eine insgesamt besonders große Bedeutung messen die befragten Kantonsräte der Gesetzgebungs-, Budget- und Aufsichts-. bzw. Kontrollfunktion zu. Etwas weniger Bedeutung kommt in absteigender Reihenfolge der Wahlfunktion, der Artikulations- und Initiativfunktion und schließlich der Repräsentations- und Kommunikationsfunktion zu. Unbedeutend ist für die Kantonsräte keine dieser Funktionen.

Bei der Wirksamkeit sind für die Bewertung *sehr groß* im Vergleich zur Bedeutung reduzierte Werte zwischen einem Drittel und der Hälfte festzustellen. Addiert man die Werte von sehr groß bis mittel, relativiert sich diese Reduzierung stark, schlägt teilweise sogar ins Gegenteil um. Nur bei der Repräsentations- und Kommunikationsfunktion und bei der Aufsichts- und Kontrollfunktion liegt nach der Einschätzung der Kantonsräte die Wirksamkeit eindeutig unterhalb der eigentlichen Bedeutung. Auf die Schwierigkeiten der parlamentarischen Kontrolle wird nachstehend eingegangen.

Die Problematik des geringen Einflusses bzw. der Regierungslastigkeit der interkantonalen Zusammenarbeit sei hier nur erwähnt[47].

2.1.1 Repräsentation[48] und Kommunikation

Soll das Parlament tatsächlich als Volksvertretung fungieren, so müssen auch die verschiedenen Bevölkerungsgruppen möglichst spiegelbildlich im Parlament repräsentiert sein. Das geeignete Instrument zur Erfüllung dieser Bedingung ist das Verhältniswahlsystem (Proporz), welches im Kanton Schaffhausen seit 1956 angewandt wird. Dagegen führt das Mehrheitswahlsystem (Majorz) zu Verzerrungen des Wählerwillens, und politische Minderheiten haben keine Chance auf den Einzug ins Parlament.

Im Parlament sollen aber auch die verschiedenen Teile des Kantons vertreten sein. Aus diesem Grunde gibt es Wahlkreise. Die territoriale Repräsentation führt dann allerdings zwangsläufig zu gewissen Verzerrungen der Parteien-Repräsentation. Dies sind die Kosten für einen kantonsinternen Föderalismus, wo die verschiedenen Gebiete des Kantons über eine gesicherte Vertretung verfügen sollen. Eine Alternative bestünde in der Einrichtung einer Zweiten Kammer als föderativem Organ im Kanton[49].

Nach Riklin (1997, 67f) wird die Repräsentationsfunktion der Parlamente durch Konkurrenten geschwächt, die ebenfalls in der politischen Repräsentation tätig

---

[47] Vgl. bspw. Aberdhalden (1999, 4-11).
[48] Zur soziologischen Repräsentation siehe unten.
[49] Die Errichtung eines Zweikammerparlaments ist den Kantonen zwar nicht verboten, doch darf diese nicht als der Ersten Kammer gleichberechtigtes föderative Kammer ausgestaltet sein (Hangartner/Kley, 2000, 566f).

sind: die Verbände und die Massenmedien, sowie die direktdemokratischen Institutionen.

Die Kommunikationsfunktion eines Parlaments besteht im Austausch mit dem nicht-parlamentarischen Bereich, also mit der Gesellschaft und deren Subsystemen, beispielsweise der Wirtschaft. Das Parlament kann gesellschaftliche Anliegen und Stimmungslagen aufnehmen und auf die parlamentarische Agenda setzen. Eine weitere Aufgabe besteht in der Vermittlung von Entscheidungen, sowohl in unterstützender als auch in ablehnender (Opposition) Art und Weise. Ein beliebtes Mittel hierzu sind die so genannten „Reden zum Fenster hinaus", deren Zweck nur kommunikativer Art ist und nicht mehr die Überzeugung des politischen Gegners erreichen will, was nach Blum aber auch „keine Schande" (1978, 28) ist.

2.1.2 Artikulation und Initiative[50]

Das Parlament wartet aber nicht nur auf Anregungen aus der Gesellschaft um aktiv zu werden, es wird auch von sich aus tätig, ergreift die Initiative.

Dass diese Annahme jedoch so kaum noch der Realität entspricht, ist eine der Kernaussagen der Parlamentarismuskritik: „Die Parlamente nehmen überwiegend reaktiv, nicht aktiv an der Bestimmung der Politik teil" (Riklin, 1997, 72). Stattdessen, so die Annahme, stammen die meisten Initiativen aus der Regierung und der Verwaltung. Die empirische Realität dieser Fragestellung wird im zweiten Teil dieser Arbeit behandelt. Die Kantonsräte selber schätzen, dass etwa 60% der Vorlagen von der Regierung bzw. der Verwaltung (inkl. Bundesrechtsvollzug), 30% aus dem Parlament selber und 10% vom Volk kommen.

Allerdings muss jedes Ergebnis von vornherein unter Vorbehalt der Ungenauigkeit stehen. Es kann sich auch um „Initiativen im Auftrag von" handeln. So kann die Regierung oder Verwaltung ihre Vorschläge an einen Parlamentarier zur Einbringung in das Parlament weiterreichen.

Dem Parlament stehen zwei Hauptinstrumente zur Verfügung, um einen Gesetzgebungsprozess in Gang zu setzen, die Motion und seit 2000 das Postulat.

Zwischen 1989 und 2002 wurden pro Jahr durchschnittlich 12,21 Motionen im Kantonsrat eingebracht (Spannweite 6 bis 22), wovon im Durchschnitt 4,36 erheblich erklärt wurden (Spannweite 1 bis 11). In den Jahren 2000 bis 2002 wurden jährlich durchschnittlich 9,67 Postulate im kantonalen Parlament hinterlegt (Spannweite 8 bis 12). Von diesen wurden im Durchschnitt 5,67

---

[50] Dieser Aspekt gehört zu den zentralen Punkten der empirischen Analyse im II. Teil dieser Arbeit. Deshalb wird hier nur kurz darauf eingegangen.

erheblich erklärt (Spannweite 3 bis 9). Die Tatsache, dass von den eingereichten Motionen nur etwas mehr als ein Drittel erheblich erklärt, d.h. an die Regierung überwiesen werden, untermauert den Vorwurf eines Kantonsrates, dass selten Motionen gegen den Willen der Regierung überwiesen werden. Dies ist ein Indiz für eine in der Realität schwache Initiativfähigkeit und v.a. Durchsetzungsfähigkeit des kantonalen Parlamentes.

2.1.3 Gesetzgebung[51]

Wenn von der Legislative gesprochen wird, so ist damit zwar häufig das Parlament gemeint, doch tatsächlich handelt es sich bei diesem Begriff nur um die Beschreibung einer einzigen Parlamentsfunktion, der Rechtssetzung.

Bei der Ausarbeitung und Gestaltung dieser Gesetze, so die Vermutung, sind Regierung und Verwaltung federführend.

> „Kein Parlament der Welt hat die Kraft, die Gesetzesausarbeitung überwiegend in eigene Regie zu nehmen. Angesichts von Zahl und Komplexität der Erlasse sind alle Parlamente auf sorgfältig ausgearbeitete Entwürfe angewiesen" (Riklin, 1984, 85).

In der Tat ist es so, dass der Kantonsrat in der Gesetzgebung auf die Vorarbeit der Regierung und Verwaltung angewiesen ist. Dies bejahen bis auf eine Ausnahme alle befragten Kantonsräte. Im Kanton Schaffhausen basiert jedes Geschäft, dass im Parlament behandelt wird, auf einem Entwurf der Regierung.

Somit – so die Vermutung - liegt die Hauptaufgabe des Parlaments in der Gesetzgebung bei der Überprüfung und eventuellen Veränderung der Vorlagen, bis hin zur vollständigen Veränderung. Wie stark diese in der Realität ist, zeigt die empirische Analyse der Vorlagen aus den Jahren 1989-2002 im zweiten Teil dieser Arbeit.

Auf die – etwas provokative – Frage, ob denn die Aufgabe des Kantonsrates in der Feinabstimmung der Entwürfe liege, antworteten mehr als Dreiviertel der Kantonsräte (76,7%) mit „Ja", dies, obwohl Feinabstimmung nun nicht gerade nach besonders intensiver Veränderung klingt.

Bei der Gesetzgebungsarbeit des Parlaments betreffen die meisten Vorlagen die Verfassungs- oder Gesetzesstufe. Beschlüsse und Dekrete, die sich unterhalb der Gesetzesstufe befinden, kommen etwas weniger vor.

Es sei noch erwähnt, dass es keinen Unterschied macht, ob eine Vorlage originär kantonales Recht betrifft oder den Vollzug von Bundesrecht.

---

[51] Dieser Aspekt gehört ebenso zu den zentralen Punkten der empirischen Analyse im II. Teil dieser Arbeit. Deshalb wird hier nur kurz darauf eingegangen.

Tabelle: Im Kantonsrat jährlich behandelte Geschäfte 1989-2002 nach Rechtssetzungsstufe[52]

Rechtssetzungsstufe	Durchschnitt	Maximum	Minimum
Verfassungsgesetze, Gesetze	9,5	17	4
Dekrete	6,64	10	2
Beschlüsse	8,21	15	5

2.1.4 Budgetfunktion und Wirkungssteuerung

Eine klassische Parlamentsaufgabe liegt in der Verabschiedung eines Haushaltsplan oder Budgets (Staatsvoranschlag) und einer Abrechnung (Staatsrechnung). Zwischendurch muss das Parlament über Nachtragshaushalte (Nachtragskredite) entscheiden. Dazu kommen noch die Haushalte und Abrechnungen der Spezialverwaltung, bspw. des Kantonsspitals. Auf der Einnahmenseite ist das Hauptinstrument des Parlaments die Festlegung der Steuern und Gebühren. Die langfristige Finanzplanung geschieht durch einen Finanzplan.

War damit früher die Planungsaufgabe des Parlaments bereits beendet und die Verwendung der Mittel den einzelnen Ämtern überlassen, ist die Aufgabe eines Parlaments heute eine weitergehende. Es wird versucht, Finanz- und Leistungsverantwortung zu koppeln (Vgl. Nuspliger, 2001, 1088). Unter Wirkungssteuerung versteht Möckli (2000, 8) eben diese Art der Aufwertung der klassischen Budgetfunktion des Parlaments. Durch den jährlichen Haushaltsplan, den ein Parlament verabschiedet, kann es weitgehend Einfluss auf die Art der Politikgestaltung nehmen. Doch sollen zusätzlich auch die Ziele festgelegt werden, die mit diesen Mitteln erreicht werden sollen.

„Damit dieses System funktioniert, muss das Parlament freilich in der Lage sein, die Wirkungsziele zu definieren sowie deren Erfüllung anhand von Indikatoren zu kontrollieren, ein Milizparlament mit bescheidenen personellen Ressourcen kann dies nicht" (Möckli, 2000, 8).

Damit legt er die Messlatte höher als sie bei der klassischen Budgetfunktion lag, um gleich darauf deren Praktikabilität zu verneinen. Für ihn ist eine Reform der kantonalen Parlamente unerlässlich, soll die genannte Aufgabe wahrgenommen werden können.

---

[52] Diese Werte basieren auf Jahresdaten. Es ist möglich, ja sogar wahrscheinlich, dass ein und dasselbe Geschäft mehrmals gezählt ist. Diese Tabelle gibt lediglich einen Überblick über die durchschnittliche jährliche Tätigkeit des Parlaments im Bereich der Gesetzgebung.

2.1.5 Aufsicht und Kontrolle

Die Kontrollfunktion ist eine der klassischen Funktionen eines Parlaments. Gemäß Art. 52. Abs. 2 KV übt der Kantonsrat die Oberaufsicht über die staatlichen Behörden aus. In Art. 55 KV erfolgt dann die Konkretisierung dieser Parlamentsaufgabe. Demnach sind unter staatliche Behörden die Regierung, die Verwaltung, die Gerichtsbehörden sowie andere Träger öffentlicher Aufgaben zu verstehen.

„In der überwiegenden Mehrzahl der Kantone läuft die parlamentarische Verwaltungskontrolle nach traditionellem Muster ab: Milizparlamentarier der (Geschäfts-)Prüfungskommission, der Staatswirtschaft- oder Finanzkommission bemühen sich weitgehend ohne systematische Stabshilfe, die Rechenschaftsberichte der Kantonsregierungen auf Probleme abzusuchen, indem sie die verantwortlichen Regierungsmitglieder und ihre Chefbeamten dazu befragen und Besuche bei den Dienststellen durchführen. Das Urteil beruht im Wesentlichen auf dem unmittelbaren persönlichen Eindruck der Kommissionsmitglieder..." (Mastronardi, 1990, 145).

Bei der Befragung der Kantonsräte zeichnet sich folgendes Bild ab: Die (potentiell) vorhandenen Kontrollmöglichkeiten und –instrumente sind gut und ausreichend. Doch in der Praxis erweist sich eine wirkliche Kontrolle als schwierig bis sehr schwierig. Der Grund sind fehlende zeitliche Kapazitäten und fehlendes Know-how. Die Mitglieder der Geschäftsprüfungskommission haben wohl einen tieferen Einblick und sind so in der Lage, in bestimmtem Maße die Regierungs- und Verwaltungstätigkeit zu kontrollieren. Es scheint so, dass die potentielle oder theoretisch vorhandene Kontrollmöglichkeit mehr bewirkt, als die tatsächliche Kontrolle.

Die wichtigsten parlamentarischen Kontrollmittel sind die Interpellation und die Kleine Anfrage. Beides sind Auskunftsinstrumente der Kantonsräte an die Regierungsmitglieder über Angelegenheiten des Kantons. Sie unterscheiden sich hinsichtlich ihrer Behandlung. Sowohl eine Interpellation als auch eine Kleine Anfrage müssen vom Ratsmitglied schriftlich ohne Begründung beim Kantonsratssekretariat eingereicht werden.

Die Begründung der Interpellation erfolgt im Parlament. Der Regierungsrat kann dann schriftlich oder mündlich darauf antworten. Der Interpellant erklärt schließlich, ob ihn die Antwort des Regierungsrates zufrieden stellt. Er kann auch eine Diskussion beantragen. Die Kleine Anfrage wird hingegen überhaupt nicht im Parlament behandelt. Die Antwort wird dem Fragestellenden, den übrigen Kantonsräten und den Medien schriftlich zugestellt. Wie die Tabelle zeigt, gehen beim Regierungsrat etwa dreimal so viele Kleine Anfragen wie – öffentlichkeitswirksamere – Interpellationen ein.

Tabelle: Parlamentarische Kontrollmittel 1989-2002

Instrument	Durchschnitt	Maximum	Minimum
Kleine Anfrage	30,43	47	14
Interpellation	10,93	18	3

Zur parlamentarischen Aufsicht und Kontrolle gehören auch die Behandlung des Regierungsprogramms und die Prüfung und Genehmigung von Rechenschaftsberichten (Verwaltungsbericht über die Tätigkeit des Regierungsrates und der fünf Departemente, Amtsbericht des Obergerichtes, Geschäftsberichte der Kantonalbank, der Kantonalen Pensionskasse, des Elektrizitätswerkes des Kantons und der Regionalen Verkehrsbetriebe Schaffhausen).

Für eine wirklich tiefgehende und umfassende Kontrolle müssen die Parlamentarier sich gezielt Informationen bei Regierung und Verwaltung beschaffen. Ein Kontrollinstrument bei einer Informationsasymmetrie kann das „Hand in die Wunden legen" sein, sofern solche ausgemacht sind.

Ein besonderes parlamentarisches Kontrollmittel ist die Einsetzung einer Parlamentarischen Untersuchungskommission.

2.1.6 Wahlen

Der Kantonsrat nimmt auf seiner konstituierenden Sitzung jeweils eine ganze Reihe von Wahlen vor. Die wichtigste parlamentarische Wahlfunktion, nämlich die Regierungswahl, steht dem Kantonsrat allerdings nicht zu, da die Regierung direkt vom Volk gewählt wird. Auch kann der Kantonsrat die Regierung nicht stürzen. Wohl wählt der Kantonsrat jährlich den Regierungspräsidenten.

In eigener Sache wählt der Kantonsrat seinen Präsidenten, zwei Vizepräsidenten, zwei Stimmenzähler, die Kantonsratssekretärin, die Mitglieder der vier Ständigen Kommissionen und das Preiskuratorium „Schaffhauser Preis für Entwicklungszusammenarbeit". Die Spezialkommissionen werden natürlich auch laufend vom Kantonsrat gewählt.

Außerdem wählt das kantonale Parlament den Präsidenten der Kantonalbank, den Bankrat der Kantonalbank und die Verwaltungskommission der Schaffhauser Bauernkreditkasse. Letztere werden zwar vom Kantonsrat gewählt, allerdings dürfen nicht nur Mitglieder des Kantonsrates gewählt werden, deren Zahl ist begrenzt.

Des Weiteren wählt der Kantonsrat noch eine Art „Nebenparlament" für Fragen des Unterrichts, den Erziehungsrat. Schließlich werden noch das Obergericht, das Kantonsgericht, das Jugendgericht, das Polizeigericht, die Staatsanwaltschaft und das Untersuchungsgericht sowie weitere richterliche Behörden vom Kantonsrat bestellt.

Die Wahlvorschläge stammen je nach Wahl von den Parteien, dem Kantonsratsbüro, der Justizkommission, der Regierung, dem Obergericht und den Schulen.

2.1.7 Rekrutierung

Im Allgemeinen beginnt die politische Laufbahn auf der lokalen Ebene, als Mitglied einer Gemeindeexekutive, Inhaber einer wichtigen kommunalen Verwaltungsfunktion oder auch Mitglied eines der fünf Gemeindeparlamente oder des Stadtparlamentes.

Alle amtierenden Regierungsräte waren vorher Kantonsrat. Auch alle derzeitigen Bundesparlamentarier waren vorher Kantonsrat oder Regierungsrat. Somit gilt wie auf der Bundesebene, dass der Weg in die Regierung durch das Parlament führt (Vgl. Riklin, 1997, 72). Während gemäß kantonalem Recht zwischen Bundesparlamentarier und Regierungsrat eine Unvereinbarkeit besteht, ist dies zwischen Bundesparlamentarier und Kantonsparlamentarier nicht der Fall. Es ist aber üblich, dass ein gewählter Bundesparlamentarier ein Jahr nach seiner Wahl freiwillig aus dem Kantonsrat ausscheidet.

2.1.8 Weitere Befugnisse

Der Kantonsrat hat weitere Befugnisse. Er behandelt Petitionen und staatsrechtliche Beschwerden, er entscheidet über Amnestie und Begnadigungsgesuche und erteilt das Kantonsbürgerrecht.

Zudem entscheidet er über Gesuche um Aufhebung der parlamentarischen Immunität von Kantonsräten. Bislang wurden drei solcher Fälle behandelt, der letzte Fall datiert aus dem Jahre 1995. Dem Kantonsrat und Verleger René Steiner wurde im Rahmen einer Interpellation die Veröffentlichung geheimer Akten des Untersuchungsrichteramtes vorgeworfen[53]. Der Antrag wurde fast einstimmig abgelehnt. Der bislang einzige Fall einer Aufhebung der parlamentarischen Immunität stammt aus dem Jahre 1922.

Der Kantonsrat kann auch an eidgenössischen Entscheidungsprozessen mitwirken. Er kann eine Standesinitiative einleiten oder gemeinsam mit (mindestens acht) anderen Kantonen, dass (fakultative) Kantonsreferendum ergreifen. Dies ist im Jahre 2003 erstmals geschehen und der Kanton Schaffhausen gehörte zu den Kantonen, die das Kantonsreferendum ergriffen haben.

---

[53] Amtsdruckschrift 4138: Bericht und Antrag des Büros des Grossen Rates an den Grossen Rat des Kantons Schaffhausen betreffend Gesuch um Aufhebung der parlamentarischen Immunität von Kantonsrat René Steiner vom 18. Mai 1995.

2.2 Die Organisation des kantonalen Parlaments[54]

2.2.1 Die Parlamentsleitung

Das Büro des Grossen Rates besteht aus dem Präsidenten, zwei Vizepräsidenten (1. und 2. Vizepräsident) und zwei Stimmenzählern. Dazu kommen noch zwei Ersatzstimmenzähler.

Alle Mitglieder des Büros werden jeweils für ein Jahr vom Grossen Rat gewählt. Im Unterschied zu den Stimmenzählern sind Präsident und beide Vizepräsidenten für das gleiche Amt nicht wieder wählbar. Nach Gewohnheit wird der 1. Vizepräsident im Folgejahr Präsident und der 2. Vizepräsident wird 1. Vizepräsident, was Stadlin (1990a, 85) als „'Ochsentour' über das Büro" bezeichnet. Die Vorteile eines solchen Rotationssystems liegen in der Machtbeschränkung, der „...Staatslenkung über viele Köpfe und viele die Verantwortung tragende Schultern..."(Stadlin, 1990a, 83ff) und schließlich in der Tatsache, dass eine solche Funktion nebenamtlich sowieso nicht länger als ein Jahr auszuüben ist. Allerdings ist die Amtszeit nach der Einarbeitungsphase quasi auch schon wieder vorbei. Bis heute gab es keinerlei Vorstöße zur Einführung eines vollamtlichen oder auch nur teilamtlichen Parlamentspräsidenten.

Jede Fraktion muss im Präsidium (Büro) vertreten sein. Bei derzeit fünf Fraktionen[55] entfällt ohne die Ersatzstimmenzähler auf jede der Fraktionen ein Posten. Eine Erhöhung der Fraktionszahl würde demnach auch eine Vergrößerung des Büros des Grossen Rates erfordern.

Den Präsidentenposten und damit auch die Vizepräsidentenposten nehmen die drei großen Parteien FDP, SP und SVP in Rotation für sich in Anspruch. Seit 1950 kam es lediglich drei Mal vor, dass keine dieser drei Parteien den Kantonsratspräsidenten stellte. 1957, 1973 und 1984 wurde er von der CVP gestellt (Vgl. Joos/Ott, 2002, 828f).

Das Büro tagte früher sehr häufig, seit 1998 hat sich die Anzahl der Sitzungen stark reduziert. Dies liegt daran, dass die Kantonsrats-Protokolle seitdem auf dem Korrespondenzweg abgenommen werden. Im Zeitraum 1989 bis 2002 tagte das Büro durchschnittlich knapp 18 Mal jährlich. Der höchste Wert lag bei 30, der tiefste bei nur vier Sitzungen pro Jahr.

An der erweiterten Sitzung des Ratsbüros, der Präsidentenkonferenz, nehmen auch die Fraktionspräsidenten stimmberechtigt teil. Jedem Fraktionspräsidenten

---

[54] Der ehemalige Sekretär des Grossen Rates Kurt Schönberger hat in essayistischer Form ein lesenswertes Selbstporträt des Schaffhauser Kantonsrates verfasst (Schönberger, 1990, 349-355).

[55] Folgende Fraktionen sind derzeit im Kantonsrat vertreten: SVP, SP, FDP, CVP und EVP-ÖBS-GB.

steht das Einberufsrecht zu. Die Präsidentenkonferenz tagt allerdings sehr selten, nur bei ganz entscheidenden organisatorischen Veränderungen im Parlamentsbetrieb. Im Zeitraum 1989 bis 2002 kam sie im Durchschnitt nicht einmal halbjährlich zusammen (1,43 mal im Durchschnitt), in einigen Jahren tagte sie überhaupt nicht.

Die Aufgaben des Präsidenten und des Ratsbüros sind in der Geschäftsordnung des Grossen Rates aufgelistet. Die Hauptaufgabe des Präsidenten ist die Leitung der Sitzungen des Kantonsrates und die Bestimmung der Traktandenliste (Tagesordnung), sowie die Leitung des Büros. Außerdem überwacht er die Einhaltung der Geschäftsordnung und nimmt zahlreiche repräsentative Aufgaben wahr.

Dem Grossen Rat steht ein kleines Sekretariat zur Seite mit einer Sekretärin (100%-Pensum) und einem Protokollanten (60%-Pensum). Das Sekretariat besorgt die Protokollführung in Plenum und teilweise auch in den Kommissionen[56], die Korrespondenz und die Ausfertigung der Beschlüsse des Kantonsrates. An den Sitzungen des Ratsbüros nimmt der Ratssekretär mit beratender Stimme teil. Im Unterschied zu den Kantonen, in denen das Ratssekretariat in die der Regierung unterstehende Staatskanzlei integriert ist, verfügt der Schaffhauser Kantonsrat über ein völlig unabhängiges Ratssekretariat (Vgl. Stadlin, 1990b, 128). Die Rechtsberatung des Kantonsrates wird allerdings durch die Staatskanzlei geleistet. Diese Tatsache scheint zwar etwas problematisch, doch gab es bislang keine Probleme, was natürlich auch am jeweiligen Amts- und Arbeitsverständnis des Staatsschreibers liegt.

Auf die Frage, ob die heute rudimentären parlamentarischen Dienste erweitert werden sollen, kam es bei der Befragung zu einer Patt-Situation. Die eine Hälfte der Kantonsräte spricht sich dafür aus, die andere dagegen. Eine Erweiterung dürfte derzeit im Kanton Schaffhausen wohl äußerst schwierig sein.

2.2.2 Die Fraktionen

Mindestens fünf Mitglieder des Kantonsrates, die nicht unbedingt der gleichen Partei angehören müssen, können sich zu einer Fraktion zusammenschließen. In der Legislaturperiode 2001-2004 gibt es fünf Fraktionen: SVP (27 Sitze), SP (21 Sitze), FDP (16 Sitze), CVP (5 Sitze) und der Zusammenschluss von EVP, ÖBS und GB (8 Sitze)[57]. Die restlichen drei Sitze entfallen auf die erstmals im

---

[56] Das Protokoll in den parlamentarischen Kommissionen wird in den anderen Fällen entweder von auswärtigen, freiberuflichen Protokollführern oder auch von Verwaltungsangestellten erstellt.

Kantonsrat vertretene Seniorenallianz, die aber keine Fraktion bildet. In den Kommissionen sind die Fraktionen ihrer Größe entsprechend vertreten. Die große Mehrzahl der Kantonsräte bewertet die Fraktionen als sehr wichtig. Der Fraktionsdisziplin wird eine etwas schwächere Bedeutung beigemessen. Im Durchschnitt beträgt die geschätzte Abweichung der Kantonsräte vom Willen der Fraktion 16,94 % der Abstimmungen (Median 15).

Tabelle: Bedeutung der Fraktionen (Anzahl Fälle und bereinigte Prozentwerte)

Bedeutung	Anzahl Kantonsräte	Bereinigte Prozentwerte
Sehr wichtig	35	79,5
Wichtig	8	18,2
Weniger wichtig	1	2,3

---

[57] Bei der schriftlichen Befragung ergibt sich folgendes Bild der Parteizugehörigkeit:

Partei	Anzahl Kantonsräte	Prozent
SVP	16	36,4
FDP	7	15,9
SP	14	31,8
CVP	1	2,3
EVP	1	2,3
ÖBS	3	6,8
SAS	2	4,5
GB	-	0
Total	44	100

Somit sind bei den drei großen Parteien im Vergleich zum gesamten Kantonsrat der Legislaturperiode 2001-2001 die SVP (+2,65%) und die SP (+5,55%) überrepräsentiert und die FDP (-4,1%) ist unterrepräsentiert. Bei den kleinen Parteien sind die ÖBS und sie SAS minimal überrepräsentiert, die EVP ist fast genau repräsentiert und GB und CVP sind leicht unterrepräsentiert.

Tabelle: Bedeutung der Fraktionsdisziplin (Anzahl Fälle und bereinigte Prozentwerte)

Bedeutung	Anzahl Kantonsräte	Bereinigte Prozentwerte
Große Bedeutung	13	29,5
Mittelstarke Bedeutung	25	56,8
Geringe Bedeutung	5	11,4
Keine Bedeutung	1	2,3

Somit ist die Fraktion zwar der zentrale Bezugsrahmen für die parlamentarische Arbeit der Kantonsräte, doch wird die Fraktionsdisziplin nicht ganz so hoch bewertet. Dass nicht-parlamentarische System lässt den Kantonsräten also einen gewissen Freiraum, den es in parlamentarischen Demokratien scheinbar immer weniger gibt.

2.2.3 Das Plenum

Das Plenum, das i.d.R. alle zwei Wochen am Montagmorgen zu einer öffentlichen Halbtagssitzung zusammenkommt, ist der für die Öffentlichkeit sichtbare Teil der parlamentarischen Arbeit. In einem Arbeitsparlament fallen hier die Entscheidungen, die in den Kommissionen weitgehend vorbereitet wurden. Im Plenum können Parlamentarier oder Fraktionen Vorstöße (Motion und Postulat) einbringen und von ihren Kontrollrechten (Interpellation und Kleine Frage) Gebrauch machen. Die Mitglieder des Regierungsrates nehmen an den Sitzungen des Grossen Rates teil. Dort dürfen Sie sowohl ohne Redezeitbeschränkung ihre Meinung äußern (beratende Stimme) als auch Anträge stellen.

2.2.4 Die Kommissionen

Ihn einem Arbeitsparlament liegt die Hauptlast der parlamentarischen Arbeit in den Kommissionen[58]. Die Zusammensetzung erfolgt proportional zur Fraktionsstärke. Die Geschäfte werden dort vorbereitet und dem gesamten Kantonsrat als begründete Anträge vorgelegt. Der Schaffhauser Kantonsrat kennt vier ständige Kommissionen, deren Aufgaben in der Geschäftsordnung genannt werden, die Geschäftsprüfungskommission (7 Mitglieder, früher Staatswirtschaftliche Kommission), die Justizkommission (5 Mitglieder), die Gesundheitskommission (9 Mitglieder, seit 1994) und die Petitionskommission

---

[58] Auch wenn es keine oder nur wenige Kommissionen in einem Parlament gibt, handelt es sich deshalb nicht automatisch um ein Redeparlament. In einem solchen müssten „... in Rede und Gegenrede zuhanden der Öffentlichkeit die Argumente und der Entscheidungsprozess sichtbar gemacht werden" (Blum, 1978, 21).

(5 Mitglieder). In der wichtigen Geschäftsprüfungskommission sitzen derzeit nur Mitglieder der im Regierungsrat vertretenen Parteien.

Da jedes Parlamentsmitglied nur einer der ständigen Kommissionen angehören darf, ergibt sich, dass 26 der 80 Kantonsräte, also ein Drittel, in einer Ständigen Kommission sitzen. Ein Ratsmitglied darf der gleichen ständigen Kommission nicht länger als acht aufeinander folgende Jahre angehören.

Damit kann erstmal angenommen werden, dass der Kanton Schaffhausen nicht zu den Kantonen mit einer Tendenz zu ständigen Kommissionen für alle Politikbereiche gehört (Vgl. Nuspliger, 2001, 1089f). Die meisten Geschäfte im Bereich der Gesetzgebung werden immer noch an Spezialkommissionen (auch nichtständige oder ad-hoc Kommissionen) delegiert. Diese haben zwischen fünf und fünfzehn Mitglieder und werden nach Verabschiedung des Geschäftes wieder aufgelöst. Im Gegensatz zu den ständigen Kommissionen darf ein Ratsmitglied mehreren Spezialkommissionen angehören. In den Jahren 1989 bis 2002 wurden jährlich durchschnittlich 13,14 (Median 12,5) Spezialkommissionen eingesetzt. Die Spannweite reicht von 9 bis 23 jährlichen Einsetzungen.

Heierli (2000, 14-21) hat die Stärke der Kommissionen in den kantonalen Parlamenten anhand verschiedener Indikatoren[59] untersucht, um feststellen zu können, ob es sich um defizitäre oder ausgebaute Arbeitsparlamente handelt. Schaffhausen nimmt bei dieser Untersuchung den neunten Platz unter allen Kantonen ein und befindet sich damit im oberen Mittelfeld. Ständige- und Spezialkommissionen wurden als gleichstark bewertet. Wichtige Erkenntnisse für Schaffhausen können folgendermaßen zusammengefasst werden. Im Verhältnis zur Regierung verfügen die Kommissionen über ausgebaute Rechte und Kompetenzen (Einsicht in Verwaltungsdossiers, externe Gutachten und Experten). Im Verhältnis zum Kantonsrat als Ganzes steht der Kommission das Erst-Debattierrecht zu und überhaupt wird ein Großteil der Parlamentsgeschäfte zuerst in der Kommission beraten. Dem gegenüber können die Kommissionen nicht ohne Auftrag tätig werden und besitzen auch keine delegierten Entscheidungskompetenzen.

Die zuständigen Regierungsmitglieder und Verwaltungsbeamten nehmen an den Kommissionssitzungen teil.

---

[59] Folgende Indikatoren wurden untersucht: Verhältnis zur Regierung, Verhältnis zum Parlament. Beide jeweils in der Polity- und Politics-Dimension. Vgl. Heierli, 2000, 15.

2.3 Die Zusammensetzung des kantonalen Parlaments

2.3.1 Wahl des kantonalen Parlaments

Das Wahlrecht fällt in die Organisationsautonomie der Kantone. Das Bundesrecht verpflichtet sie lediglich zur Einhaltung allgemeiner Wahlrechtsgrundsätze (allgemeine, gleiche, direkte, freie und geheime Wahlen) (Vgl. Poledna, 2001, 373). Wie fast alle anderen Kantone wählen die Schaffhauser Stimmbürger alle vier Jahre[60] das 80 Mitglieder umfassende kantonale Parlament nach dem Verhältniswahlsystem oder Proporz. Die Mitglieder des Kantonsrates kommen aus sechs verschiedenen Wahlkreisen. Der größte Wahlkreis Schaffhausen vereinigt mit 38 Sitzen beinahe die Hälfte der kantonalen Parlamentssitze. Es folgen die Wahlkreise Klettgau (15 Sitze), Neuhausen (12 Sitze), Reiat (9 Sitze), Stein (5 Sitze) und schließlich Buchberg-Rüdlingen (1 Sitz)[61]. Im letztgenannten Wahlkreis handelt es sich um einen Majorzwahlkreis, da nur ein Sitz zu vergeben ist. Für den Gewinn des Wahlkreises genügt das relative Mehr. Allgemein lässt sich sagen, dass, je kleiner der Wahlkreis ist, es sich umso weniger um eine reine Proporzwahl handelt. „In Wahlkreisen mit wenigen Mandaten nähern sich Majorz- und Proporzverfahren zwangsläufig an" (Hangartner/Kley, 2000, 581). Die Zuteilung der Sitze zu den einzelnen Wahlkreisen erfolgt nach der Einwohnerzahl der jeweiligen Wahlkreise. In den letzten 50 Jahren gab er hier nur geringe Schwankungen (Vgl. Joos/Ott, 2002, 818)[62].

2.3.2 Parlamentssoziologie

2.3.2.1 Alter

Das Durchschnittsalter liegt gemäß der Befragung in der laufenden Legislaturperiode bei 53,43 Jahren und ist damit identisch mit dem Durchschnittsalter aller 80 amtierenden Kantonsräte (53,55 Jahre). Der jüngste Kantonsrat ist 32 Jahre, das älteste Mitglied ist 80 Jahre alt.

---

[60] Immer im Folgejahr der Nationalratswahlen im September, Oktober oder November. (Vgl. Lutz/Strohmann, 1998, 63f).

[61] Bis auf Schaffhausen und Neuhausen bestehen die Wahlkreise aus 2 bis 13 Gemeinden.

[62] Zu den einzelnen Aspekten des Wahlrechts im Kanton Schaffhausen siehe Hangartner/Kley (2000, 562-600), Lutz/Strohmann (1998, 51-93), Moser (1987, 25-49) und Poledna (2001, 374-379). Die Rechtsgrundlage findet sich in der Kantonsverfassung, dem Wahlgesetz, der Proporzwahlverordnung und dem Dekret über die Einteilung des Kantons Schaffhausen in Wahlkreise für die Wahl des Grossen Rates.

Der Kantonsratspräsident 2003 ist der Meinung, dass junge Menschen zu schwach vertreten sind. Diese Unterrepräsentation wurde auch von den befragten Kantonsräten recht häufig bemängelt (11 Nennungen).

Tabelle: Alter der Kantonsräte (Anzahl Fälle, bereinigte Prozentwerte und kumulierte Prozentwerte)

Alter	Anzahl Kantonsräte	Bereinigte Prozentwerte	Kumulierte Prozentwerte
Bis 40 Jahre	4	9,1	9,1
41 bis 50 Jahre	12	27,3	36,4
51 bis 60 Jahre	23	52,3	88,6
61 bis 70 Jahre	3	6,8	95,5
71 Jahre und älter	2	4,5	100

2.3.2.2 Geschlecht

Während der Frauenanteil in der Bevölkerung bei 51,2%[63] (1990) liegt, beträgt er in der Legislaturperiode 2001-2004 lediglich 22,5%, also 18 Frauen[64]. Dies bedeutet eine statistische Unterrepräsentation von 28,7%.

Damit sind heute zwar schon bedeutend mehr Frauen im Kantonsrat vertreten, als in der ersten Legislaturperiode mit Frauenwählbarkeit (1973-1976) mit nur drei gewählten Frauen (3,75%), jedoch nicht wesentlich mehr als vor über zehn Jahren. Für die Legislaturperiode 1993-1996 wurden 13 Frauen (16,25%) in den Kantonsrat gewählt. Im Jahr 1978 war erstmals eine Frau Präsidentin des Kantonsrates. Anschließend mussten die Frauen wieder eine lange Durststrecke „durchleiden", bis sie seit Mitte der 1990er Jahre regelmäßig das höchste Amt im Kanton bekleiden (Vgl. Herren-Luther, 1990, 95f und Joos/Ott, 2002, 844-851). Bislang gab es keine Vorstöße zur Einführung einer Frauenquote im kantonalen Parlament.

2.3.2.3 Kantonsratszugehörigkeit

Die durchschnittliche Kantonsratszugehörigkeit der jetzigen Kantonsräte liegt bei 8,16 Jahren, wobei der Median mit 5 Jahren um einiges tiefer liegt. Bei vier der befragten Kantonsräte lagen eine oder mehrere Unterbrechungen der

---

[63] Vgl. Statistisches Jahrbuch der Schweiz, Neuenburg, 2002.
[64] An der schriftlichen Befragung der Kantonsräte nahmen sieben Frauen teil. Bei einem Rücklauf von 44 Fragebögen sind dies 15.9%. Damit beträgt die Unterrepräsentation der Frauen im Vergleich zum gesamten Kantonsrat 6,6%.

Kantonsratszugehörigkeit vor[65]. Zwölf der Befragten (27,9%) sitzen in der laufenden Legislaturperiode zum ersten Mal im kantonalen Parlament. Für die beiden letzten Legislaturperioden zusammen genommen sind es zwei Drittel der Befragten.

Tabelle: Kantonsratszugehörigkeit (Anzahl Fälle und bereinigte Prozentwerte)

Jahre	Anzahl Kantonsräte	Bereinigte Prozentwerte
Bis 3	12	27,9
4 bis 7	16	37,2
8 bis 11	5	11,6
12 bis 15	3	7
Mehr als 16	7	16,3

2.3.2.4 Ausbildung und Berufstätigkeit

Von den befragten Kantonsräten – die von der Ausbildung her knapp zur Hälfte Akademiker sind - befinden sich 50 Prozent in einem Angestelltenverhältnis. Ein Fünftel sind Freiberufler und Selbständige. Die drittgrößte Berufgruppe sind mit 13,6 Prozent die Landwirte. Es folgen Rentner (9,1%) und Berufspolitiker (6,8%). Zur Gruppe der Angestellten gehören hier auch Beamte und Angestellte im öffentlichen Dienst.

Tabelle: Anteil der Kantonsräte an den verschiedenen Berufsgruppen (in Prozent)

Berufsgruppe	Prozentwerte
Angestellte (auch öffentlicher Dienst)	50 %
Politiker	6,8 %
Freiberufler / Selbständige	20,5 %
Landwirte	13,6 %
Rentner	9,1 %

Bei der schriftlichen Befragung der Kantonsräte gaben acht Parlamentarier (18,2%) an, Mitglied eines der sechs Gemeinde- bzw. Stadtparlamente des Kantons zu sein und zehn Kantonsräte (22,7%) gaben an, entweder voll-, teil- oder nebenamtlich Mitglied einer Gemeinde- oder Stadtexekutive zu sein, von allen achtzig sind es zwölf (15%) Kantonsräte.

Bei der Verabschiedung des Großratsgesetzes aus dem Jahre 1996 wurde für im Dienste des Kantons stehende Ratsmitglieder (auch Lehrer etc.) eine

---

[65] Diese Unterbrechungen wurden bei der Berechnung der Kantonsratszugehörigkeit natürlich berücksichtigt.

Ausstandspflicht bei gesetzgeberischen Fragen eingeführt und auch so vom Volke angenommen. Diese Bestimmung hat das Bundesgericht allerdings aufgehoben (Vgl. Marti, 1999, 4). Die neue Kantonsverfassung bestimmt wohl, dass Angehörige der kantonalen Verwaltung, die dem Regierungsrat oder einem seiner Mitglieder direkt unterstellt sind, nicht dem Kantonsrat angehören dürfen. Diese Regelung ist im Sinne des Bundesgerichtsentscheids.

Von den befragten Kantonsräten finden genau die Hälfte, dass bestimmte Berufsgruppen übervertreten sind, für die andere Hälfte trifft dieses Empfinden nicht zu. Als zu stark im kantonalen Parlament vertreten gelten besonders Beamte und alle anderen Staatsangestellten (10 Nennungen) und Landwirte (5 Nennungen). Etwas mehr – nämlich 63,6 Prozent - der Kantonsräte und auch der Kantonsratspräsident 2003 finden bestimmte Berufsgruppen untervertreten. Hierzu gehören vor allem Arbeiter (9 Nennungen).

2.3.2.5 Interessenbindungen

Die Kantonsräte sind verpflichtet, ihre Interessenbindung bekannt zu geben. Hierunter fallen die berufliche Tätigkeit, die Tätigkeit in Führungs- und Aufsichtsgremien von Körperschaften, Anstalten und Stiftungen des öffentlichen Rechts, die Leitungs- und Beratungsfunktion für Interessengruppen, sowie die Mitwirkung in Kommissionen und anderen Organen des Kantons, der Gemeinden und des Bundes. Diese Angaben sind im Ratssekretariat einsehbar.

Tabelle Mitgliedschaft in Verbänden (Anzahl Fälle und Prozentwerte)

Organisation	Anzahl Kantonsräte	Prozentwerte
Wirtschafts- oder Arbeitgeber	8	18,2
Arbeitnehmer	19	43,2
Landwirtschaft	9	20,5
Andere	5	11,4

Bei der schriftlichen Befragung gaben acht Kantonsräte an, Mitglied einer Wirtschafts- oder Arbeitgeber-Organisation zu sein, davon fünf in Gewerbeverbänden. Neun der befragten Kantonsräte sind Mitglied einer landwirtschaftlichen Interessenorganisation, davon sechs im Bauern- bzw. Weinbauernverband. Annähernd die Hälfte der Befragten ist Mitglied in einem oder mehreren Arbeitnehmer-Verbänden. Die meisten Mitgliedschaften weist die Gewerkschaft VPOD (9 Nennungen) auf, gefolgt vom Lehrerverband (7 Nennungen). Bis auf wenige Ausnahmen handelt es sich um Mitgliedschaften in Arbeitnehmerverbänden des öffentlichen Dienstes.

Es muss erwähnt werden, dass Mitgliedschaft nicht gleich ein starkes Eintreten für den jeweiligen Verband bedeutet. Funktionäre und Vorstandsmitglieder sind qualitativ anders zu bewerten als einfache Mitglieder.

Über die Frage, wem sich die kantonalen Parlamentarier in ihrer politischen Arbeit verantwortlich fühlen, gibt nachstehende Tabelle Auskunft. Wie nicht anders zu erwarten, fühlen sich 80 Prozent der Kantonsräte sich selbst bzw. ihrem Gewissen gegenüber sehr stark verantwortlich.

Die Kantonsräte fühlen sich den Interessengruppen und dem eigenen Beruf weniger verpflichtet als ihren Parteien. Die Hälfte der Kantonsräte fühlt sich v.a. gegenüber den wirtschaftlichen, aber auch den anderen Interessengruppen, wenig oder gar nicht verantwortlich.

Tabelle: Verantwortlichkeit in der parlamentarischen Arbeit (Bereinigte Prozentwerte)

	Sehr stark	Stark	Mittel	Wenig	Überhaupt nicht
Gewissen / Sich selbst	80	5	2,5	2,5	10
Heimatgemeinde/ Heimatwahlkreis	12,5	32,5	25	20	10
Partei / Fraktion	15,4	41	28,2	12,8	2,6
Wirtschaftliche Interessengruppe	7,9	13,2	31,6	5,3	42,1
Andere Interessengruppe	11,1	5,6	27,8	27,8	27,8
Beruf	8,3	11,1	36,1	22,2	22,2

2.3.3 Kompetenz, Aufwand und Entschädigung im Milizparlament

Die Mitglieder des Kantonsrates sind Milizparlamentarier, d.h. sie üben einen Beruf aus und sind nebenbei in ihrer Freizeit Politiker. In diesem Kontext stellt sich die Frage, wie sie ihre eigene Sachkompetenz bei immer komplexer werdenden Vorlagen einschätzen.

Tabelle: Kompetenz in verschiedenen Politikfeldern (Bereinigte Prozentwerte)

	sehr hoch	hoch	mittel	tief	keine
Grundlagen der Staatsordnung	17,5	47,5	20	10	5
Öffentliche Finanzen	17,5	42,5	20	17,5	2,5
Wirtschaft	12,5	30	32,5	22,5	2,5
Infrastruktur	5	37,5	45	7,5	5
Soziales	22,5	30	25	20	2,5
Bildung und Kultur	35	32,5	15	12,5	5

Auffallend ist, dass sich relativ viele Kantonsräte als sehr kompetent im Bildungswesen einstufen. Dies könnte mit der Zahl der Pädagogen im Kantonsrat in Verbindung stehen. Nimmt man die Kategorien *sehr hoch* und *hoch* zusammen, liegen die Politikfelder Grundlagen der Staatsordnung, Öffentliche Finanzen und Bildung und Kultur etwa gleich auf. Unterdurchschnittlich ist die Selbsteinschätzung in den Bereichen Infrastruktur und Wirtschaft.

Auf der anderen Seite (*tiefe* oder *keine* Kompetenz) fallen die Politikfelder Öffentliche Finanzen, Wirtschaft und Soziales durch eine relativ schlechte Kompetenz auf. Trotzdem ergibt sich ein insgesamt recht ausgewogenes Bild mit einem Experten-Schwerpunkt im Unterrichtswesen.

Eine „Pseudo-Nebenamtlichkeit" (Vgl. Höpfinger/Ladner, 1987, 3), d.h. die Besetzung politischer Nebenämter, wie es das Amt eines kantonalen Parlamentariers ist, durch vollamtliche Politiker oder Verbandsfunktionäre, gibt es im Kanton Schaffhausen kaum. Lediglich die – an einer Hand abzählbaren - vollamtlichen oder teilamtlichen Gemeindepräsidenten sind keine wirklichen Milizpolitiker. Kein Kantonsrat ist hauptberuflicher Verbandsfunktionär. Also kann im Großen und Ganzen der Kantonsrat als wirkliches Milizparlament bezeichnet werden. So sehen sich laut nachstehender Tabelle die Kantonsräte auch. Die aus dem Mandat resultierende Belastung wird von der Hälfte der Parlamentarier als groß bezeichnet.

Tabelle: Selbsteinschätzung (Anzahl Fälle und Prozentwerte)

	Anzahl Kantonsräte	**Prozentwerte**
Milizpolitiker	34	77,3
Halbberufspolitiker	6	13,6
Berufspolitiker	4	9,1

Tabelle: Belastung (Anzahl Fälle und Prozentwerte)

	Anzahl Kantonsräte	Prozentwerte
Sehr groß	7	15,9
Groß	22	50
Weniger groß	15	34,1

Der Belastungsgrad wird abhängig sein von der konkreten Funktion eines Parlamentariers. Für einen Fraktionspräsidenten, der Mitglied der Geschäftsprüfungskommission und eventuell noch einer oder mehrerer Spezialkommissionen ist, wird sie größer sein, als für einen Kantonsrat, der keiner oder nur einer Spezialkommission angehört. Bei den Spezialkommissionen hängt die Arbeitsbelastung stark von Art, Inhalt und Umfang der Vorlage ab.

Das Plenum tagt in der Regel alle zwei Wochen einen halben Tag. In den Jahren 1989-2002 kam der Kantonsrat durchschnittlich 25 mal pro Jahr zusammen. Der tiefste Wert lag bei 20, der höchste bei 32 Sitzungen. Die durchschnittliche jährliche Sitzungshäufigkeit der Ständigen Kommission in diesem Zeitraum variiert beträchtlich. Die Geschäftsprüfungskommission kam mit großem Abstand vor den drei anderen Ständigen Kommissionen am Häufigsten zu einer Sitzung zusammen.

Tabelle: Mitgliederzahl und Sitzungshäufigkeit pro Jahr der Ständigen Kommissionen (Durchschnitt 1989-2002)

Kommission	Anzahl Mitglieder	Sitzungen pro Jahr
Geschäftsprüfungskommission	7	13,86
Justizkommission	5	2,93
Gesundheitskommission	9	5,44
Petitionskommission	5	4,21

Ein Großteil der Parlamentarier ist mit seiner Rolle im kantonalen Parlament zufrieden oder sogar sehr zufrieden. Ob das Sitzungsgeld in Höhe von 120 Franken pro Sitzung oder pro halber Tag der Grund ist, darf wohl bezweifelt werden. Die Höhe der Entschädigung zeigt nochmals deutlich, dass es sich tatsächlich um ein Milizparlament handelt, denn von dieser Summe kann kein Lebensunterhalt bestritten werden.

Tabelle Zufriedenheit (Anzahl Fälle und Prozentwerte)

	Anzahl Parlamentarier	Prozentwerte
Sehr zufrieden	10	22,7
Zufrieden	30	68,2
Weniger zufrieden	3	6,8
Unzufrieden	1	2,3

2.4 Reformmöglichkeiten

Blum hat in seinem Beitrag von 1978 (25-29) verschiedene Defizite kantonaler Parlamente zusammengefasst und ein Leitbild für ein modernes Parlament vorgeschlagen. Die Nöte oder Mängel der Parlamente liegen in der Zeitnot, der Sachkundennot und Bewertungsnot, sowie in fehlender Effizienz, dem Bruch mit dem Volk und schließlich im Machtverlust zugunsten der Regierung. Sein Reformvorschlag, eine Kombination aus Struktur- und Funktionalreform, umfasst fünf Aspekte:

1. Das Parlament muss sich selbst als eine von mehreren Letztinstanzen verstehen und seinen normativ festgelegten alleinigen Anspruch als „oberste Gewalt" zugunsten einer realitätsnahen Auffassung aufgeben,

2. Das Parlament muss ein Selbstverständnis entwickeln, nach dem es gleichzeitig Partner und Kritiker der Regierung ist,

3. Das Parlament muss eine Mischform aus Rede- und Arbeitsparlament darstellen, wobei die Gewichte in etwa gleichmäßig auf Plenums- und Kommissionsarbeit verteilt sein sollten,

4. Das Parlament muss früher auf Informationen im Bereich der Gesetzgebung, der Planung und der Vertragsabschlüsse drängen und eventuell auch Alternativen fordern,

5. Die Fraktionen müssen gestärkt werden, damit Meinungen schon im Vorfeld gebündelt werden.

Die schriftliche Befragung der Kantonsräte gibt Grund zur Annahme, dass ein solches Selbstverständnis besteht. Den Parlamentariern ist bewusst, dass sie auf Regierung und Verwaltung angewiesen sind. Ein Partnerschaftsverhältnis muss allerdings auf gleicher Augenhöhe bestehen. Ob dies tatsächlich so ist, bleibt vorerst Spekulation. Eine Verbesserung der Kontrollmöglichkeiten wird von mehreren befragten Kantonsräten gewünscht. Ob dafür eine Professionalisierung notwenig ist oder nicht, bleibt hingegen offen. Möglich ist sie – zumindest derzeit – im Kanton Schaffhausen nach Ansicht des Kantonsratspräsidenten 2003 kaum, da derartige Maßnahmen auf Widerstand beim Stimmbürger, aber auch bei verschiedenen politischen Kräften stoßen würden. Problematisch wäre auch eine Stärkung oder Professionalisierung lediglich der

Das politische System des Kantons Schaffhausen 71

Geschäftsprüfungskommission, da ein Zweiklassen-Parlament entstehen könnte, mit gut informierten Parlamentariern einerseits und schlecht informierten andererseits.

Im Verhältnis zwischen Rede- und Arbeitsparlament sind die meist genannten Forderungen eine Verkleinerung des Parlaments (v.a. von Seiten der FDP-Fraktion), die Anwendung einer – theoretisch bereits vorhandenen – Redezeitbeschränkung, sowie die Einführung zusätzlicher ständiger Kommissionen. Diese Forderungen hinterlassen den Eindruck, dass für viele Ratsmitglieder derzeit zuviel Rede- und zuwenig Arbeitsparlament existiert. Die Einführung weiterer, evt. departementsbegleitender, ständiger Kommissionen würde die Kontrollmöglichkeit des Kantonsrates verbessern. Eine Verkleinerung scheint mir in einem Milizparlament ambivalent. Man könnte zwar eine Effizienzsteigerung erhoffen, durch die höhere Arbeitsbelastung könnte diese aber auch sinken. Überzeugende finanzielle Argumente für eine Verkleinerung gibt es nicht.

Das Problem des Informationsvorsprungs von Regierung und Verwaltung wird sich wohl nur schwer lösen lassen, vollkommen vermeiden wohl kaum. Eine Stärkung der Fraktion könnte durch die Schaffung eines Fraktionssekretariates erfolgen, was auch von einzelnen Kantonsräten gefordert wird. Dadurch könnte die Parlamentsarbeit professioneller werden, ohne die Parlamentarier selber zu professionalisieren.

Unter dem großen Begriff „Parlamentsreform" verbirgt sich tatsächlich eher eine Reihe kleinerer Einzelmaßnahmen, ein Dauerprozess von schrittweisen Verbesserungen (Vgl. Linder, 1990, 204). Folgende Einzelmaßnahmen wurden gemäß der Zusammenstellung von Linder (1990, 206) im Großen Rat von Schaffhausen in den Jahren 1973 bis 1988 durchgeführt: Die Möglichkeit zur Einreichung der Kleinen Anfrage (schriftlich) als abgeschwächte Form der Interpellation, die Regelung der Verteilung der Kommissionssitze an die Fraktionen, die Aufwertung der parlamentarischen Leitungsorgane, ein von der Regierung unabhängiges Ratssekretariat sowie eine Erhöhung der Sitzungsgelder.

3. Regierung und Verwaltung

3.1 Die Funktionen der kantonalen Regierung und Verwaltung

Der Regierungsrat ist die gemäß Art. 60 Abs. 1 KV unter Vorbehalt der Befugnisse des Kantonsrates oberste leitende und vollziehende Behörde des Kantons. Seine Aufgaben sind in der Kantonsverfassung in den Artikeln 63 bis 67 festgeschrieben. Genauso wenig, wie das kantonale Parlament lediglich Legislativfunktionen wahrnimmt, nehmen die Kantonsregierung und die ihr unterstehende kantonale Verwaltung nur Exekutivaufgaben wahr. Viele Autoren[66], die sich mit der eidgenössischen Regierung oder den kantonalen Regierungen beschäftigen, listen Funktionskataloge auf, die zwar unterschiedlich stark ausdifferenziert sind und auch semantische Unterschiede aufweisen, im Kern aber alle die gleichen Hauptfunktionen einer jeden Regierung aufweisen[67]:

- Regieren: Die Regierung nimmt eine Führungsrolle in der Planung (Regierungsprogramm und Finanzplan), Koordination und Gestaltung der kantonalen Politik ein. Aufgabe des Regierungskollegiums ist die Früherkennung von Problemen und die Erarbeitung und Durchsetzung von Lösungsmöglichkeiten,

- Vollzugs- oder Exekutivfunktion: Diese klassische Aufgabe umfasst die Umsetzung der verschiedenen Normen sowie von Aufträgen vom Volk (direkte Demokratie) und Parlament,

- Leitung der kantonalen Verwaltung und Personalauswahl,

- Rechtssetzungsfunktion: Vorbereitung von Gesetzen und Koordination des vor- und nachparlamentarischen Verfahrens, sowie Verordnungsgewalt;

- Vertretung des Kantons nach innen und außen: Information und Kommunikation mit der Öffentlichkeit, Kontakte mit der Gemeindeebene, Kontakte mit anderen Kantonen, dem Bund und dem Ausland.

3.2 Die Organisation der kantonalen Regierung und Verwaltung

3.2.1 Regierung

Über regierungsinterne Vorgänge gibt es nur wenig gesichertes Wissen, so dass sich bei Informationen über das tatsächliche Funktionieren auf persönliche Aussagen Beteiligter verlassen werden muss.

Die kantonale Regierung zeichnet sich aus durch eine Verknüpfung des Kollegialitäts[68]- und des Departementalprinzips. Die fünf Regierungsräte erledigen im Vollamt gleichberechtigt als Kollegium unter Führung eines

---

[66] Vgl. Delley/Auer, 1986, 95; Germann, 1984, 46; Klöti, 2002, 161; Nuspliger, 2001, 1092f und Schmid, 1984, 269-272.

[67] Der Regierungspräsident 2003 sieht die Bedeutung der Regierungsfunktionen in dieser Reihenfolge.

[68] Zum Begriff und den Vor- und Nachteilen des Kollegialitätsprinzips Vgl. Gut, 1990, 1-11.

jährlich wechselnden Präsidenten[69] die Regierungsgeschäfte und gleichzeitig ist jeder Regierungsrat Vorsteher eines der fünf Departemente. Die Zuweisung der Departemente auf die einzelnen Regierungsmitglieder erfolgt im Regierungsrat selbst. Dies geschieht formell nach dem Mehrheitsprinzip, da es keine Regelung gibt, die bspw. das Anciennitätsprinzip vorschreibt. In der Praxis wird im Allgemeinen versucht, einen Konsens über die Verteilung zu erlangen. Faktisch spielt das Anciennitätsprinzip schon eine Rolle. Wenn bspw. ein Regierungsrat nach vielen Amtsjahren einmal das Departement wechseln möchte, so wird dem in der Regel nachgekommen. Es wird versucht, von der Arbeitsbelastung her etwa gleich große Departemente zu schaffen, weshalb es vorkommen kann, dass einzelne Ämter zwischen Departementen verschoben werden. Hier spielen natürlich auch persönliche Vorlieben der Regierungsmitglieder eine Rolle.

Der Regierungsrat tagt wöchentlich, im Normalfall einen halben Tag (Dienstag morgens). In den letzten Jahren kommt es allerdings vermehrt zu Zusatzsitzungen und Klausuren zur Behandlung komplexer Geschäfte. Im Zeitraum 1989 bis 2002 kam der Regierungsrat im Schnitt zu 48,4 Sitzungen pro Jahr zusammen, auf denen durchschnittlich 25,5 Geschäfte behandelt wurden.

Eine Kollegialbehörde erfordert von den Regierungsmitgliedern eine große Konsensfähigkeit und dieser wird in der Praxis auch gesucht. Es würde wohl die Arbeit des Regierungsrates belasten, wenn es regelmäßig zu Mehrheitsentscheidungen käme. Auch dem eigenen Standpunkt nicht entsprechende Entscheidungen müssen nach außen mitgetragen werden. Die getroffene Entscheidung ist diejenige des gesamten Regierungsrates. Sogar in Angelegenheiten des eigenen Departements ist dies möglich, was jedoch nur in seltenen Fällen vorkommt.

Es besteht somit natürlich ein gewisses Spannungsfeld zwischen dem Kollegialitätsprinzip des Gesamtregierungsrates und dem Departementalprinzip, wo der einzelne Regierungsrat für bestimmte Politikbereiche zuständig ist. Dieser Dualismus verlangt von den Regierungsmitgliedern einen bestimmten Typus Politiker, der diese Art der politischen Kultur anerkennt und einen entsprechenden politischen Stil führt.

„Das schweizerische Regierungssystem verlangt Persönlichkeiten, die bereit sind, den Vorrang der Kollegialität anzuerkennen. Eine Kollegialbehörde tritt gegen aussen nur dann als leistungsfähige Einheit auf, wenn innerhalb dieser Behörde die einzelnen Mitglieder dem Kollegialgedanken nachleben und ihn nachhaltig unterstützen, auch wenn sie intern anderer Meinung sind und waren" (Felder, 1993, 10).

---

[69] Nuspliger sieht eine Reformmöglichkeit der Kantonsregierungen in der Stärkung der Präsidentenfunktion durch die Schaffung einer dauerhaften Regierungsspitze und Errichtung eines Präsidialdepartementes (Vgl. Nuspliger, 2000, 87ff und 94). Dies wurde im Kanton Schaffhausen bislang nicht ernsthaft diskutiert.

Die Regierung ist beschlussfähig bei Anwesenheit der Mehrheit der Mitglieder, also drei Regierungsräten. Bei Stimmengleichheit bei Abstimmungen gibt der Regierungspräsident den Stichentscheid. Die Regierungsmitglieder verfügen nicht über persönliche Mitarbeiter. Von den Beamten wird absolute Loyalität verlangt, selbst dann, wenn ein hoher Beamter einer anderen Partei angehört als das zuständige Regierungsmitglied.

3.2.2 Staatskanzlei

Die Staatskanzlei, die in einem System ohne wirklichen Regierungschef eine ganz zentrale Rolle spielt, nimmt eine Doppelfunktion wahr. Sie ist einerseits die Drehscheibe zwischen Politik, d.h. dem Gesamtregierungsrat, und der Verwaltung und andererseits Drehscheibe zwischen Regierung und Parlament. Für beide Gewalten nimmt sie Aufgaben wahr, gehört aber formell zur Regierung. Sie ist dem jeweils amtierenden Regierungspräsidenten zugeordnet.

Der Leiter der Staatskanzlei, der Staatsschreiber, ist der erste Mitarbeiter und Berater der Regierung und nimmt mit beratender Stimme an den Regierungsratssitzungen teil. Er wird vom Gesamtregierungsrat gewählt.

Die 19 Mitarbeiter[70] der Staatskanzlei (14,8 Vollzeitstellen) nehmen Stabs- und Linienfunktionen wahr. Zu den Liniendiensten zählen größtenteils logistische Dienste[71] und daneben auch noch das Staatsarchiv. Die wichtigsten Stabsaufgaben und damit die Hauptaufgaben der Staatskanzlei sind nachstehend genannt und erläutert:

- Zentrale Stabs- und Koordinationsstelle des Regierungsrates (Art. 69 KV). Hierzu zählen insbesondere die Koordination der departementalen Tätigkeiten, die Beratung des Regierungsrates vor und während der Regierungssitzung, sowie die Protokollführung, die Mitwirkung bei der politischen Planung, sowie die Unterstützung des amtierenden Regierungspräsidenten in seiner Funktion.

- Rechtsdienst des Regierungsrates.

- Mit zunehmender Bedeutung Informations- und Kommunikationstätigkeit, wozu auch der Internetauftritt des Kantons gehört.

- Verbindungsstelle der Regierung zum kantonalen Parlament und Beratungsstelle für den Kantonsrat (der ja nur über einen sehr schlanken – rein administrativen - Dienst verfügt). Der Staatsschreiber erbringt die Rechtsberatung für den Kantonsrat und nimmt an den Plenarsitzungen mit beratender Stimme teil. Der Staatsschreiber-Stellvertreter besorgt die

---

[70] Gemäß Stellenplan des Kantons Schaffhausen 2003 (Amtsdruckschrift 03-28).
[71] Telefonzentrale, Postdienst, Infoschalter, Drucksachen- und Materialverwaltung, Beglaubigungsdienst, Weibeldienst.

Rechtsberatung der wichtigen Geschäftsprüfungskommission. Beide äußern sich nicht zu politischen Fragen. Bei Detailfragen übernehmen die zuständigen Verwaltungsstellen die Rechtsberatung. Zudem erbringt die Staatskanzlei auch noch gewisse Aufgaben für die Administration des Kantonsrates.

- Koordination der gesamten Außenbeziehungen des Kantons[72].

Zudem übernimmt die Staatskanzlei Aufgaben im Bereich der Gesetzgebung und bei Projektarbeit, die keinem Departement zugeordnet werden können. Außerdem ist sie zuständig für die Organisation der Verwaltung und die Durchführung der eidgenössischen und kantonalen Wahlen und Abstimmungen.

Als Bindeglied zwischen den Departementen dient die Konferenz der Departementssekretäre (KdDS), die vom Staatsschreiber präsidiert wird. Hauptaufgabe ist die Vorbereitung von Geschäften, die alle Departemente betreffen, aber nicht politischer Natur sind. In politischen Fragestellungen wie Budget, Finanzplan, Legislaturplanung oder Jahresziele ist der Regierungsrat zuständig. Hier werden in der KdDS allerhöchstens gewisse Zwischenschritte oder Verfahrensfragen behandelt (bspw. die Art und Weise, wie das Budget erstellt wird). Politische Fragen werden in der KdDS nicht vorberaten. Dies würde auch keinen Sinn machen, da sich die Regierungsräte nicht an das Votum ihrer Departementssekretäre in der KdDS gebunden fühlen würden, sondern sich jeden Spielraum (zurecht) offen halten würden.

Aber wo es um alle Departemente betreffende Organisationsfragen geht, kommt die KdDS zum Zuge. Auch im Zusammenhang mit Rechtsfragen, v.a. Rekursfragen, die ja mangels eines Zentralen Beschwerdedienstes durch das zuständige Departement gehen (nach Zuordnung durch die Staatskanzlei), ist die KdDS betroffen.

3.2.3 Verwaltung

Die Organisation der Verwaltung und das Personalwesen sind eine rein kantonale Angelegenheit. Allerdings verpflichtet der Bund die Kantone zur Einrichtung gewisser Ämter (Vgl. Germann, 1998, 62). Die kantonale Verwaltung in Schaffhausen[73] besteht aus fünf Departementen mit festen Bezeichnungen, dem Departement des Inneren (DI), dem Erziehungsdepartement (ED), dem Baudepartement (BD), dem Volkswirtschaftsdepartement (VD) und dem Finanzdepartement (FD). Die Departementsbezeichnungen sagen aber nicht immer viel über die tatsächliche Zuordnung aus, da diese abhängt von einer etwa gleichmäßigen Arbeitsverteilung und den persönlichen Präferenzen der

---

[72] Hierfür wurde im Jahr 2003 erstmals eine Person eingestellt.
[73] Eine Typologisierung der kantonalen Verwaltungen findet sich bei Urio/Markow, 1986, 107-133.

Regierungsräte. So gehört bspw. die Polizei nicht zum Departement des Inneren, sondern zum Finanzdepartement und die Justiz gehört zum Volkswirtschaftsdepartement. Jedes Departement steht unter Leitung eines Regierungsrates, der somit auch Departementsvorsteher ist.

Die einzelnen Departemente können in vier Bereiche unterteilt werden:
- Ämter
- Departementssekretariat
- Kommissionen
- Parastaatlicher Bereich

Die Ämter sind zuständig für den Vollzug kantonaler und auch eidgenössischer (Vollzugsföderalismus) Rechtsbestimmungen.

Die Departementssekretariate sind Stabs- und Koordinationsstelle des Departements und des zuständigen Regierungsrats. Die Aufgaben sind sehr vielfältig, die wichtigsten sind die administrative Weisung und Verteilung der Aufgaben innerhalb des Departements und die Übernahme aller anfallenden Aufgaben, die eben nicht zuzuordnen sind (so wie es die Staatskanzlei auf übergeordneter Ebene tut). Eine besonders wichtige Aufgabe ist die politische Planung. Sobald ein Geschäft auf die politische Ebene gelangt, ist das Departementssekretariat zuständig.

Die Departementssekretariate des Volkswirtschaftsdepartements und des Departement des Inneren nehmen auch operative Tätigkeiten im Vollzug wahr. So ist beispielsweise das Departementssekretariat im Volkswirtschaftsdepartement auch kantonale Stiftungsaufsichtsbehörde und das Patentbüro gehört zum Departementssekretariat des Departement des Inneren.

Bei den Kommissionen ist einerseits zu unterscheiden zwischen der Art der Zusammensetzung und andererseits hinsichtlich der Funktion. Kommissionen können rein verwaltungsintern[74] besetzt sein, in diesem Fall spricht man auch von Arbeitsgruppen. Sie können aber auch aus verwaltungsexternen Personen bestehen oder gemischt zusammengesetzt sein. Bei den rein verwaltungsexternen Kommissionen ist dennoch in der Regel ein Departementsmitarbeiter dabei, häufig der Departementssekretär und häufig auch der zuständige Departementsvorsteher. Was die Funktion angeht, ist zu unterscheiden zwischen (jeweils mit einem Beispiel):
- Koordinierenden Kommissionen (Umweltschutzkommission),
- Beratenden Kommissionen (Personalkommission),

---

[74] Verwaltungsintern heißt aus der inneren Verwaltung stammen. Hierzu gehören bspw. nicht die Lehrkräfte.

- Aufsichtskommissionen (Aufsichtskommission Pädagogische Hochschule),
- Kommissionen mit Entscheidungsbefugnissen (Kaufmännisches Direktorium),
- Kommissionen, die Rechtsmittelbehörde bzw. verwaltungsinternes Rechtspflege-Organ sind (Steuerkommission).

Laut Germann (2002, 407) haben Kommissionen, in denen auch verwaltungsexterne Personen sitzen, in kleinen Kantonen ein relativ großes Gewicht. Sie bringen ihren Sachverstand mit ein und erhöhen die Repräsentationsbasis. Tatsächlich variiert die Bedeutung der Kommissionen – ebenso wie die Art der Funktion - sehr stark, und hängt insbesondere in großem Maße von den jeweiligen rechtlichen Grundlagen ab. Kommissionen erweitern – gerade in einem solch kleinen Kanton – die Wissensbasis, sie bringen Know-how ein. So können fachlich-inhaltlich überzeugende Lösungen erarbeitet werden. Kommissionen dienen v.a. auch dem Informationsaustausch und dem Interessenausgleich. So kann auf politische Prozesse schon früh eine möglichst gute Resonanz geschaffen werden. Dies gilt bei Gesetzgebungsprozessen insbesondere auch vor dem Hintergrund der Volksabstimmung.

Daneben gibt es auch noch Themen- oder Projektkommissionen, die für einen bestimmten Auftrag zusammengesetzt werden und sich anschließend wieder auflösen. Auch diese können verschiedenartig zusammengesetzt sein.

Der parastaatliche Bereich ist noch vielseitiger als die Kommissionen-Landschaft. Die wichtigsten Einrichtungen sind die Spezialverwaltungen und kantonale Anstalten wie die Krankenanstalten (Kantonsspital und Kantonales Psychiatriezentrum) und die Kantonalbank[75]. Die Krankenanstalten sind unselbständige öffentlich-rechtliche Anstalten und die Kantonalbank ist eine selbständige öffentlich-rechtliche Anstalt, deren Personal direkt von der Bank und nicht vom Kanton entlohnt wird.

Der Kanton ist aber auch an privaten oder halbprivaten Institutionen beteiligt. Hierzu gehören beispielsweise das Elektrizitätswerk, eine Aktiengesellschaft in hundertprozentigem kantonalem Besitz, oder die Swisslos-Lotterie, die den Kantonen der Deutschschweiz gemeinsam gehört. Der Mechanismus ist immer derselbe: Finanzielle Beteiligung gegen Entsendung von Vertretern des Departements in Führungs- und Aufsichtsgremien. Auch bei zahlreichen Vereinigungen, die öffentliche Dienstleistungen erbringen, subventioniert der Kanton und erhält im Gegenzug Mitspracherecht in Form von Verwaltungsratsmandaten.

---

[75] Zur Kantonalbank und weiteren selbständigen kantonalen Anstalten Vgl. Ritzmann, 2001, 197-208.

Insgesamt benötigte der Kanton im Jahre 2003 2653 Stellen[76] zur Bewältigung seiner Aufgaben. Die Zahl der Beschäftigten liegt bedeutend höher, da ein Teil der im Dienste des Kantons stehenden Personen Teilzeitbeschäftigte sind. Dieser Wert setzt sich zusammen aus der allgemeinen Verwaltung, den Spezialverwaltungen, den Schulen und den Krankenanstalten. Berücksichtigt sind auch die Gerichte, die Polizei und die unselbständigen öffentlich-rechtlichen Anstalten. Nicht mitgezählt sind die Mitarbeiter der selbständigen öffentlich-rechtlichen Anstalten und das Sozialversicherungsamt. Die allgemeine Verwaltung umfasst ohne Polizei 420,77 Stellen. Der administrative Kern der Verwaltung ist aber in Wirklichkeit noch kleiner, da in dieser Zahl auch Arbeiter (v.a. des Baudepartements) und Hauswarte inbegriffen sind. Die personalintensivsten Bereiche sind mit deutlichem Abstand die Krankenanstalten gefolgt von den Schulen. Diese beiden Bereiche sind neben der sozialen Sicherheit auch die beiden bedeutendsten Ausgabenposten im kantonalen Haushalt.

Tabelle: Personalbestand der Verwaltung des Kantons Schaffhausen zum 1.1.2003

Verwaltungsteil	Stellen
Allgemeine Verwaltung (mit Polizei)	589,07
Spezialverwaltungen	128,53
Schulen (nur Lehrkräfte)	813,42
Krankenanstalten	1048,10
Gerichte	73,58
Total	2652,70

Es gibt keine Milizelemente in den Ämtern und im Departementssekretariat, demnach ist die Verwaltung im kleinen Kanton Schaffhausen vollständig professionalisiert. Milizelemente gibt es wohl in den verschiedensten Kommissionen, wo für verwaltungsexterne Personen in der Regel nur ein Sitzungsgeld o.ä. gezahlt wird.

Die Departementssekretariate sind sehr klein und umfassen neben dem Departementssekretären nur eine Sekretariatskraft, einen kleinen Rechtsdienst und eventuell einen wissenschaftlichen Mitarbeiter.

In einem solch kleinen Kanton ist es unausweichlich, dass Spitzenbeamte und teilweise auch Beamte auf tieferen Hierarchiestufen ein relativ breites Aufgabenspektrum übernehmen, also generalistisch tätig sind. Dies führt zwangsläufig zu einer erhöhten Personalisierung der Verwaltung. Trotzdem

---

[76] Bewilligte Stellen zum 1.1.2003. Das totale Arbeitspensum lag zum 1.1.2003 geringfügig unter diesem Wert.

sehen die Interviewpartner aus Regierung und Verwaltung keine oder nur eine sehr geringe Gefahr von missbräuchlichem Einfluss und Bevorzugungen. Aufgrund der Kleinheit haben die Regierungsräte einen guten Überblick über ihr Departement. Außerdem gibt es neben der üblichen rechtlichen und politischen Kontrolle (auch Medien) gerade in einem kleinen Gebiet eine große soziale Kontrolle (plakativ: „Jeder kennt jeden"). Eine Stellvertreter-Regelung (Kontrolle und Ersatz) ist aufgrund mangelnder Ressourcen nicht überall vorhanden.

Das Stellenangebot (aus Sicht des Kantons) ist stark abhängig von der konjunkturellen Situation. Gerade in wirtschaftlich problematischen Zeiten ist der Kanton ein beliebter Arbeitgeber, auch wenn sein Lohnniveau unterhalb der Privatwirtschaft und unterhalb der Kantonsverwaltung Zürich liegt. Probleme, geeignetes Personal zu finden, gibt es jedoch nur in Einzelfällen. Nichtsdestotrotz bedeutet in einem kleinen Kanton der Verlust eines Spitzenbeamten einen überproportionalen Verlust an Know-how.

3.2.4 Aufgabenerfüllung in einem kleinen Kanton

Der Kanton Schaffhausen ist zweifelsfrei ein sehr kleiner Kanton, doch er muss die gleichen Aufgaben erfüllen, wie ein großer Kanton, beispielsweise der Nachbarkanton Zürich mit mehr als 1,2 Millionen Einwohnern. Schon vor über 20 Jahren hat sich Geser intensiv mit dem Zusammenhang zwischen Bevölkerungsgröße und Staatsstruktur befasst und festgestellt, dass kleine Kantone nicht alle staatlichen Leistungen selber zur Verfügung stellen (können). Stattdessen verfolgen sie in den Bereichen wo ihre Größe suboptimal ist, laut Geser (1977, 121ff und 1981, 349) drei alternative Möglichkeiten bzw. Strategien:

1) Angebot der Dienstleistungen durch private Unternehmen gegen finanzielle Entschädigung,

2) Benutzung des Dienstleistungsangebots der größeren Nachbarkantone gegen finanzielle Ausgleichszahlungen,

3) Benutzung des Dienstleistungsangebots der größeren Nachbarkantone ohne finanzielle Ausgleichszahlungen.

Die zweite Möglichkeit soll hier dahingehend modifiziert werden, als darunter sämtliche Formen der Kooperation mit anderen Kantonen zu verstehen sind. Während es sich bei den ersten beiden Möglichkeiten (Externalisierung und Kooperation) um einen Einkauf von Leistungen handelt, stellt die dritte Möglichkeit eine klassische Free-Rider-Option dar. Während diese Möglichkeit den Kanton sowohl finanziell als auch organisatorisch-administrativ entlastet, liegt der Vorteil bei den beiden anderen Möglichkeiten – so die Hypothese – in erster Linie in einer organisatorisch-administrativen Entlastung der kleinen

Verwaltung. Die Feststellungen Gesers sind in der Zwischenzeit keineswegs irrelevant geworden. Linder hat 1999 festgestellt, dass sich in der Schweiz „[…] die ökonomische Problematik der „Mindestgröße" auch für die politischen Institutionen verschärfen [wird]" (Linder, 1999, 188).

Die Überprüfung dieser Hypothese und die Gegenüberstellung der jeweiligen Vor- und Nachteile beruht primär auf Informationen aus Experteninterviews mit Vertretern von Regierung und Verwaltung. Für das Verständnis ist eine kurze Differenzierung des Begriffs „Außenbeziehungen" aus Sicht des Kantons Schaffhausen notwendig.

Die innerschweizerische Außenpolitik mit anderen Kantonen gehört zur alltäglichen Arbeit und wird in der Regel innerhalb der Departements bearbeitet. Die Beziehungen zum Bund beinhalten dagegen häufiger Fragen der Interessenwahrnehmung, deren Behandlung dann auf Regierungsebene unter Einbeziehung der Staatskanzlei erfolgt.

Eine Kleine Außenpolitik[77] findet multilateral in der Euregio Bodensee (IBK) und bilateral mit dem Land Baden-Württemberg, dem Regierungspräsidium Freiburg und den drei angrenzenden Landkreisen Waldshut, Schwarzwald-Baar und Konstanz statt. In der Euregio Bodensee liegt der Kanton Schaffhausen in einer peripheren Lage, weshalb gewisse Fragen nicht von zentraler Bedeutung für ihn sind. Wichtiger sind deshalb die bilateralen Beziehungen, für die der Kanton auch Handlungsbedarf sieht.

Damit ein Gesamtüberblick über die grenzüberschreitenden Aktivitäten besteht, gibt es eine vom Staatsschreiber geleitete Kerngruppe für grenzüberschreitende Zusammenarbeit. Ihr gehören die Leiter der Ämter und Abteilungen an, die sich mit grenzüberschreitenden Fragestellungen beschäftigen.

Für die zu behandelnde Fragestellung interessiert uns hier einzig die innerschweizerische Außenpolitik mit anderen Kantonen.

Externalisierung

Hierunter fallen keine Privatisierungen, also die Umwandlung eines Amtes oder einer parastaatlichen Einrichtung in ein privatwirtschaftliches Unternehmen, sondern der Abschluss von Leistungsvereinbarungen mit Privaten. Für solche gibt es eine ganze Reihe von Beispielen. In den meisten Fällen handelt es sich um kleinere Aufgaben im Sozialbereich, beispielsweise Suchtprävention, Drogenberatung, Schuldenberatung, Opferhilfe, Ehe- und Schwangerschaftsberatung, Bewährungshilfe oder Pflegekindwesen. Die Leistungsträger sind in der Regel Vereine.

Das markanteste Beispiel ist jedoch die Wirtschaftsförderung des Kantons Schaffhausen. Hier wurde eine Leistungsvereinbarung mit einem

---

[77] Vgl. hierzu Dubach/Ritzmann, 2001, 260-266.

Privatunternehmen verabschiedet. Diese muss in regelmäßigen Abständen neu ausgeschrieben werden. Das Modell der externalisierten Wirtschaftsförderung hat sich bislang als sehr erfolgreich erwiesen, wohl auch deshalb, weil die Wirtschaftförderung gegenüber Unternehmen als „Ihresgleichen" und nicht als Amt auftreten kann.

Allerdings sind ähnliche weitere Leistungsvereinbarungen mit Privatfirmen schwierig, denn die Wirtschaftsförderung gab es vorher nicht als Amt oder parastaatliche Einrichtung. Bei anderen Aufgaben müsste etwas Bestehendes abgeschafft werden, damit die Leistung in derartiger Form vergeben werden kann. Deshalb wird es solch große Externalisierungen wie bei der Wirtschaftsförderung in absehbarer Zukunft wohl nicht geben.

Die Vorteile liegen zunächst in einer höheren Flexibilität und einem größeren unternehmerischen Handlungsspielraum. Die Bindung an das Verfassungs- und Gesetzeskorsett ist kleiner als bei einer Verwaltungsstelle, außerdem gibt es budgettechnische Vorteile. Der zweite große Vorteil – gerade für einen kleinen Kanton – liegt im Einkauf von Sachverstand.

„Eine Zusammenarbeit drängt sich vor allem dann auf, wenn private Stellen in einem besonderen Gebiet sachkundiger sind als staatliche Stellen" (Weber-Mandrin, 2001, 137).

Die finanziellen Konsequenzen sind schwer einschätzbar, keineswegs kann von einem grundsätzlichen finanziellen Vorteil gesprochen werden.

Der Nachteil liegt in einem Verlust an Kontrolle, Aufsicht und Mitwirkung. Dies gilt in ganz besonderem Maße für das kantonale Parlament, dessen direkte Einflussnahme praktisch völlig verschwindet. Zwar wird demnach die Position der Regierung gestärkt, doch entstehen auch für die Exekutive Schwierigkeiten, besonders in den Fällen, wo die Leistungsträger Vereine sind. Dort gestaltet sich die Steuerung häufig relativ schwierig. Verwaltungsintern können Entscheidungen eindeutig und kurzfristig getroffen werden, in der Zusammenarbeit mit Externen muss hingegen immer verhandelt werden. Außerdem gibt es kein direktes Weisungsrecht an Vorstände dieser Vereine, die meist mit Laien besetzt sind. Zudem entstehen für Verwaltungsmitarbeiter teilweise unangenehme Situationen, da sie sich in den Führungs- und Aufsichtsgremien der Vereine von zwei Seiten (Verein und Kanton) unter Druck gesetzt fühlen, beispielsweise bei Gehaltsfragen.

Die Externalisierung ermöglicht im Kern also eine erhöhte Flexibilität, erkauft durch geringe Mitwirkung bei unklaren finanziellen Konsequenzen. Zum Umfang lässt sich sagen, dass es zwar Externalisierungen in einigen Bereichen gibt, darin aber wohl nicht eine weitergehende Strategie erkennbar ist. Der Umfang ist übrigens stark abhängig vom Departement, beziehungsweise dem Politikbereich. So kann zum Beispiel das Finanzdepartement, zuständig für Finanzen und Sicherheit, nur sehr schwierig Aufgaben externalisieren.

Horizontale Kooperation

Es gibt zahlreiche Formen der interkantonalen Zusammenarbeit, die in der Literatur[78] ausführlich dokumentiert sind. An dieser Stelle interessieren weniger die grenzüberschreitenden Probleme, wie sie für alle Kantone gleichermaßen vorhanden sind oder die gemeinsame Interessenvertretung gegenüber dem Bund. Hier geht es primär um eine Funktion, die gerade für größenmäßig suboptimale Einheiten äußerst bedeutsam ist, nämlich die Schaffung von – im eigenen Kanton nicht vorhandenen – Größenvorteilen (economies of scale). Dies kann auf unterschiedliche Art und Weise geschehen.

Bei der interkantonalen Zusammenarbeit kann unterschieden werden nach dem Kreis der Beteiligten, der Rechtsform und der konkreten Art der Aufgabenerfüllung.

Es kann sich um eine bilaterale oder multilaterale Zusammenarbeit handeln. Bei der multilateralen Form ist zusätzlich zu differenzieren zwischen regionaler (bspw. Ostschweiz) und gesamtschweizerischer (alle 26 Kantone, bspw. Konferenz der Kantonsregierungen) Kooperation. Unter mehreren möglichen Rechtsformen ist die geläufigste das Konkordat. Es gibt aber auch Vereinbarungen, Abkommen, Staatsverträge und andere Formen.

Hinsichtlich der Art der Zusammenarbeit sind aus Sicht des Kantons Schaffhausen fünf Möglichkeiten der gemeinsamen Aufgabenerfüllung erkennbar:

1) gemeinsame Aufgabenerfüllung in koordinierender Form,

2) gemeinsame Aufgabenerfüllung durch interkantonale Einrichtungen,

3) gemeinsames Auftreten beim Einkauf von Mitteln Dritter,

4) Entgeltliche Zur-Verfügung-Stellung von Kapazitäten,

5) Entgeltliche Übernahme zur Verfügung gestellter Kapazitäten.

Als kleiner Kanton ist Schaffhausen in vielen Bereichen auf eine Zusammenarbeit mit anderen Kantonen angewiesen. Dazu gehören unter anderem der Strafvollzug und der Hochsicherheitsstrafvollzug (1), die Polizei (1), die Drogenrehabilitation (2), die Anschaffung von Uniformen und Software (3), das Hochschulwesen (5), die Lebensmittelkontrolle (4) oder die Spitzenmedizin (5). Die Liste ließe sich ausführlich verlängern[79]. Insgesamt ist sogar noch eine tendenzielle Zunahme der interkantonalen Zusammenarbeit zu verzeichnen.

---

[78] Eine kleine Typologie der horizontalen interkantonalen Zusammenarbeit geben Freiburghaus/Zehnder, 2003, 274.

[79] Eine Übersicht über die interkantonalen Vereinbarungen des Kantons findet sich in einer Datenbank des Instituts für Föderalismus Freiburg (CH) unter www.federalism.ch. Eine – nicht abschließende – Auflistung findet sich auch bei Dubach/Ritzmann, 2001, 255ff.

Der Nutzen dieser mannigfachen Formen interkantonaler Zusammenarbeit ist ganz eindeutig: Die Kleinheit des Kantons erfordert diese Art der Leistungserbringung, um den Kanton überhaupt am Leben zu erhalten. Gewisse Dinge kann er unmöglich alleine leisten (bspw. Spitzenmedizin, Hochsicherheitsstrafvollzug, Hochschulwesen). Die interkantonale Zusammenarbeit (Kooperation) ist der zentrale Lebensnerv eines kleinen Kantons.

In der Regel handelt es sich bei der interkantonalen Zusammenarbeit um win-win-Situationen. Die Kosten sinken oder zumindest kann bei identischen Kosten eine bessere Qualität der Leistung erreicht werden. Außerdem wächst das Know-how, der Sachverstand. Auch für größere Kantone ergeben sich zumeist immer noch Größenvorteile. Aus diesem Grund gibt es auch keine Probleme, Partner für die interkantonale Aufgabenerfüllung zu finden.

Allerdings gibt es auch gewaltige Kosten, die aus dieser Kooperationsform entstehen.

Speziell für den Kanton Schaffhausen besteht die Problematik der starken Ausrichtung auf den Kanton Zürich, wodurch eine recht einseitige Abhängigkeit entsteht. Diese kann dann besonders bei der Regelung finanzieller Aspekte nachteilig sein. Die zentrale Diskussion ist diejenige, ob Leistungen gemäß der Vollkostenrechnung oder der Grenzkostenrechnung abgegolten werden. Die Grenzkostenrechnung hat für den Kanton Schaffhausen den Vorteil, dass immer nur tatsächlich genutzte Leistungen bezahlt werden, während im anderen Fall eine anteilige Beteiligung an den gesamten Kosten anfällt.

Der zentrale, allgemeingültige Nachteil der interkantonalen Zusammenarbeit ist die Problematik des Demokratiedefizits und der Steuerungsschwäche auf der so genannten Dritten Ebene. Für das Parlament besteht eigentlich überhaupt keine Kontroll- und Einflussmöglichkeit mehr, es kann interkantonale Abkommen nur integral annehmen oder ablehnen. Die Verwaltung hat hingegen oftmals mehr Möglichkeiten, als sie innerkantonal hätte, da alles zwischen Regierungen und Verwaltungen abläuft. Aber auch sie sieht sich mit meist schwerfälligen Gebilden konfrontiert. Änderungen oder gar Auflösungen von Bestehendem sind schwierig bis unmöglich. Und es entstehen natürlich auch Verpflichtungen: wenn bspw. der Kanton Schaffhausen Polizisten zum Weltwirtschaftsforum nach Davos abstellen muss, so fällt dies bei einem sehr kleinen Polizeikorps besonders stark ins Gewicht.

Free-Rider

Diese Frage stellt sich – zumindest offiziell - nur im Kultur- und Freizeitbereich. In allen anderen Fragen sind Regelungen getroffen. Der Kanton Zürich betrachtet die umliegenden Kantone als Free-Rider des Zürcher Angebots. Während manche Kantone dafür einen Ausgleich zahlen, verweist der Kanton

Schaffhausen auf die Tatsache, dass die Zürcher Nachbarschaft auch das Schaffhauser Kultur – und Freizeitangebot nutzt.

Die eingangs formulierte Hypothese muss folgendermaßen abgeändert und ergänzt werden: von den drei behandelten Möglichkeiten bzw. Strategien zur Relativierung der suboptimalen Größe spielt diejenige der Kooperation mit anderen Kantonen eine zentrale und diejenige der Externalisierung eine untergeordnete Rolle. In einem Free-Rider-Verhalten ist keine Strategie erkennbar. Es wurde vermutet, dass die Vorteile primär in einer organisatorisch-administrativen Entlastung liegen und weniger in einer finanziellen. Doch von einem einfachen Vorteil kann eigentlich nicht mehr gesprochen werden, im Gegenteil, wie bereits erwähnt, ist die interkantonale Zusammenarbeit für den Kanton überlebenswichtig. Ein modernes Gemeinwesen, mit zahlreichen – teilweise hochkomplexen – Aufgabenfeldern, wie der Kanton Schaffhausen eines ist, braucht bei einer suboptimalen Größe das Instrumentarium der Kooperation.

Ab welcher Größe ein Kanton nicht mehr oder nur in untergeordneter Art und Weise auf die Zusammenarbeit mit anderen Kantonen angewiesen ist, wäre ein interessantes Untersuchungsfeld. Doch sind derartige Fragestellungen der Mindestgröße auch äußerst schwierig zu beantworten. So kann nur angenommen werden, dass die Problematik mit zunehmender Größe kleiner wird.

Der Preis der Kooperation ist ein Abbau an Demokratie. Also lässt sich folgern, dass kleine Kantone zu einem überproportionalen Demokratiedefizit gezwungen sind. Kleinheit kostet im Bereich der staatlichen Verwaltung Geld oder Demokratie. Das Verhältnis zwischen beiden ist direkter Art. Ein reicher Kleinkanton kann eventuell auf gewisse Formen der Zusammenarbeit verzichtet.

3.3 Die Zusammensetzung der kantonalen Regierung

Wie auch die Regelung der Wahlen des Kantonsrates fällt die der Wahl der Kantonsregierungen in die Organisationsautonomie der Kantone[80]. Die wahlberechtigte Bevölkerung wählt die fünf Regierungsräte – bis heute wurde noch keine Frau in dieses Amt gewählt[81] - für eine Amtsdauer von vier Jahren. Anders als bei den Kantonsratswahlen wird der Regierungsrat in einem einzigen kantonalen Wahlkreis nach dem Majorzverfahren mit zwei Wahlgängen gewählt. Während im ersten Wahlgang ein absolutes Mehr der Stimmen erforderlich ist, genügt im zweiten Wahlgang die relative Stimmenmehrheit. Die Wahlberechtigten dürfen maximal so viele Stimmen abgeben, wie Kandidaten zu wählen sind, also fünf bei Gesamterneuerungswahlen des Regierungsrates.

---

[80] Zum Wahlrecht und –system Vgl. Felder (1993), Hangartner/Kley (2000), Lutz/Strohmann (1998), Moser (1987) und Poledna (2001).

[81] Im Jahre 2000 ist der Einzug einer Frau am Sitzverlust der SP gescheitert.

Stille (d.h. nicht durchgeführte) Wahlen für den Fall, dass nicht mehr Kandidaten antreten als Mandate zu vergeben sind, sind in Schaffhausen in keinem der beiden Wahlgänge erlaubt.

Aufgrund langjähriger Praxis finden die beiden Wahlgänge der Wahlen des Regierungsrates alle vier Jahre im September und/oder Oktober statt. Die Wahlen des Kantonsrates finden jeweils wenige Wochen später statt. Felder (1993, 137) plädiert in diesem Zusammenhang für eine Zusammenlegung beider Wahlen, um die Kosten zu senken und die Wahlbeteiligung zu erhöhen. Letzteres Argument ist allerdings für Schaffhausen als einziger Kanton mit Wahlpflicht wenig stichhaltig. Der Amtsantritt der neu gewählten oder bestätigten Regierungsräte findet aufgrund langjähriger Praxis am 1. Januar statt.

Wichtig ist die Unterscheidung zwischen dem Rücktritt eines Regierungsrates während einer Amtsperiode und dem Nicht-Wiederantritt bei einer Gesamterneuerungswahl. Im Untersuchungszeitraum 1989 bis 2002 ist es zu einem einzigen Rücktritt gekommen (Peter Briner (FDP), 1999), und drei Regierungsräte sind bei Gesamterneuerungswahlen nicht wieder angetreten (Kurt Waldvogel (SVP), 1988; Hans-Jörg Kunz (SVP), 2000 und Ernst Neukomm (SP), 2000). Im Untersuchungszeitraum ist es nicht vorgekommen, dass ein Regierungsrat, der sich zur Wiederwahl gestellt hat, nicht wieder gewählt wurde. Dies bedeutet natürlich nicht, dass dies nicht möglich wäre.

Im Falle des Ausscheidens eines Regierungsrates während der Amtszeit finden Ergänzungs- oder Nachwahlen statt. Der oder die Nachfolger übernehmen dann das Amt für den Rest der laufenden Amtsperiode und müssen sich dann gegebenenfalls bei den nächsten Gesamterneuerungswahlen ebenfalls wieder zur Wahl stellen. Im Untersuchungszeitraum 1989 bis 2002 gab es zwei Fälle von Ausscheiden von Regierungsräten während der Amtszeit. Nach dem Tod von Ernst Leu (FDP) 1991 blieb das Regierungsmandat bei der FDP, während der Rücktritt von Peter Briner (FDP) wegen dessen Wahl in den Ständerat 1999 den Verlust des Regierungsratsmandates an die ÖBS zur Folge hatte.

Da es sich bei der Regierung um ein Kollegialorgan handelt, sind alle Mitglieder gleichberechtigt. Der Kantonsrat wählt jährlich, in der Praxis turnusgemäß nach Amtsalter, (Vgl. Hangartner/Kley, 2000, 619) den Regierungspräsidenten. Dieser leitet dann als primus inter pares die Regierungsgeschäfte und übernimmt Repräsentationsaufgaben. Er besitzt somit eine formelle, jedoch keine materielle Vormachtstellung gegenüber den anderen Regierungsmitgliedern (Vgl. Felder, 1993, 11).

Der Kanton Schaffhausen weist eine hohe Regierungsstabilität auf. Über 30 Jahre, von 1968 bis 1999, regierte unverändert eine Regierungskoalition bestehend aus je zwei Regierungsräten der FDP und der SP und einem SVP Regierungsrat. Erst mit dem Einzug der ÖBS in den Regierungsrat wurde diese

Konstellation zerstört. Als Gründe für stabile Verhältnisse in den kantonalen Regierungen nennt Felder (1993, 175) parteipolitisch konstante Wähleranteile, eine geringfügige politische Opposition, das Interesse der Regierungsparteien am Status quo und die damit verbundene Vermeidung von Kampfkandidaturen sowie die lange Amtsdauer der Regierungsräte. Aber „[a]usschlaggebend für die Stabilität [der kantonalen Regierungen] sind...die Wähleranteile der Regierungsparteien bei den Parlamentswahlen" (Felder, 1993, 177).

All diese Gründe sind – zumindest bis 1999 – für den Kanton Schaffhausen zutreffend.

- Die Wähleranteile sind relativ konstant geblieben,
- Die Opposition ist sehr schwach, da es neben den drei großen Parteien nur noch sehr kleine Parteien gibt,
- Das Interesse der Regierungsparteien am Status-quo ist eindeutig vorhanden (siehe unten),
- Die Amtsdauer der Regierungsräte ist tatsächlich sehr lang, drei Amtsperioden (12 Jahre) sind fast das Minimum, noch wesentlich längere Amtsperioden absolut keine Seltenheit,
- Die Wähleranteile der Regierungsparteien bei Parlamentswahlen sind sehr hoch. Bei den letzten vier Kantonsratswahlen konnten sie immer über 60 Prozent der Sitze auf sich vereinigen. Bei den letzten Kantonsratswahlen im Jahre 2000 war dieser Wert mit 86 Prozent besonders hoch[82].

In der Praxis findet bzw. fand ein freiwilliger Proporz, ein „Konkordanzmajorz" (Moser, 1988, 72) statt, der die negativen Auswirkungen der Mehrheitswahl auszugleichen vermag, die in der Gefahr der einseitigen Zusammensetzung der Regierung bestehen. Dieser hat – wie oben erwähnt - bis 1999 tatsächlich funktioniert, wurde dann aber mit dem Einzug des ÖBS-Kandidaten in die Regierung aufgehoben und bei den Gesamterneuerungswahlen ein Jahr später bestätigt. Bis dahin galt „[...] die Schaffhauser Kantonsregierung während Jahrzehnten als Hort parteipolitischer Stabilität" (NZZ, 28.08.2000). In den Jahren der Stabilität sprach man analog zur Bundesregierung von einer Zauberformel. Nur war diese im Bund leichter beizubehalten, wo die Regierung vom Parlament gewählt wird, als bei einer Volkswahl der Regierung. Wie konnte die Zauberformel denn existieren?

> „Beim freiwilligen Proporz liegt ein von den wichtigsten politischen Parteien entsprechend ihrer im Parlament aufweisenden Parteienstärke geltend gemachter Anspruch auf die Vertretung in der Regierung vor. Indem bei der Nomination der Kandidaten auf die geäusserten Wünsche der anderen Parteien Rücksicht genommen wird, verzichtet man 'freiwillig' auf

---

[82] Vgl. Tabelle in der Einleitung dieses Kapitels.

die Beanspruchung eigener zusätzlicher Regierungsmandate" (Felder, 1993, 64).

Die drei großen Parteien hatten unter sich ausgemacht, wie die Sitzverteilung in der Regierung aussehen sollte, nämlich – wie bereits erwähnt – je zwei Sitze für die FDP und die SP und einen für die SVP. Damit der Wähler dieser zwischenparteilichen Übereinkunft keinen Strich durch die Rechnung machen kann, stellen diese drei Parteien zusammen nicht mehr als fünf Kandidaten auf. Die bürgerlichen Parteien FDP und SVP empfehlen die drei gleichen Kandidaten zur Wahl (2 FDP und 1 SVP) und die SP stellt zwei Kandidaten auf. So empfiehlt die Linke zwar nicht direkt einen Kandidaten der Bürgerlichen und umgekehrt, aber indirekt tun sie dies natürlich.

Die einzige Gefahr besteht in Kandidaten, die einer anderen Partei angehörten. Doch obschon diese gelegentlich Kandidaten aufstellten, waren diese immer chancenlos. Dies änderte sich 1999. Die Wahl Herbert Bühls war eine reine Personenwahl, die Partei, der er angehört, spielt in der kantonalen Politik nur eine Nebenrolle (derzeit 5 Parlamentsmandate). Seine Wahl hing auch mit internen Problemen bei der FDP zusammen, die ihren zweiten Sitz dann auch verlor, bis sie ihn ein Jahr später zurückgewinnen konnte, allerdings zu Lasten der SP. Seitdem kann nicht mehr von einer Zauberformel gesprochen werden. Bemerkenswert ist die Tatsache, dass die Zauberformel bis 1999 unverändert geblieben war, obwohl sich die parteipolitischen Kräfteverhältnisse stark geändert haben. Die SVP wurde zur stärksten politischen Kraft im Kanton, während die FDP kontinuierlich schwächer wurde. Es ist davon auszugehen, dass die SVP bei den nächsten Wahlen einen zweiten Kandidaten ins Rennen schicken wird, womit die Zauberformel dann endgültig beerdigt wäre. Die Parallelen zur Bundesebene sind eindeutig vorhanden, konnte die SVP doch bei den Bundesratswahlen im Dezember 2003 einen zweiten Sitz erobern.

Allerdings ist nicht davon auszugehen, dass eine der drei großen, maßgeblichen Parteien überhaupt nicht mehr in der Regierung vertreten sein wird, nur die Proportionen werden sich wohl den Realitäten anpassen. Denn für das Konkordanzsystem schweizerischen Typs ist der freiwillige Proporz grundsätzlich eine sinnvolle Einrichtung, dessen Abschaffung schwerwiegende Konsequenzen für das politische System haben könnte, denn die großen Parteien haben eine gewisse Verhinderungsmacht. Über deren tatsächliche Größe soll die empirische Analyse im II. Teil Auskunft geben.

Zweiter Teil: Entscheidungsprozesse

Drittes Kapitel: Methodisches Vorgehen und Datensatzbeschreibung

Im zweiten, empirisch-analytischen Teil dieser Arbeit wird untersucht, was in welchen Phasen des Entscheidungsprozesses vonstatten geht und welchen Einfluss bzw. welches Durchsetzungsvermögen dabei die im ersten Teil dieser Arbeit behandelten Akteure und Institutionen haben.

Der Begriff Entscheidungsprozess beinhaltet zwei Elemente[83]. Entscheidung wird die vom Parlament verabschiedete und dem Volk zur Abstimmung unterbreitete Norm genannt. Die Entscheidung ist der Output des Entscheidungsprozesses. Hierbei handelt es sich nur um Sachgeschäfte. Prozess bedeutet, dass eine Anfrage an das politische System bis zu ihrer definitiven Verabschiedung mehrere Phasen durchlaufen muss, die zum Teil wiederum aus einzelnen Abschnitten bestehen. In jeder Phase spielen alle Institutionen und Akteure eine Rolle, doch gibt es meistens eine bzw. einen der dominiert. Die Begriffe Rechtssetzung, Normgebung, Gesetzgebung (auch für andere Normstufen) und Legiferierung werden hier synonym verwendet.

Die Untersuchungseinheiten sind die im Zeitraum 1989 bis 2002 (dreieinhalb Legislaturperioden) der Volksabstimmung unterstellten Entscheidungen des kantonalen Parlaments. Für diesen Zeitraum handelt es sich gemäß dieser Definition um eine Vollerhebung. Zur Bestimmung der Normen musste das Feld gewissermaßen „von hinten aufgerollt" werden. Die 120 identifizierten kantonalen Volksabstimmungen in diesem Zeitraum sind der Ausgangspunkt (es liegt in der Natur der Sache, dass nur Normen untersucht werden, die die parlamentarische Hürde genommen haben, da sie ansonsten nicht bis zur Volksabstimmung gelangt wären). Aufgrund dieser Herangehensweise müssen auch die Volksinitiativen mit berücksichtigt werden, da über sie auch abgestimmt wird, auch wenn sie in manchen Fällen „inhaltslos"[84] sind.

Davon ausgehend wurden für jede Norm die Ausprägungen der als relevant erachteten Variablen rekonstruiert. Dies waren im Einzelnen die Rechtssetzungsstufe, die Neuheit der Norm, das Politikfeld, die Lowi-Typologie, der Impulsgeber, die Dauer des Verfahrens (siehe Kap. 4), die Gesamtveränderung der Regierungsvorlage durch das Parlament und die Zustimmungsquote im Parlament (siehe Kap. 6), die Parolen der drei großen Parteien und der maßgeblichen Verbände, die Parolen der „Schaffhauser Nachrichten", und schließlich die Stimmbeteiligung und das Ergebnis beim Referendum (siehe Kap. 7).

---

[83] Der Gesetzesvollzug wird hier nicht behandelt.
[84] Siehe Kapitel 5.1.

Das politische System des Kantons Schaffhausen 91

Manche Variablen, die von Interesse gewesen wären, ließen sich überhaupt nicht mehr rekonstruieren (beispielsweise der Zeitpunkt des verwaltungsinternen Impulses oder das Abstimmungsverhalten im Parlament nach Fraktionen).

In der Einleitung wurden drei zentrale Fragen genannt, die zu nachstehenden Hypothesen führen. Diese werden in den folgenden Kapiteln auf ihren Wahrheitsgehalt geprüft und im Schlussteil dann nochmals zusammenfassend beantwortet.

> 1. Die Legislativfunktion (Gesetzesinitiative und Gesetzgebung) des kantonalen Parlaments ist stark eingeschränkt. Stattdessen ist es die Exekutive, die Herrin der Agenda ist, Impulse setzt und den Inhalt von Normen weitgehend bestimmt.
> 2. Die Einflussfaktoren auf das Zustimmungsergebnis im Parlament sind vielschichtig. Es sind keine eindeutigen kausalen Zusammenhänge feststellbar.
> 3. Die Zustimmung beim Referendum hängt primär von der Höhe der Zustimmung im Parlament ab. Andersrum gesagt: Wenn kein breiter parlamentarischer Konsens zu einer Vorlage erreicht wird, ist die Wahrscheinlichkeit der Ablehnung in der Volksabstimmung groß.

Eine solche empirische Analyse der Entscheidungsprozesse wurde bislang auf kantonaler Ebene noch nicht durchgeführt[85]. Für die eidgenössische Ebene existieren einige empirische Studien[86] zu Entscheidungsprozessen mit verschiedenen Schwerpunkten. Diesen Werken sind wertvolle Anregungen für den Aufbau und die Vorgehensweise in dieser Arbeit entnommen.

Die hier angewandten statistischen Verfahren sind breit gefächert. An erster Stelle stehen die univariaten und bivariaten (Kreuztabellen) Häufigkeitsverteilungen sowie die verschiedenen Verdichtungsmaße der deskriptiven Statistik. Dann folgen zur Erlangung von qualitativ gesteigerten Aussagen Mittelwertvergleiche und Regressionsmodelle, die komplexere Aussagen erlauben.

---

[85] Allerdings verfüge ich nicht über einen vollständigen Überblick über die lateinischen Kantone.
[86] Jegher (1999), Poitry (1989), Zehnder (1988).

Viertes Kapitel: Formelle, inhaltliche und prozessuale Merkmale kantonaler Entscheidungen

1. Rechtssetzungsstufe

Das kantonale Parlament in Schaffhausen verabschiedet vier verschiedene Arten von Normen: Verfassungsbestimmungen, Gesetze, Beschlüsse und Dekrete. Bei den drei ersten liegt das Letztentscheidungsrecht beim Volk, während dieses bei den Dekreten[87] beim Parlament liegt[88].

In rein repräsentativen Demokratien wird der unterschiedlichen Bedeutung von Rechtsnormen in der Regel durch unterschiedliche Mehrheiten Rechnung getragen. So ist beispielsweise in Deutschland und Belgien für eine Verfassungsänderung eine Zweidrittelmehrheit erforderlich. Derartiges gibt es im Kanton Schaffhausen nicht.

Tabelle: Rechtssetzungsstufe (Anzahl Fälle und prozentualer Anteil)

Rechtssetzungsstufe	Anzahl Fälle	Prozentualer Anteil
Verfassung	13	10,8
Gesetz	78	65
Beschluss (Kredit)	29	24,2
Total	120	100

Im Untersuchungszeitraum 1989 bis 2002 war bei Rechtssetzungsverfahren bzw. Entscheidungsprozessen in 65 Prozent der Fälle die Gesetzesebene betroffen. An zweiter Stelle liegen mit kapp einem Viertel der Fälle die Beschlüsse, welche in den meisten untersuchten Fällen (Investitions-)Kredite sind. Ebenfalls dazu zählt die einzige interkantonale Vereinbarung, über die im Untersuchungszeitraum abgestimmt wurde. Die wenigsten Normen betreffen schließlich die Verfassung, die in etwa jedem zehnten Fall Gegenstand des Entscheidungsprozesses ist.

2. Neuheit der Norm

Normen lassen sich anhand ihrer Neuheit unterscheiden. Entweder handelt es sich um Neuschaffungen oder Änderungen bestehender Normen. Zur ersten Kategorie werden auch die Totalrevisionen bestehender Rechtsakte gezählt. In

---

[87] Dekrete, die meist Detailbestimmungen zu Gesetzen enthalten, werden in der Folge nicht berücksichtigt, da sie nicht der Volksabstimmung unterliegen und somit nicht vom Untersuchungskonzept dieser Arbeit erfasst werden.

[88] Zu den verschiedenen Arten des Referendums siehe Kapitel 7.

diesen Fällen liegt zwar formell eine Änderung einer bestehenden Norm vor, doch materiell ist es eine völlige Neuschaffung.

Der Kanton Schaffhausen kann auf eine lange Rechtssetzungstradition zurückblicken. Deshalb könnte angenommen werden, dass in den überwiegenden Fällen bestehendes Recht in mehr oder weniger ausgeprägter Form den aktuellen Begebenheiten angepasst wird. In der Untersuchung ergibt sich aber folgendes Bild: Die Neuschaffungen und Totalrevisionen (57,5 Prozent) dominieren gegenüber den Teilrevisionen (42,5 Prozent). Zwei Gründe lassen sich hierfür ausmachen. Erstens waren verschiedene Normen so alt und überholt, dass nach zahlreichen Teilrevisionen eine Totalrevision angebracht schien. Zweitens hat sich die staatliche Aufgabentätigkeit auch im Untersuchungszeitraum ständig ausgeweitet, was folglich Neuschaffungen erforderlich machte. Beispiele dafür sind das Tourismusförderungsgesetz oder das Wirtschaftsförderungsgesetz.

Manche Normen wurden hingegen in regelmäßigem Rhythmus angepasst, ohne dass eine Totalrevision durchgeführt worden wäre. Das herausragendste Beispiel hierfür ist das Schulgesetz.

Tabelle: Neuheit (Anzahl Fälle und prozentualer Anteil)

Neuheit	Anzahl Fälle	Prozentualer Anteil
Neuschaffung, Totalrevision	69	57,5
Teilrevision	51	42,5
Total	120	100

Nachstehende Kreuztabelle zeigt auf, dass auf Verfassungs- und Gesetzesstufe die Teilrevisionen zahlenmäßig dominieren. Die fünf Fälle, die die Neuschaffung/Totalrevision der Verfassung betreffen, sind sogar alle Bestandteile eines einzigen, etwa achtjährigen Prozesses, zur Totalrevision der Kantonsverfassung von 1876[89].

Bei den Beschlüssen handelt es sich nie um Teilrevisionen, was dadurch zu erklären ist, dass Beschlüsse in den untersuchten Fällen einmalige (Investitions-) Kredite betrafen.

Kreuztabelle: Neuheit und Rechtssetzungsstufe (Anzahl Fälle)

	Verfassung	Gesetz	Beschluss	Total
Neuschaffung, Totalrevision	5	35	29	69
Teilrevision	8	43	0	51
Total	13	78	29	120

---

[89] Siehe hierzu Kapitel 8.

3. Politikfeld

Die Schweizer Kantone sind in nahezu allen Bereichen staatlicher Aufgabentätigkeit gesetzgeberisch aktiv. Dies ist ein Merkmal der umfassenden kantonalen Autonomie. Die Residualkompetenz liegt in der Schweiz nicht beim Bund, sondern bei den Gliedstaaten. Somit kann der Bund nur dann tätig werden, wenn die Verfassung ihn explizit dazu ermächtigt. Doch selbst in Bereichen, die ganz oder zum Großteil dem Bund zufallen, sind die Kantone gesetzgeberisch aktiv, da sie im schweizerischen Vollzugsföderalismus häufig die Umsetzung von Bundesnormen in kantonales Recht durchführen. Die wenigen Bereiche, in denen die Kantone keine oder nur marginale Aufgaben gesetzgeberisch erfüllen, sind die internationalen Beziehungen, die Landesverteidigung, Zoll-, Münz- und Währungswesen, Post, Telekommunikation und Massenmedien, die Eisenbahnen und die Luftfahrt, sowie Atomenergie und Wasserkraft (Vgl. Linder, 1999, 140).

Die vorliegende Einteilung basiert auf derjenigen des „Jahrbuchs Schweizerische Politik", ist aber in leicht modifizierter Form den kantonalen Gegebenheiten im Kanton Schaffhausen angepasst. Die sechs Politikfelder sind:

- Grundlagen der Staatsordnung[90],
- Öffentliche Finanzen[91],
- Wirtschaft[92],
- Infrastruktur[93],
- Sozialpolitik[94],
- Bildung und Kultur.

---

[90] Totalrevision der Kantonsverfassung, grundsätzliche Bestimmungen zur Gesetzgebung, Stimmrecht, Wahl- und Abstimmungsverfahren, Referendum und Initiative, Zivil- und Strafrecht, Gerichtswesen, öffentliche Ordnung, Datenschutz, Behörden- und Verwaltungsorganisation, Personalwesen, Wählbarkeit und Amtsdauer der Behörden, Bürgerrecht, Niederlassungsrecht, Notstandsrecht, Zivilschutz, Gemeinden, Kooperationen, Regionalorganisationen.

[91] Steuern, Finanzausgleich, Aufgaben- und Lastenverteilung zwischen Kanton und Gemeinden.

[92] Land- und Forstwirtschaft, Jagd, Fischerei, Tierhaltung und –schutz, Industrie, Handel und Gewerbe, Gastgewerbe und Fremdenverkehr, Sport.

[93] Energie, Verkehr, Bodenrecht, Raumplanung, Bauordnung, Wohnwirtschaft, Umweltschutz, Natur- und Heimatschutz, Elementarschäden, Wasserrecht.

[94] Arbeitsrecht, Alters- und Invalidenvorsorge, Kranken-, Unfall- und Arbeitslosenversicherung, Sozialfürsorge, Familienrecht und – zulagen, Gleichberechtigung, Gesundheits- und Spitalwesen.

Das politische System des Kantons Schaffhausen

In seltenen Einzelfällen kann eine Norm verschiedenen Politikfeldern zugeordnet werden. Eine Grundkonvention besteht darin, dass sämtliche das Personal des öffentlichen Dienstes betreffenden Normen in die Kategorie Grundlagen der Staatsordnung zugewiesen werden.

Nachstehende Tabelle zeigt, dass die gewählte Kategorisierung zu den kantonalen Gegebenheiten in Schaffhausen passt. In jeder der sechs Kategorien sammeln sich zwischen zehn Prozent und knapp einem Viertel der Fälle. An der Spitze liegen – dicht beieinander – die Felder Grundlagen der Staatsordnung und Infrastruktur. Das Mittelfeld bilden die Bereiche Sozialpolitik, Wirtschaft sowie Bildung und Kultur. Die wenigsten Fälle fallen schließlich dem Politikfeld Öffentliche Finanzen zu.

Tabelle: Politikfeld (Anzahl Fälle und prozentualer Anteil)

Politikfeld	Anzahl Fälle	Prozentualer Anteil
Grundlagen der Staatsordnung	28	23,3
Öffentliche Finanzen	12	10
Wirtschaft	17	14,2
Infrastruktur	26	21,7
Sozialpolitik	20	16,7
Bildung und Kultur	17	14,2
Total	**120**	**100**

Setzt man das Politikfeld in Verbindung mit der Rechtssetzungsstufe fallen drei Dinge auf. Erstens betreffen – mit einer Ausnahme – alle Normen, die auf Verfassungsstufe geregelt sind, das Politikfeld Grundlagen der Staatsordnung. Zweitens sind die Gesetze relativ gleichmäßig auf alle Politikfelder verteilt und drittens wird bei den Beschlüssen wiederum der Investitionscharakter sichtbar, denn sie betreffen in etwa vier von zehn Fällen Infrastrukturmaßnahmen bzw. Maßnahmen in den Bereichen Soziales und Bildung. In den Bereichen Grundlagen der Staatsordnung, Öffentliche Finanzen und Wirtschaft kommt diese Rechtssetzungsstufe so gut wie nie zur Geltung.

Kreuztabelle: Politikfeld und Rechtssetzungsstufe (Anzahl Fälle)

	Verfassung	Gesetz	Beschluss	Total
Grundlagen der Staatsordnung	12	15	1	28
Öffentliche Finanzen	0	11	1	12
Wirtschaft	0	15	2	17
Infrastruktur	0	14	12	26
Sozialpolitik	1	12	7	20
Bildung und Kultur	0	11	6	17
Total	**13**	**78**	**29**	**120**

Bei der Inverbindungsetzung von Politikfeld und Neuheit der Norm zeigt sich, dass in den Politikfeldern Wirtschaft, Infrastruktur und Sozialpolitik mehr Neuschaffungen bzw. Totalrevisionen zu verzeichnen sind und in den anderen Politikfeldern mehr Teilrevisionen. Besonders in den Bereichen Infrastruktur- und Sozialpolitik ist eine sehr deutliche Dominanz der Neuschaffungen/ Totalrevisionen erkennbar. Dies ist auf die besonders hohe Investitionstätigkeit, aber auch auf ein stetiges Anwachsen der staatlichen Tätigkeiten in diesen Bereichen zurückzuführen.

Kreuztabelle: Politikfeld und Neuheit (Anzahl Fälle)

	Neuschaffung, Totalrevision	**Teilrevision**	**Total**
Grundlagen der Staatsordnung	11	17	28
Öffentliche Finanzen	4	8	12
Wirtschaft	9	8	17
Infrastruktur	23	3	26
Sozialpolitik	15	5	20
Bildung und Kultur	7	10	17
Total	**69**	**51**	**120**

4. (Erwartete) gesellschaftliche Auswirkungen

Der US-amerikanische Politikwissenschaftler Lowi hat in den 1960er und 1970er Jahren eine Typologie entwickelt, die es erlaubt, Art und Ausmaß der Auswirkungen bzw. der erwarteten Auswirkungen von politischen Entscheidungen auf die Gesellschaft zu bestimmen und zu kategorisieren (Vgl. Lowi, 1972, 137). Diese so genannte Lowi-Typologie basiert auf dem abstrakten Inhalt von Entscheidungen. Ursprünglich unterschied er zwischen regulativer, distributiver und redistributiver Politik (Vgl. Lowi, 1975[95], 137). Später erweiterte er die Typologie um einen vierten Typus, die konstituierende Politik (constituent policy) (Vgl. Lowi, 1972, 300). Die einzelnen Typen können gemäß Jegher (1999, 175) folgendermaßen beschrieben werden:

Regulative Politik: Regelung der Rahmenbedingungen gesellschaftlichen Handelns. „Es geht darum, das Verhalten eines bestimmten Adressatenkreises zu beeinflussen. Die finanziellen Kosten dieser Vorlagen sind in der Regel gering. Die hier gebildeten Koalitionen sind deshalb weniger von ökonomischen Interessen als vielmehr von gemeinsamen Werthaltungen geprägt."

Distributive Politik: Verteilung finanzieller und nicht-finanzieller Subventionen an bestimmte Gruppen. „Im Unterschied zu Umverteilungs-

---

[95] Deutsche Übersetzung seines Aufsatzes aus dem Jahre 1964.

vorlagen [Redistributive Politik] gehen diese Vorteile [..] nicht unmittelbar zu Lasten einer anderen Gruppe. Die Kosten verschwinden im „statistischen Kollektiv", verteilen sich recht diffus und lösen keine größeren politischen Kontroversen aus."

Redistributive Politik: Vorlagen mit Umverteilungscharakter. „[Sie] verursachen meistens geldwerte oder einkommensrelevante Vor- und Nachteile für bestimmte Gruppen. Umverteilungsvorlagen weisen dabei häufig Eigenschaften eines Nullsummenspiels auf. Oftmals handelt es sich um eine Allokation von Reichtum, Eigentum, Rechten oder anderen Werten zwischen zwei großen gesellschaftlichen Gruppen. Herausragendes Beispiel für redistributive Politik ist die Steuerpolitik."

Konstituierende Politik: Maßnahmen über Struktur und Funktion des Staates. „Direkte Vor- und Nachteile für bestimmte Interessengruppen kommen bei diesen Regelungen weniger deutlich zum Vorschein."

Diese Typologie bietet neben der Politikfeldanalyse eine weitere Möglichkeit der inhaltlichen Bewertung von Entscheidungen. Auch wenn Lowi diese Typologie ursprünglich zur Analyse von Machtstrukturen entwickelt hat, kann sie auch bei andersartigen Untersuchungen – bspw. von Entscheidungsprozessen – angewendet werden. Bei der Untersuchung der Entscheidungsprozesse auf der schweizerischen Bundesebene haben verschiedene Autoren (Jegher, 1999, 174f, Poitry, 1989, 151ff, Zehnder, 1988, 53ff) die Lowi-Typologie angewandt und die Ergebnisse mit verschiedenen anderen Merkmalen in Verbindung gesetzt. Diese bestandene Bewährungsprobe legt eine – meines Wissens erstmalige – Anwendung dieses Konzepts auf eine kantonale Entscheidungsebene nahe.

Natürlich beruht die Zuteilung der Untersuchungseinheiten zu einem der vier Typen auf einer subjektiven Einschätzung. Die Materialbasis erlaubt aber eine fundierte Herangehensweise. Zu jeder Untersuchungseinheit liegen die Regierungsvorlage und das Abstimmungsmagazin vor, die nicht nur den Text der Norm, sondern auch eine inhaltliche Begründung beinhalten.

Während wohl klar sein dürfte, was unter regulativer Politik zu verstehen ist (z.B. Straf- und Zivilrecht, Raumplanung, Verkehr u.v.m.), ist vor allem die Unterscheidung zwischen distributiver und redistributiver Politik interessant. Die wichtigsten distributiven Politikmaßnahmen sind einerseits die Errichtung und Beschaffung von Dingen aller Art (z.B. Schulen, Straßen) und andererseits die Förderung von Dingen aller Art (z.B. Wohnungsbau, Wirtschaft).

Wie bereits erwähnt, ist die Steuerpolitik das bedeutendste Beispiel für redistributive Politik. Ein weiteres klassisches Beispiel für Umverteilung ist der Finanzausgleich zwischen Gemeinden. Die verschiedenen Bereiche der sozialen Sicherheit gehören auch primär in diesen Bereich, allerdings gibt es Teilbereiche, die eher den anderen beiden Typen zufallen.

Beispiele für die konstituierende Politik sind die das Funktionieren des politischen Systems betreffende Vorlagen (Wahlen und Abstimmungen, Behördenorganisation) und auch – dies schien mir sinnvoll – die Errichtung und Beschaffung von Dingen aller Art für die direkte oder auch hoheitliche Verwaltung (z.B. Gebäude für die Verwaltung, EDV-System für die Steuerverwaltung). Alle nicht die engste Verwaltung betreffenden Ausgaben gehören dagegen zur distributiven Politik.

Im Kanton Schaffhausen zeigt sich für den Untersuchungszeitraum, dass regulative und distributive Politik – gemeinsam und mit identischem Anteil – 70 Prozent der Entscheidungen ausmachen. Einen weitaus geringeren Anteil macht die redistributive und konstituierende Politik aus.

Tabelle: Lowi-Typologie (Anzahl Fälle und prozentualer Anteil)

Lowi-Typus	Anzahl Fälle	Prozentualer Anteil
Regulativ	42	35
Distributiv	42	35
Redistributiv	20	16,7
Konstituierend	16	13,3
Total	120	100

Diese Ergebnisse in Verbindung mit der Rechtssetzungsstufe zeigen folgendes Bild. Normen auf Verfassungsstufe betreffen regulative, vor allem aber konstituierende Politiken. Besonders letzteres überrascht natürlich nicht. Gesetze bestimmen besonders häufig über regulative Politiken, gefolgt von redistributiven und distributiven und kaum konstituierende Politiken. Beschlüsse haben fast immer distributiven Charakter, was dadurch begründet ist, dass Investitionen zu diesem Typus gehören. In den beiden Fällen, wo Beschlüsse den konstituierenden Politik-Typus betreffen, handelt es sich ebenfalls um Investitionen, jedoch um solche in die Errichtung und Beschaffung von Dingen aller Art für die direkte oder auch hoheitliche Verwaltung.

Kreuztabelle: Lowi-Typus und Rechtssetzungsstufe (Anzahl Fälle)

	Verfassung	Gesetz	Beschluss	Total
Regulativ	4	38	0	42
Distributiv	0	15	27	42
Redistributiv	0	20	0	20
Konstituierend	9	5	2	16
Total	13	78	29	120

Das politische System des Kantons Schaffhausen

Bei den regulativen, redistributiven und konstituierenden Politik-Typen gemäß Lowi halten sich Neuschaffungen bzw. Totalrevisionen und Teilrevisionen mehr oder weniger die Waage. Einziger im Zusammenhang zwischen Lowi-Typologie und Neuheit der Norm ins Auge fallender Punkt ist das starke Übergewicht der Neuschaffungen bzw. Totalrevisionen bei der distributiven Politik. Auch diesmal dient die Investitionstätigkeit als Begründung.

Kreuztabelle: Lowi-Typus und Neuheit (Anzahl Fälle)

	Neuschaffung, Totalrevision	Teilrevision	Total
Regulativ	18	24	42
Distributiv	33	9	42
Redistributiv	9	11	20
Konstituierend	9	7	16
Total	**69**	**51**	**120**

Die Kreuztabelle von Lowi-Typus und Politikfeld zeigt auf, dass das Merkmal Politikfeld mit maximal zwei Lowi-Typen in erwähnenswerter Form korrespondiert. Bei den Grundlagen der Staatsordnung sind es der regulative und konstituierende Typus, bei Wirtschaft und Infrastruktur der regulative und distributive und bei der Sozialpolitik der distributive und redistributive Typus. Im Bereich Bildung handelt es sich meistens um distributive Politiken, was wiederum auf eine besondere Stellung der Investitionstätigkeit vermuten lässt. Interessant ist schließlich die deutliche Verbindung zwischen redistributiver Politik und den Öffentlichen Finanzen. Dies erklärt sich dadurch, dass sich dieses Politikfeld v.a. durch Steuerbestimmungen auszeichnet, die das herausragende Beispiel für Umverteilungspolitik sind.

Kreuztabelle: Lowi-Typus und Politikfeld (Anzahl Fälle)

	Regulativ	Distributiv	Redistributiv	Konstituierend	Total
Grundlagen der Staatsordnung	14	0	0	14	28
Öffentliche Finanzen	1	0	9	2	12
Wirtschaft	10	7	0	0	17
Infrastruktur	12	14	0	0	26
Sozialpolitik	2	8	10	0	20
Bildung und Kultur	3	13	1	0	17
Total	**42**	**42**	**20**	**16**	**120**

5. Impulsgeber[96]

Der wichtigste Impulsgeber kantonaler Entscheidungsprozesse ist die Kantonsregierung mitsamt der Kantonsverwaltung. Fast zwei Drittel (61,7 Prozent) der Geschäfte haben hier ihren Ursprung. Allerdings fallen in diese Kategorie auch solche Geschäfte, die ihren Ursprung in übergeordnetem Recht (Bundesrecht) haben. Lediglich ein Fünftel der untersuchten Normen hat den Ursprung tatsächlich in einer parlamentarischen Initiative, bei weiteren knapp zehn Prozent der Fälle liegt der Ursprung bei Regierung bzw. Verwaltung und Parlament gemeinsam. Ebenfalls knapp zehn Prozent der Impulse kommen vom Volk.

Tabelle: Impulsgeber (Anzahl Fälle und prozentualer Anteil)

Impulsgeber	Anzahl Fälle	Prozentualer Anteil
Volksinitiative	11	9,2
Parlamentarische Initiative	24	20
Regierung/Verwaltung (inkl. Bundesrecht)	74	61,7
Parlament und Regierung/Verwaltung	11	9,2
Total	**120**	**100**

Bei der Korrelation von Impulsgeber und Rechtssetzungsstufe wird erstens deutlich, dass die Regierung/Verwaltung als einziger den Anstoß zu Beschlüssen, d.h. (Investitions-)Krediten gibt, dass zweitens die Regierung nur in zwei Fällen ein Geschäft auf Verfassungsstufe in Gang gebracht hat, sich drittens die parlamentarischen Initiativen fast gleichmäßig auf Verfassungs- und Gesetzesstufe verteilen und viertens Volksinitiativen – mit einer einzigen Ausnahme – immer die Gesetzesstufe betreffen.

Der einzige bemerkenswerte Aspekt bei der Verbindung zwischen Impulsgeber und Neuheit der Norm ist die Tatsache, dass Regierung und Verwaltung überdurchschnittlich oft Neuschaffungen bzw. Totalrevisionen von Normen einleiten. Dies kann als Indiz für zweierlei dienen. Zum ersten erkennt die Verwaltung wahrscheinlich durch ihre alltägliche Vollzugsarbeit als erste Defizite in einer Norm, welche eine Totalrevision erforderlich machen und zweitens ist es ebenfalls die Exekutive, die entweder durch Vorgaben des Bundes oder auch Erfahrungen aus anderen Kantonen, sowie wiederum die alltägliche Verwaltungsarbeit, neue staatliche Tätigkeitsfelder entdeckt.

---

[96] Zur Funktionsweise und Bedeutung der verschiedenen Impulsgeber siehe Kapitel 5.

Kreuztabelle: Impulsgeber und Rechtssetzungsstufe (Anzahl Fälle)

	Verfassung	Gesetz	Beschluss	Total
Volksinitiative	1	10	0	11
Parlamentarische Initiative	10	13	1	24
Regierung/Verwaltung (inkl. Bundesrecht)	2	45	27	74
Parlament und Regierung/Verwaltung	0	10	1	11
Total	**13**	**78**	**29**	**120**

Kreuztabelle: Impulsgeber und Neuheit (Anzahl Fälle)

	Neuschaffung, Totalrevision	Teilrevision	Total
Volksinitiative	5	6	11
Parlamentarische Initiative	12	12	24
Regierung/Verwaltung (inkl. Bundesrecht)	46	28	74
Parlament und Regierung/Verwaltung	6	5	11
Total	**69**	**51**	**120**

Die Impulstätigkeit von Regierung und Verwaltung verteilt sich relativ gleichförmig auf die verschiedenen Politikfelder. Dies zeigt die Kreuztabelle mit Impulsgeber und den Politikfeldern. Das Hauptbetätigungsfeld für parlamentarische Initiativen liegt eindeutig im Politikfeld Grundlagen der Staatsordnung. Für die Volksinitiativen fällt eine im Vergleich zu den anderen Impulsgebern überproportional hohe Tätigkeit im Bereich der Öffentlichen Finanzen auf.

Dieser Befund wird durch die Korrelation zwischen Impulsgeber und dem zweiten inhaltlichen Charakteristikum, der Lowi-Typologie, weitgehend bestätigt. Regierung und Verwaltung geben primär Anstöße zu regulativen und distributiven Politik-Geschäften. Volksinitiativen betreffen in den meisten Fällen, und auch im Verhältnis zu den anderen Impulsgebern in starker Form, redistributive Angelegenheiten. Diese beziehen sich ja bekanntlich oft das Politikfeld öffentliche Finanzen. Und schließlich haben die parlamentarischen Initiativen besonders Geschäfte mit regulativem, vor allem aber konstituierendem Charakter als Gegenstand.

Kreuztabelle: Impulsgeber und Politikfeld (Anzahl Fälle)

	Volks-initiative	Parlamentarische Initiative	Regierung/Verwaltung (inkl. Bundesrecht)	Parlament und Regierung/Verwaltung	Total
Grundlagen der Staatsordnung	1	14	12	1	**28**
Öffentliche Finanzen	4	0	7	1	**12**
Wirtschaft	1	3	10	3	**17**
Infrastruktur	3	1	18	4	**26**
Sozialpolitik	2	2	15	1	**20**
Bildung und Kultur	0	4	12	1	**17**
Total	**11**	**24**	**74**	**11**	**120**

Kreuztabelle: Impulsgeber und Lowi-Typus (Anzahl Fälle)

	Regulativ	Distributiv	Redistributiv	Konstituierend	Total
Volksinitiative	3	1	6	1	**11**
Parlamentarische Initiative	8	4	1	11	**24**
Regierung/Verwaltung (inkl. Bundesrecht)	25	34	11	4	**74**
Parlament und Regierung/Verwaltung	6	3	2	0	**11**
Total	**42**	**42**	**20**	**16**	**120**

Es spricht einiges für die Annahme, dass die Impulse von Volk und Parlament als Korrektiv anzusehen sind. Das Volk bringt in überdurchschnittlichem Maße (sowohl im Verhältnis zur Gesamtzahl der Volksinitiativen, aber auch am Anteil aller Impulse in diesem Bereich) Geschäfte aus dem Politikfeld Öffentliche Finanzen bzw. dem redistributiven Lowi-Typus in Gang. Im nächsten Kapitel wird dann der Versuch unternommen, zu beantworten, wer im Einzelnen die Initiatoren sind.

Das Parlament bringt eine überdurchschnittliche Anzahl Geschäfte des Politikfeldes Grundlagen der Staatsordnung bzw. des Lowi-Typus konstituierende Politiken auf den Weg. Das Parlament scheint also eine seiner Aufgaben in der Anpassung und Verbesserung des politischen Systems und seiner Strukturen zu sehen. Das wichtigste in diesen Bereich fallende Geschäft ist die Totalrevision der Kantonsverfassung. Diese wurde vom Parlament initiiert und auch ausgearbeitet[97].

---

[97] Siehe Kapitel 8.

6. Dauer des Entscheidungsprozesses

Eine wesentliche Komponente in der Analyse von Entscheidungsprozessen sind die Kosten einer Entscheidung. Als Indikator hierfür kann die Dauer eines Entscheidungsprozesses dienen (Vgl. Poitry, 1989, 345f).

Leider war es nicht möglich, in allen Fällen den tatsächlichen Anstoß[98] des Entscheidungsprozesses zeitlich festzumachen. Aus diesem Grund werden hier nur die parlamentarische und die nachparlamentarische Phase berücksichtigt, da die Daten hierfür vorhanden sind. Die parlamentarische Phase beginnt am Tage der Vorlage einer Norm durch den Regierungsrat an das Parlament und endet mit dem (in jedem hier untersuchten Fall zustimmenden) Schlussvotum im Parlament. Dieser Tag ist dann wiederum der Beginn der nachparlamentarischen Phase, die am Tage der Volksabstimmung endet. Das Datum der Volksabstimmung über eine vom Kantonsrat angenommene Vorlage bestimmt der Regierungsrat. In der Regel finden an vier Sonntagen pro Jahr Abstimmungen statt. Für die Daten werden die Blanko-Termine des Bundes übernommen. Es kann aber auch vorkommen, dass es weitere Abstimmungstage gibt.

Die so definierte Gesamtdauer ergibt sich aus der Summe beider Phasen. Mit der Volksabstimmung tritt die Norm zwar noch nicht in Kraft. Dieser Zeitpunkt wird in der Regel durch die Regierung festgelegt, doch ist sicher, dass sie in Kraft treten wird.

Somit ist die Analyse der Dauer des Entscheidungsprozesses nur zum Teil befriedigend, da die wichtige vorparlamentarische Phase nicht berücksichtigt werden kann. Dies muss bei der Betrachtung nachstehender empirischer Befunde bedacht werden.

Tabelle: Dauer des Entscheidungsprozesses

	Parlamentarische Phase	Nachparlamentarische Phase	Gesamt
Arithmetisches Mittel	249,77 Tage	108,35 Tage	**357,25 Tage**
Median	160 Tage	98 Tage	**271 Tage**
Standardabweichung	247,539	30,214	**252,108**
Varianz	61275,626	912,885	**63558,693**
Tiefster Wert	20	55	**89**
Höchster Wert	1281	211	**1446**

Im Durchschnitt (arithmetisches Mittel) dauert ein Entscheidungsprozess 357,25 Tage (der Median-Wert liegt tiefer bei 271 Tagen), davon 249,77 Tage (160) für

---

[98] Beim großen Anteil der Vorlagen aus der Regierung/Verwaltung war es nicht möglich, den tatsächlich ersten Anstoß auszumachen.

die parlamentarische Phase und 108,35 Tage (98) für die nachparlamentarische Phase. Die Spannweite liegt zwischen knapp drei Monaten (89 Tage) und fast vier Jahren (1446 Tage). Eine Bewertung dieser Werte ist schwierig, da keine vergleichbaren Daten vorhanden sind. Allerdings kann davon ausgegangen werden, dass Entscheidungsprozesse in Systemen halbdirekter Demokratie eher lange dauern. Grund hierfür ist einerseits die zusätzliche Zeitspanne bis zur Volksabstimmung, die im Durchschnitt das Inkrafttreten um etwa dreieinhalb Monate verzögert, sowie andererseits der hohe Konsensdruck im Parlament aufgrund der Anfälligkeit der Vorlage in der Volksabstimmung.[99] Nachfolgend wird nun der Versuch unternommen, herauszuarbeiten, in welcher Form die Gesamtdauer eines Entscheidungsprozesses von den verschiedenen Ausprägungen der formellen, inhaltlichen und prozessualen Merkmale kantonaler Entscheidungen abhängt. Zuerst wird ein Vergleich der Mittelwerte durchgeführt und anschließend eine lineare Regression.

Tabelle: Mittelwertvergleich der Dauer des Entscheidungsprozesses

Merkmal	Rang	Arithm. Mittel	Median
Rechtsetzungsstufe			
Verfassung	1	587,77	504
Gesetz	2	358,59	271
Beschluss (Kredit)	3	250,31	243
Neuheit			
Neuschaffung, Totalrevision	1	398,51	291
Teilrevision	2	301,43	243
Politikfeld			
Grundlagen der Staatsordnung	1	451,71	403
Öffentliche Finanzen	4	319,17	271
Wirtschaft	3	338,82	245
Infrastruktur	2	399,62	305,5
Sozialpolitik	5	288,1	260
Bildung und Kultur	6	263,53	208
Lowi-Typologie			
Regulativ	2	443,26	379
Distributiv	4	273,21	222
Redistributiv	3	280,15	239
Konstituierend	1	448,44	332
Impulsgeber			
Volksinitiative	4	293,27	207
Parlamentarische Initiative	1	499,54	424,5
Regierung/Verwaltung (inkl. Bundesrechtsvollzug)	3	306	247
Parlament und Regierung/Verwaltung	2	455,55	285
Total	**357,25**	**357,25**	**271**

---

[99] Siehe Kapitel 7.

Aus dieser Tabelle lassen sich nachstehende Feststellungen über die Abhängigkeit der Gesamtdauer von Entscheidungsprozessen von den verschiedenen Merkmalen der Entscheidung ableiten:

1. Die Gesamtdauer des Verfahrens steigt mit der Rechtssetzungsstufe: (Kredit)Beschlüsse benötigen im Durchschnitt 250 Tage, was etwas mehr als acht Monate sind. Gesetze liegen mit 358 Tagen, also etwa einem Jahr, fast genau im Gesamtdurchschnitt, und Entscheidungsprozesse über Verfassungsbestimmungen sind mit fast 588 Tagen wesentlich langwieriger.

2. Neuschaffungen und Totalrevisionen benötigen im Durchschnitt ein Drittel mehr Zeit als Teilrevisionen.

   Nimmt man diese beiden formellen Merkmale zusammen, zeigt sich, dass die Verfahren zur Totalrevision der Kantonsverfassung am längsten gedauert haben. An zweiter Stelle liegen die Neuschaffungen bzw. Totalrevisionen von Gesetzen. Darauf folgen die Teilrevisionen der Verfassung und schließlich diejenigen der Gesetze.

3. Bei der Differenzierung nach Politikfeld zeigt sich eine überdurchschnittlich lange Dauer der Entscheidungsprozesse bei Bestimmungen über die Grundlagen der Staatsordnung (längste Dauer) und Infrastrukturmaßnahmen. Die anderen vier Politikfelder liegen unterhalb der durchschnittlichen Dauer, wobei Bildung und Kultur betreffende Prozesse die kürzeste Zeitspanne zwischen Regierungsvorlage und Volksabstimmung vorweisen.

4. Bei der Lowi-Typologie benötigen regulative und konstituierende Politiken etwa gleich lange und liegen oberhalb des Durchschnittes. Unterhalb des arithmetischen Mittels liegen - ebenfalls gleichauf - distributive und redistributive Politiken.

5. Beim Impulsgeber kommen die Volksinitiativen am schnellsten durch den Entscheidungsprozess. Dies liegt daran, dass in den meisten Fällen nur entschieden wird, ob sie dem Volk zur Annahme oder Ablehnung empfohlen wird. Nicht wesentlich länger benötigen Vorlagen, bei denen der Anstoß seitens der Regierung bzw. der Verwaltung kommt. Hierzu gehören auch die Bestimmungen über den Vollzug von eidgenössischem Recht. Wesentlich länger dauert es, wenn der Impuls ganz oder teilweise vom Parlament ausgeht. Die klassische parlamentarische Initiative benötigt vom Zeitpunkt der aus ihr resultierenden Regierungsratsvorlage (und nicht vom Zeitpunkt der eigentlichen parlamentarischen Initiativen) bis zur Volksabstimmung im Schnitt 500 Tage.

Bei der Bildung eines linearen Regressionsmodells werden diese Aussagen zwar grundsätzlich bestätigt, doch tragen die verschiedenen formellen, inhaltlichen und prozessualen Charakteristika in unterschiedlichem Maße zur Erklärung des Modells bei. Ein Problem besteht darin, dass die Merkmale der Entscheidungen in relativ hohem Maße selbst miteinander korrelieren.

Wenn alle Variablen einbezogen werden, beträgt das korrigierte Bestimmtheitsmaß R^2 0,285. Den allergrößten Beitrag hierzu leisten die formellen Charakteristika Rechtsetzungsstufe und Neuheit (korrigiertes R^2 0,250), wobei der Beitrag der beiden gleich groß ist. Dagegen haben die inhaltlichen Merkmale Politikfeld und Lowi-Typologie keine Erklärungskraft. Das prozessuale Merkmal Impulsgeber verbessert das korrigierte R^2 dann nochmals leicht auf den genannten Wert.

Die Betrachtung der Beta-Koeffizienten der Variablen, die zum Modell beisteuern und darüber hinaus auch signifikant sind, bestätigt die Schlussfolgerungen aus dem Mittelwertvergleich. Bei der Rechtsetzungsstufe haben Verfassung und Beschluss einen etwa gleich starken aber entgegen gerichteten Einfluss auf die Dauer des Entscheidungsprozesses (im Bezug auf die Rechtssetzungsstufe Gesetz). Auch der Beta-Koeffizient der Neuheit der Norm bestätigt die kürzere Entscheidungsdauer bei Teilrevisionen im Vergleich zu Neuschaffungen bzw. Totalrevisionen.

Die Impulsgeber Volk und Regierung/Verwaltung haben einen negativen, also verkürzenden Einfluss auf die Dauer des Entscheidungsprozesses (im Bezug auf die parlamentarische Initiative), wobei der Beta-Wert bei Initiativen aus Regierung/Verwaltung etwas höher liegt als derjenige der Volksinitiative. Dies widerspricht dem Ergebnis des Mittelwertvergleichs, doch muss bedacht werden, dass durch das prozessuale Merkmal Impulsgeber auch nur ein bescheidener Teil des Modells erklärt wird.

Somit lässt sich schlussfolgern, dass die formellen Merkmale Rechtsetzungsstufe und Neuheit der Norm die Dauer des Entscheidungsprozess beeinflussen und zwar derart, dass mit höherer Rechtsetzungsstufe die Dauer zunimmt, und Neuschaffungen bzw. Totalrevisionen mehr Zeit in Anspruch nehmen als Teilrevisionen.

Allerdings dürfen zwei Einschränkungen nicht übersehen werden. Erstens wird - wie gesagt - nur ein Teil des Modells erklärt und zweitens wurde der vorparlamentarische Komplex ausgeklammert. Über weitere Einflussvariablen, die zur Erklärung der Dauer beitragen könnten, kann nur spekuliert werden. Denkbar sind beispielsweise die allgemeine Arbeitsbelastung des Parlaments zum entsprechenden Zeitpunkt oder einfach auch nur der inhaltliche Umfang.

Das politische System des Kantons Schaffhausen 107

Fünftes Kapitel: Der Anstoß zu einem politischen Entscheidungsprozess und die vorparlamentarische Phase

1. Der Anstoß zu einem politischen Entscheidungsprozess

Bei diesem Teil des Prozesses handelt es sich weniger um eine Phase, als um den Beginn des eigentlichen Prozesses. Verschiedene Akteure oder Institutionen können den Anstoß oder Impuls (Input) zu einem Entscheidungsprozess geben. Impulse können aus dem Inneren des politisch-administrativen Entscheidungssystems kommen (Parlament, Regierung, Verwaltung). In diesem Fall handelt es sich um interne Akteure. Impulse können aber auch von Seiten der intermediären Akteure (Parteien, Verbände, Bewegungen) sowie vom Volk oder von anderen Individualinteressenvertretern gegeben werden. Hierbei handelt es sich dann um externe Akteure.

Es ist aber sehr schwierig, wenn nicht sogar unmöglich, den tatsächlichen Impulsgeber und den ursprünglichen Impulszeitpunkt und -grund ausfindig zu machen. An dieser Stelle soll deshalb analysiert werden, wer formell gesehen den Entscheidungsprozess in Gang gebracht hat (verschiedene Arten von Anfragen im Parlament, Hinterlegung einer Volksinitiative, Gründung einer Kommission oder Arbeitsgruppe durch die Verwaltung, etc.). Auch dies ist nicht immer einfach, deshalb wurden Normen, bei denen nicht genau feststellbar ist, ob der Ursprung im Parlament oder in der Regierung/Verwaltung liegt, in eine gesonderte Kategorie eingeordnet. Die quantitative Bewertung der nachstehenden Tabelle wurde bereits im vorherigen Kapitel vorgenommen.

Tabelle: Impulsgeber (Anzahl Fälle und prozentualer Anteil) *(idem Tabelle aus Kap. 4.5)*

Impulsgeber	Anzahl Fälle	Prozentualer Anteil
Volksinitiative	11	9,2
Parlamentarische Initiative	24	20
Regierung/Verwaltung (inkl. Bundesrecht)	74	61,7
Parlament und Regierung/Verwaltung	11	9,2
Total	120	100

1.1 Volksinitiativen

Die Volksinitiative gibt den Stimmberechtigten oder Teilen von ihnen die Möglichkeit, Themen zur Abstimmung vorzubringen und zwar unabhängig vom Wohlwollen von Parlament und Regierung. Das Ergebnis der Abstimmung ist für die staatlichen Behörden verbindlich.

Die Schaffhauser Kantonsverfassung gibt den Stimmberechtigten das Recht zur Initiative auf Totalrevision der Verfassung, zur Teilrevision der Verfassung, sowie das Gesetzesinitiativ-Recht[100]. Letzteres beinhaltet den Erlass, die Änderung oder die Aufhebung eines Gesetzes.

Initiativen zur Teilrevision der Verfassung und Gesetzesinitiativen können entweder in Form der allgemeinen Anregung, die die konkrete Rechtsformulierung den Behörden überlässt, oder in formulierter, von den Behörden nicht veränderbarer, Form eingebracht werden.

Dagegen dürfen Initiativen auf Totalrevision der Verfassung nur in Form der allgemeinen Anregung eingebracht werden. Wenn die Stimmberechtigten sich für die Totalrevision der Verfassung entscheiden, ist das weitere Verfahren (siehe unten) von da an identisch mit demjenigen beim Referendum zur Verfassungsrevision.

Für alle drei Initiativ-Formen sind die Unterschriften von 1.000 Stimmberechtigten (d.h. 2,1% aller Stimmberechtigten) erforderlich. Eine festgelegte Sammelfrist existiert nicht, allerdings ist für die Gültigkeit der Unterschriften zu beachten, dass diese innerhalb von zwei Monaten vor Einreichung einer Initiative von der zuständigen Amtsstelle bescheinigt worden sind.

Außerdem haben die Stimmberechtigten das Recht, Initiativen zur Abstimmung über die Abberufung von Regierung[101] oder Parlament und Initiativen zur Auslösung einer Standesinitiative[102] einzubringen. Für diese Initiativen gelten die gleichen Regelungen wie für die oben genannten Initiativen.

Gemäß der neuen Kantonsverfassung besteht zudem die Möglichkeit einer Initiative zur Kündigung oder Aufnahme von Verhandlungen über Abschluss oder Änderung eines internationalen oder interkantonalen Vertrags.

Über die Gültigkeit einer Initiative[103] entscheidet der Kantonsrat. Vorher fasst die Kantonsregierung einen Beschluss - nach obligatorischer formeller Vorprüfung durch die Staatskanzlei - über das Zustandekommen der Initiative. Die Initiatoren verfügen über eine Einspruchsmöglichkeit gegen die

---

[100] Zur institutionellen Ausgestaltung des Initiativrechts im Kanton Schaffhausen Vgl. Lutz/Strohmann (1998), Moser (1985), Schneider (1995, 2001) und Trechsel/Serdült (1999). Allgemeine Informationen zum Initiativrecht Vgl. Grisel (2001) und Hangartner/Kley (2000).

[101] Über eine solche wurde letztmals am 12. März 2000 – ohne Erfolg – abgestimmt. Diese Art von kantonalen Entscheidungen wird hier bewusst außen vor gelassen, da es sich nicht um Sachgeschäfte handelt.

[102] Die Begriffe Stand und Kanton werden synonym verwendet.

[103] Ungültig ist eine Initiative, wenn sie gegen übergeordnetes Recht verstößt, undurchführbar ist oder die Einheit der Form oder Materie verletzt.

Entscheidung des Kantonsrates. Sie können eine Stimmrechtsbeschwerde beim Bundesgericht in Lausanne einreichen. Zu einem derartigen Fall ist es im Untersuchungszeitraum im Jahre 1998 gekommen, als das Bundesgericht eine Ungültigkeitserklärung des Kantonsrats aufgehoben hatte[104].

Der Kantonsrat kann bei der Abstimmung über die Initiative auf Teilrevision der Verfassung und bei der Abstimmung über Gesetzesinitiativen einen Gegenentwurf zum Initiativtext präsentieren. In diesem Fall gilt bei der Abstimmung das „System des doppelten Ja mit Stichfrage" (Trechsel/Serdült, 1999, 292). Die Stimmberechtigten entscheiden in einer ersten Frage, ob sie den Initiativtext, den Text des Gegenvorschlags oder beide dem geltenden Recht vorziehen. In einer Stichfrage müssen sie sich dann – falls beide Texte angenommen werden – für die Initiative oder den Gegenvorschlag entscheiden.

Wird eine Initiative (allgemeine Anregung) angenommen, so müssen Regierung und Parlament eine Vorlage in deren Sinne vorlegen. So kann es vorkommen, dass das Parlament einer Vorlage zustimmt, dem Volk dann aber die Ablehnung empfiehlt[105].

Im Untersuchungszeitraum wurden insgesamt neun Gesetzesinitiativen, eine Initiative auf Teilrevision der Verfassung und keine einzige Initiative auf Totalrevision der Verfassung eingereicht[106]. Die von der SP eingebrachte Initiative auf Teilrevision der Verfassung und vier der Gesetzesinitiativen wurden angenommen (Vgl. hierzu Trechsel/Serdült, 1999, 301). Fünf Gesetzesinitiativen wurden von den Stimmberechtigten abgelehnt. Acht von zehn Initiativen wurden als ausgearbeiteter Entwurf eingebracht. Der Kantonsrat hat bis auf eine Ausnahme alle eingebrachten Initiativen zur Ablehnung empfohlen. Ein einziges Mal hat der Kantonsrat einen Gegenvorschlag zu einer Gesetzesinitiative eingebracht, dieser wurde jedoch abgelehnt und der Initiativtext wurde angenommen.

Interessant ist die Frage, wer die Urheber der Initiativen sind. Verschieden Akteure kommen in Frage. Einerseits die dauerhaft organisierten Interessengruppierungen, also die Parteien und Verbände und andererseits die für die Artikulierung und Durchsetzung einer Forderung zeitlich begrenzten organisierten Interessen (Ad hoc – Komitees). Doch auch Einzelpersonen können eine Initiative lancieren. Es ist auch durchaus möglich, dass sich

---

[104] Vgl. „Schaffhauser Nachrichten" vom 24. März 1998, 13 und 26. März 1998.

[105] So geschehen bei der Änderung des kantonalen Krankenversicherungsgesetzes 1998. In diesem Fall folgte das Volk der Ablehnungsempfehlung von Regierung und Parlament.

[106] In der Tabelle über die Impulse zum Entscheidungsprozess sind elf Volksinitiativen genannt. Dies liegt daran, dass auch der Gegenvorschlag dazu gezählt wurde. Dieser ist zwar formell keine Volksinitiative, doch geht der Anstoß natürlich auf eine Volksinitiative zurück.

verschiedene Akteure für eine Initiative zusammenschließen, beispielsweise ist eine Koalition zwischen der Sozialdemokratie und den Gewerkschaften denkbar. Von den zehn Volksinitiativen im Untersuchungszeitraum können acht dem linken Spektrum zugeordnet werden und nur zwei dem bürgerlichen Lager. Dies spiegelt die strukturelle Minderheitenposition der linken Kräfte im Kanton wieder. Obwohl die Sozialdemokratische Partei zweitstärkste Kantonsratsfraktion ist und in der kantonalen Regierung vertreten ist, vermag sie sich oft nicht gegen den starken bürgerlichen Block durchsetzen. Somit scheint das Instrument der Volksinitiative eine Umgehungsstrategie der Linken zu sein. Es besteht allerdings ein Ehrenkodex über die Zurückhaltung der Regierungsräte bei Volksinitiativen. Der Regierungsrat gibt eine gemeinsame –meist ablehnende – Stellungnahme ab.

1.2 Parlamentarische Initiativen

Wie bereits im ersten Teil dieser Arbeit erwähnt, liegt in der Gesetzesinitiative eine der Hauptfunktionen des kantonalen Parlamentes. Was die quantitative Dimension der Impulsgebung betrifft, zeigt sich ein ziemlich realistisches Einschätzungsvermögen der Kantonsräte. Diese hatten den Anteil der parlamentarischen Vorlagen auf 30 Prozent geschätzt. In Wirklichkeit liegt dieser Wert etwas niedriger. Wenn diejenigen Geschäfte hinzugezählt werden, die nicht genau einzuordnen sind, stimmt die Selbsteinschätzung des Parlaments genau mit der Realität überein.

Im ersten Teil wurden bereits die beiden parlamentarischen Mittel vorgestellt, mit denen ein Gesetzgebungsprozess in Gang gebracht werden kann: die Motion und das Postulat. Letzteres – eine abgeschwächte Form der Motion - ist erst mit der neuen Kantonsverfassung eingeführt worden und ist für die vorliegende empirische Analyse somit ohne Belang. Natürlich kann es auch sein, dass Gesetzgebungsprozesse aufgrund parlamentarischer Interventionen (Interpellation und kleine Anfrage) in Bewegung gesetzt werden. Doch dies ist kaum nachvollziehbar. Formell sind dies auf keinen Fall Initiativ-Instrumente.

Eine Motion[107] ist ein verbindlicher Auftrag zur Neuschaffung, Totalrevision oder Änderung der Verfassung, eines Gesetzes oder einer untergesetzlichen Norm. Adressat der Motion können Regierung und das Parlament bzw. eine parlamentarische Kommission sein. In der Praxis richtet sich eine Motion aber fast immer an die Regierung. Nichtsdestotrotz kann das Parlament beschließen, selber eine Vorlage auszuarbeiten. Bei einer Motion handelt es sich aber nicht um einen ausformulierten Text, sie kann nur Richtlinien und grobe Züge der geforderten Norm bzw. Normänderung festlegen.

---

[107] Vgl. hierzu Schöneberger, 1989, 12.

Ein einzelner oder auch mehrere Kantonsräte (Fraktion oder auch fraktionsübergreifend), das Büro oder auch eine Kommission können eine Motion mitsamt einer kurzen schriftlichen Begründung einreichen. Auf der nächsten oder einer folgenden Kantonsratssitzung erläutert der Motionär sein Anliegen, darauf folgt die Stellungnahme des Regierungsrates. Nach einer Diskussion entscheidet der Kantonsrat mit einfacher Mehrheit, ob die Motion erheblich erklärt wird oder nicht. Im letzten Falle ist die Initiative gescheitert, zumindest im formellen Sinne.

Zu einer erheblich erklärten Motion muss der Regierungsrat dem Kantonsrat nach spätestens zwei Jahren einen schriftlichen Bericht und Antrag (Text) vorlegen. Diese Frist kann vom Kantonsrat um weitere zwei Jahre verlängert werden. In diesem Falle ist über den Grund der Verzögerung Rechenschaft abzulegen. Die Regierungsvorlage kann entweder das Anliegen der Motion voll erfüllen oder aber eine Variante vorschlagen. Die Regierung kann auch feststellen, dass keine bessere Lösung möglich ist bzw. sich das Problem von selbst erledigt hat. In den beiden ersten Fällen befindet sich das Parlament dann in einem normalen Entscheidungsprozess und im dritten Fall, muss das Parlament entscheiden, ob die Motion abgeschrieben (für erledigt erklärt) wird oder an ihr festgehalten wird.

Der Regierungsrat muss außerdem jedes Jahr über alle erheblich erklärten Motionen bzw. den Stand der Arbeiten Rechenschaft ablegen.

1.3 Initiative seitens Regierung und Verwaltung

Es gibt verschiedene Gründe, weshalb die Regierung bzw. die Verwaltung von sich aus Legiferierungsprozesse in Gang bringt. Die Regierung hat ein Programm, welches sie in der Legislaturperiode umsetzen möchte. Darüber hinaus kann ein Mitglied der Regierung oder auch ein leitender Beamte durch persönliches Engagement etwas auf den Weg bringen. Dabei kann die eigene Überzeugung Triebfeder sein, ebenso gut ist es aber möglich, dass externe Kräfte (Parteien, Verbände, Einzelpersonen) an Exekutivpolitiker oder Chefbeamte mit ihren Anliegen herantreten.

Ein Impuls kann auch aus öffentlichen Stimmungslagen resultieren, die eine Reaktion der Regierung erfordern. Meist geht es dabei um plötzlich auftretende Missstände oder Probleme.

Die kantonale Verwaltung steht in intensivem Dialog und Austausch mit anderen Kantonen. Deshalb kennt sie auch den jeweiligen Stand der Gesetzgebung in anderen Kantonen und ist bemüht sich diesem anzugleichen bzw. mitzuziehen. Müller spricht von einem „interkantonalen Standard der Gesetzgebung" (1978, 61).

In der Schweiz sind die Kantone für den Vollzug von Bundesrecht zuständig. Die Vorgaben des Bundes müssen in kantonales Recht umgesetzt werden. Für die Ausgestaltung lässt der Bundesgesetzgeber den Kantonen einen gewissen Spielraum. Die Kantone bzw. die betroffenen kantonalen Departemente erhalten vom zuständigen eidgenössischen Departement einen Bescheid darüber, wenn ein Erlass oder eine Änderung von Bundesrecht Auswirkungen auf die kantonale Gesetzgebung haben. Oft weiß die kantonale Exekutive aber aufgrund von Vernehmlassungen des Bundes über bevorstehende Änderungen bescheid. Die auf Bundesrecht zurückgehenden kantonalen Normen müssen durch die Bundesverwaltung genehmigt werden. Es kann vorab schon zu einer informellen Vorprüfung kommen.

1.4 Bewertung

Wie bereits erwähnt, ist es – abgesehen von den Volksinitiativen - oft schwierig, den ursprünglichen Anstoß zu einem Gesetzgebungsprozess zu identifizieren. Das Parlament sieht sich als Ideen- und Impulsgeber, auf deren Grundlage die Regierung aktiv wird. Auf der anderen Seite steht die Exekutive auf dem Standpunkt, dass das Parlament häufig nur Sachen einbringt, an denen sowieso schon gearbeitet wird. Allerdings darf man wohl dem Parlament keinen Vorwurf machen, da die Regierung einen bedeutenden Informationsvorsprung hat. Insgesamt betrachtet dürfte die Wahrheit wohl in der Mitte liegen. Zwar kommen die meisten Anstöße zweifelsfrei aus der Exekutive, aber auch das Parlament spielt eine Rolle als Impulsgeber. Denn im Parlament sitzen immerhin achtzig Kantonsräte mit ihrem persönlichen Hintergrundwissen.

2. Die vorparlamentarische Phase

In dieser Phase des Entscheidungsprozesses werden die Denkarbeit geleistet und die Weichen gestellt. Regierung und Verwaltung steuern und kontrollieren den Entscheidungsprozess. Alle Inputs (Volksinitiativen, Motionen, Inputs aus den verschiedenen Departementen) kommen bei der Regierung zusammen, sofern sie nicht schon von ihr ausgehen. Die Hauptakteure in dieser Phase sind die Exekutivpolitiker des Kantons, die zuständigen Beamten und externe Akteure, die von diesen hinzugezogen werden.

Den Entwurf oder das Vorprojekt zu einer Norm oder der Änderung einer Norm wird in der Regel von den dafür geeigneten Fachbeamten erstellt. In manchen Fällen, besonders bei umfassenderen Projekten oder Vorhaben, die mehrere Departemente betreffen, wird eine verwaltungsinterne Arbeitsgruppe gebildet. Es kann auch vorkommen, dass externe Experten beauftragt oder sporadisch hinzugezogen werden.

Der Gesamtregierungsrat wird zwar informiert über das Projekt, doch die Art und Weise der Entwicklung eines Geschäftes ist Sache des Departements. Nach der Fertigstellung des ersten Entwurfs findet ein verwaltungsinterner Willensbildungsprozess, das so genannte Mitberichtsverfahren, statt. Alle betroffenen Departemente und Ämter können sich zu dem Entwurf äußern. Dieses Verfahren hat zwei Funktionen. Erstens kann weiterer Sachverstand eingeholt werden, die Wissensbasis erweitert sich und zweitens findet eine frühzeitige Differenzbereinigung zwischen Ämtern bzw. Departementen statt. Dies entlastet wiederum den Gesamtregierungsrat, der sich danach erstmals intensiv mit der Vorlage befasst.

Der nächste Schritt besteht in der so genannten Vernehmlassung. Hier können sich interessierte und betroffene Kreise schon zu einem frühen Zeitpunkt – in der Regel schriftlich und innerhalb einer festgelegten Frist – zu einem Entwurf einer Norm äußern. In diesem informellen Teil des Entscheidungsprozesses soll einerseits bereits in einem frühen Stadium – vor dem Hintergrund der Volksabstimmungen - eine hohe Akzeptanz geschaffen werden, und andererseits wird versucht, Sachverstand und Erfahrungen einzuholen.

Es gibt im Kanton Schaffhausen keine rechtlichen Bestimmungen oder Richtlinien über das kantonsinterne Vernehmlassungsverfahren[108]. Ob eins durchgeführt wird und an wen es gerichtet wird, liegt im Ermessen der Exekutive. Es hat sich allerdings eine pragmatische Vorgehensweise herausgebildet. So werden praktisch immer die Parteien, die jeweils betroffenen Verbände und Interessengruppen sowie die Gemeinden konsultiert.

Den Entscheid über Durchführung eines Vernehmlassungsverfahrens fällt der Regierungsrat (Ermächtigung) auf Antrag des federführenden Departements.

Bei Kredit-Beschlüssen wird keine Vernehmlassung durchgeführt. In der Regel bezieht sich das Vernehmlassungsverfahren auf politisch wichtige Gesetzesentwürfe einschließlich Verfassungsänderungen, wobei diese Bewertung wiederum im Ermessen der Exekutive liegt. Die Erfahrung scheint ihr zu zeigen, wann es angebracht ist, ein solches konsultatives vorparlamentarisches Verfahren durchzuführen.

Die Schattenseiten des Vernehmlassungsverfahrens sind laut Stengel (1982, 533) eine Abwertung der parlamentarischen Phase der Gesetzgebung, die fehlende rechtliche Grundlage („rechtsfreier Raum") und die Gefahr der Ineffizienz („administrativer Leerlauf und […] Überforderung der Betroffenen").

Wenn Verbände von einer Vorlage betroffen sind, ist es angebracht, sie mit in die Ausarbeitungsphase einer Vorlage einzubeziehen, da sie zum einen Sachverstand einbringen und zum anderen – vor dem Hintergrund des Referendums – die Akzeptanz erhöhen können.

---

[108] Einen – nicht sehr aktuellen - Vergleich der Bestimmungen zum kantonsinternen Vernehmlassungsverfahren in den Schweizer Kantonen gibt Stengel, 1982, 521-536.

Die Verbände geben ihre Stellungsnahme zu Vorlagen in Form von Vernehmlassungen ab. Ein Indiz für die Bedeutung eines Verbandes ist die Tatsache, ob er von Regierungs- bzw. Verwaltungsseite automatisch zur Vernehmlassung eingeladen wird, oder es einer Nachfrage bedarf. Die Verbände haben auch ein unterschiedliches Selbstverständnis von ihrer Betroffenheit. Auf der Wirtschaftsseite hat der KGV ein recht weites Betroffenheitsverständnis, während dies bei der IVS und dem Bauernverband stark eingeschränkt ist. Die IVS versucht in den Fällen Einfluss auszuüben, wenn wirtschafts- oder bildungspolitische Vorlagen behandelt werden und der Bauernverband tut dies nur, wenn die Landwirtschaft direkt und stark betroffen ist (bspw. kantonales Landwirtschaftsgesetz). Die Arbeitnehmerseite hat eine sehr enge Auffassung von Betroffenheit. Die Verbände des öffentlichen Dienstes nehmen nur an Vernehmlassungen teil, wenn es sich direkt um das kantonale Personal betreffende Fragen geht (v.a. das Personalgesetz oder auch Fragen der Privatisierung öffentlicher Einrichtungen). Der SGB nimmt nur selten selber an Vernehmlassungen teil, sondern lässt meistens die Mitgliedsverbände für sich sprechen.

Die Vernehmlassungen werden in den betroffenen und teilnehmenden Verbänden meistens in verbandsinternen Kommissionen oder Arbeitsgruppen ausgearbeitet. In die Vernehmlassung schreiben die Verbände meist auch, bis zu welchem Punkt oder Grade sie bereit sind, eine Vorlage zu unterstützen. Dies ist eine indirekte Drohung, unter gewissen Umständen, die dem Verbandsinteresse widersprechen, eine ablehnende Parole in der Volksabstimmung zu fassen und gegebenenfalls auch einen Abstimmungskampf zu führen.

Die Verbände des öffentlichen Dienstes sind auch in der Personalkommission der kantonalen Verwaltung vertreten und haben somit neben den Vernehmlassungen einen weiteren Kanal zur Interessenvertretung. Ansonsten spielen Kommissionen mit externen Akteuren auf kantonaler Ebene –anders als auf eidgenössischer Ebene[109] - kaum eine Rolle.

Ein weiteres Einflussinstrument der Verbände sind direkte informelle Behördenkontakte. Hiermit ist in dieser Phase der Vorbereitung und Ausarbeitung von Vorlagen in erster Linie die Regierung und die Verwaltung gemeint. Alle Vertreter der Wirtschaftsverbände sind derzeit sehr zufrieden mit dem Dialog mit den Entscheidungsträgern. Während dieser beim KGV und der IVS mit dem Gesamtregierungsrat und auch der kantonalen Wirtschaftsförderung stattfindet, ist es beim Bauernverband primär der zuständige Regierungsrat und auch das Landwirtschaftsamt.

So haben diese Verbände die Möglichkeit, eigene Anliegen zu erörtern und die Entscheidungsträger dafür zu sensibilisieren und zudem einen privilegierten

---

[109] Vgl. hierzu v.a. Germann, 1985.

Informationszugang. Diese Kommunikationswege sind auf Arbeitnehmer- bzw. Gewerkschaftsseite wesentlich geringer ausgeprägt.

Dieses gute Verhältnis zwischen Regierung und Wirtschaftsverbänden hat sich erst im letzten Jahrzehnt entwickelt. Es ist Teil einer Form der Zusammenarbeit auf bürgerlicher Seite, wo die bürgerlichen Parteien – die in Regierung und Parlament die Mehrheit bilden – und die Verbände der Wirtschaft, eng und in vielfältiger Form kooperieren.

Dies zeigt wiederum die strukturelle Schwäche der linken Kräfte, seien es Parteien (Minderheit in Regierung und Parlament) oder Verbände. Dies mag auch erklären, warum die Volksinitiative überwiegend von dieser Seite ausgeht und kaum von bürgerlicher Seite, die ja über andere Einflussmöglichkeiten verfügt.

Aufgrund der Stellungnahmen wird der Entwurf durch die Verwaltung bereinigt, d.h. Anregungen werden bewertet und Ergänzungen, Umformulierungen oder auch Streichungen werden vorgenommen. Die genaue Methodik der Auswertung ist dem Departement überlassen. Welches Gewicht den jeweiligen Stellungnahmen beigemessen wird, ist nicht nachzuvollziehen. Wie stark die Vorlage schon von Interessen der beteiligten Akteure geprägt ist, kann hier nicht beantwortet werden.

Anschließend berät der Gesamtregierungsrat die Vorlage und fasst einen Beschluss. Die Norm wird dann mit einem Erläuterungsteil an das Parlament verwiesen.

Sechstes Kapitel: Die parlamentarische Phase

1. Ablauf der parlamentarischen Beratungen

Zunächst sei noch einmal daran erinnert, dass der parlamentarische Handlungsspielraum einerseits eingeengt ist durch die Richtungsvorgabe der Regierungsvorlage und andererseits durch das Letztentscheidungsrecht des Volkes (Referendum).

Zuerst muss der Kantonsrat entscheiden, ob er überhaupt auf eine Vorlage eintritt, d.h. sie als verhandlungswürdig erachtet. Eine Rückweisung kommt allerdings selten vor. Im Falle eines Eintretens überweist das Plenum das Geschäft an eine vorberatende Kommission. Nur in seltenen Fällen wird eine der ständigen Kommissionen betraut, meistens wird eine Spezialkommission gegründet[110]. Die Kommission berät dann die Vorlage und beschließt entweder die Empfehlung der Annahme der Regierungsvorlage oder einer abgeänderten Fassung.

Sodann befasst sich das Plenum erstmals inhaltlich mit der Vorlage. Bei (Kredit-) Beschlüssen gibt es eine einzige Lesung, bei Gesetzes- und Verfassungsvorhaben sind es deren zwei. Im ersten Fall findet nach einer Diskussion die Schlussabstimmung statt. Im zweiten Fall wird die Kommission nochmals mit der Vorlage betraut, insofern es Abänderungsvorschläge gibt (ansonsten kommt sie ohne weitere Kommissionssitzung wieder auf die Traktandenliste). Alle Änderungsanträge aus der ersten Lesung mit mehr als 15 Stimmen müssen in der Kommission beraten werden. In der Praxis fragt der Kommissionspräsident, ob sich ein Kommissionsmitglied zu dem jeweiligen Antrag äußern möchte. Wenn dem nicht so ist, bleibt die ursprüngliche Fassung bestehen.

In der zweiten Lesung folgt dann die Schlussberatung des Plenums. Auch hier können noch Änderungsanträge eingereicht werden. Diese werden aber nur in seltenen Ausnahmefällen angenommen. Der Schaffhauser Kantonsrat zeichnet sich dadurch aus, dass zwar im Plenum nochmals intensiv beraten wird, dann aber die Kommissionsvorlage angenommen wird[111].

Bei der Schlussabstimmung wird entweder die Regierungsvorlage unverändert angenommen, eine abgeänderter Version beschlossen, die Vorlage an die Regierung mit Änderungsaufträgen zurückverwiesen oder aber abgelehnt.

Es sei noch erwähnt, dass der Regierungsrat sowohl in der Kommissions- als auch in der Plenumsphase Antragsrecht besitzt.

---

[110] Siehe Kapitel 2.
[111] Theoretisch kann auch noch eine dritte Lesung beschlossen werden. Dies kommt aber praktisch nie vor.

Was die Anzahl der Plenums- und Kommissionssitzungen angeht, ergibt sich folgendes Bild. Bei den untersuchten Normen gab es (beide Lesungen zusammen gerechnet) im Schnitt 4,09 Sitzungen der vorberatenden Kommission (Median 3). In annähernd der Hälfte der Fälle tagten die parlamentarischen Kommissionen, die die jeweilige Norm behandelten einmal oder zweimal, in den restlichen Fällen tagten diese häufiger, der Höchstwert liegt bei 22 Kommissionssitzungen.

Das Plenum des Parlaments beschäftigte sich in fast neunzig Prozent der Fälle dreimal oder weniger oft mit der Vorlage (die erstmalige Überweisung an eine Kommission ist hier nicht berücksichtigt). Die durchschnittliche Häufigkeit liegt bei 2,32 Sitzungen (Median 2) Nur in seltenen Fällen stand die jeweilige Norm mehr als dreimal auf der Tagesordnung, der extremste Wert liegt bei zehn Sitzungen.

Es besteht ein direkter Zusammenhang zwischen der Anzahl der Plenums- und Kommissionssitzungen und der Dauer der parlamentarischen Phase.

2. Parlamentarischer Einfluss auf die Gesetzgebung (Legiferierung)

Eine erste zentrale Frage dieses Kapitels ist diejenige nach dem tatsächlichen Einfluss des Kantonsrates in seiner gesetzgeberischen Funktion. Auch hier wird wieder ein auf schweizerischer Bundesebene erprobtes und bewährtes Analysekonzept angewandt.

Der parlamentarische Einfluss kann durch den Vergleich zwischen der Vorlage des Regierungsrates und dem vom Parlament angenommen Text gemessen werden. Hierbei handelt es sich somit um eine klassische Input-Output-Analyse. Für die Messung dieser Veränderung durch das Parlament wird hier das Konzept von Zehnder (1988) angewandt. In einem ersten Schritt werden für jede Norm die Einzelveränderungen gezählt und bewertet (sehr wesentlich, wesentlich, unwesentlich). In einem zweiten Schritt kann daraus dann die Gesamtveränderung für jede Norm bestimmt werden. Zuerst zu den Einzelveränderungen (nach Zehnder, 1988, 61-64):

„- Als <u>sehr wesentliche</u> Veränderungen werden Eingriffe [..] bewertet, die Grundsatzfragen bzw. Kernpunke der Vorlagen betreffen. Es sind in der Regel prinzipielle Veränderungen, die in ihrer Tragweite die Vorlage als Ganzes beeinflussen;

- Den <u>wesentlichen</u> Veränderungen werden insbesondere solche Eingriffe an den Vorlagen zugerechnet, die deren materielle Ausgestaltung in mittlerem bis starkem Ausmaße beeinflussen;

- Als <u>unwesentliche</u> Veränderungen gelten materielle Veränderungen von geringer Tragweite."

Besonders bei den Kreditbeschlüssen ist der wesentliche Aspekt der Vorlage die zu beschließende Finanzmasse. Deshalb treffe ich diesbezüglich folgende Konvention:

- Ändert sich die Finanzmasse um weniger als 10 Prozent, ist die Einzelveränderung unwesentlich;

- Ändert sich die Finanzmasse um 10 bis 50 Prozent, ist die Einzelveränderung wesentlich;

- Ändert sich schließlich die Finanzmasse um mehr als 50 Prozent, handelt es ich um eine sehr wesentliche Einzelveränderung.

Ein generelles Problem liegt nun darin, dass auch einige Veränderungen auf nachträgliche Abänderungsanträge der Regierung zurückzuführen sind. Dieser Aspekt kann hier aber nicht berücksichtigt werden.

Die jeweilige Gesamtveränderung einer Vorlage kann dann stark, mittel oder schwach sein und ergibt sich nach nachstehendem Muster (nach Zehner, 1988, 65f):

„- Eine <u>starke</u> Gesamtveränderung ist dann gegeben, sobald eine sehr wesentliche Einzelveränderung vorliegt. Zählt eine Vorlage fünf oder mehr wesentliche Einzelveränderungen, ist sie ebenfalls dieser Ausprägung zuzurechnen.

- Von <u>mittlerer</u> Gesamtveränderung kann dann gesprochen werden, wenn eine Vorlage mindestens eine wesentliche oder zehn unwesentliche Einzelveränderungen aufweist.

- Als <u>schwache</u> Gesamtveränderung werden alle übrigen Beschlüsse eingestuft."

Vorlagen, die lediglich redaktionell, aber nicht materiell verändert wurden, gehören keiner dieser Kategorien an. Sie werden gemeinsam mit den unverändert angenommenen Regierungsvorlagen in einer getrennten Kategorie zusammengefasst. Es sei noch einmal erwähnt, dass hier nur Vorlagen behandelt werden, die auch vom Parlament angenommen wurden.

Tabelle: Gesamtveränderung der Regierungsratsvorlage durch das Parlament

Gesamtveränderung	Anzahl Fälle	Prozentualer Anteil	Korrigierter prozentualer Anteil	Kumulierter prozentualer Anteil
Stark	16	13,3	15,1	15,1
Mittel	25	20,8	23,6	38,7
Schwach	25	20,8	23,6	62,3
Keine oder nur redaktionell	40	33,3	37,7	100
Sub-Total	**106**	**88,3**	**100**	
Fehlende Werte	14	11,7		
Total	**120**	**100**		

Für 106 der 120 untersuchten Normen lassen sich Aussagen über die Veränderung der Regierungsratsvorlagen durch das Parlament treffen. In lediglich 16 Fällen (13,3 Prozent) ist die Gesamtveränderung stark, was bedeutet, dass entweder mindestens eine sehr wesentliche Einzelveränderung getroffen wurde oder sich mindestens fünf wesentliche Einzelveränderungen kumulieren.

Ein Beispiel für eine starke Gesamtveränderung ist die Totalrevision des Gemeindegesetzes von 1998. Dort wurde neben anderen wesentlichen und unwesentlichen Einzelveränderungen auch eine Bestimmung zum interkommunalen Finanzausgleich eingeführt. Ein weiteres Beispiel ist das kantonale Landwirtschaftsgesetz von 1999, das in erheblichem Maße vom Parlament verändert wurde.

Generell ist bei umfassenden Gesetzesprojekten die Chance eines hohen Gesamtveränderungsgrades größer, da sich viele Einzelveränderungen summieren können. Sehr wesentliche Einzelveränderungen, wie der oben genannte Finanzausgleich sind eher selten.

Jeweils 25 Normen (20,8 Prozent) weisen eine mittlere bzw. eine schwache Gesamtveränderung auf. Die restlichen 40 Normen, was einem Drittel aller Normen entspricht, weisen keine oder bloß redaktionelle Veränderungen auf. Hier hat das Parlament die Vorlagen materiell unverändert gelassen.

Bereinigt man die Daten nun um diejenigen 14 Normen, für die keine Bewertung möglich war, steigen logischerweise die Anteile in jeder Kategorie an. Dann ergibt sich folgendes Gesamtbild: 62,3 Prozent der Vorlagen werden verändert, der Rest bleibt inhaltlich unangetastet. Die Summe von starker und mittlerer Gesamtveränderung beträgt 38,7 Prozent, also ein gutes Drittel aller Vorlagen.

Diese Feststellung relativiert natürlich die Rolle des Parlamentes als gesetzgebende Gewalt. Nicht nur, dass ein Großteil der Initiativen nicht aus seiner Mitte kommt und es quasi nie selbst einen Entwurf ausarbeitet, es verändert die meisten Vorlagen entweder nicht oder nur redaktionell oder schwach. Somit kann behauptet werden, dass das Parlament weniger ein Gesetzgeber ist, als vielmehr ein Prüfer der Regierungsvorlagen.

Relativiert wird diese Aussage durch die Tatsache, dass die Parteien als parlamentarische Akteure häufig schon in der Ausarbeitung der Vorlagen miteinbezogen werden, sei es durch Vernehmlassungen oder in anderer Form. Auch kann davon ausgegangen werden, dass die Regierung aus strategischen Gründen die Vorlage so parlaments-kompatibel wie möglich gestaltet, da sie befürchten muss, dass ein schwacher parlamentarischer Kompromiss die Chancen in der Volksabstimmung reduziert. Vielleicht handelt es sich ja tatsächlich in den meisten Fällen um „gute" Vorlagen, die keiner großen inhaltlichen Änderung bedürfen.

Auf der anderen Seite gibt es durchaus Fälle, in denen das Parlament die Vorlage mehr oder weniger stark oder in seltenen Einzelfällen sogar vollständig verändert hat.

Wenn es nun so ist, dass das Parlament keine eigentliche Gesetzgebung mehr betreibt, sondern mehr oder weniger einen Großteil der Gesetze eher absegnet, dann muss eine Neudefinition der parlamentarischen Funktionen vorgenommen werden. Dann wäre nämlich die Gesetzgebung nicht mehr die eigentliche Hauptfunktion des Parlamentes, sondern an dieser Stelle müsste die Kontrolle von Regierung und Verwaltung treten. Das Parlament muss deshalb auch die Vorarbeiten – über die Mitarbeit an Vernehmlassungsverfahren etc - kontrollieren können und nicht warten, bis die Regierung einen Entwurf ins Parlament einbringt.

Für die schweizerische Bundesebene sehen manche Forscher auch die Gesetzgebung nicht mehr als eine „originär-kreative Aufgabe des Parlaments" (Wyss, 2002, 59) an.

Es täte jedem Parlament gut, sich nicht selbst zu belügen, sondern den Realitäten ins Auge zu sehen und dementsprechend neue, angepasste Strategien zu entwickeln, damit das Parlament wieder zur „tatsächlichen obersten Gewalt" werden kann.

3. Einflussfaktoren auf die Höhe der parlamentarischen Zustimmung

Der zweite zentrale Aspekt dieses Kapitels ist das Ausmaß der Zustimmung im Parlament. Wie bereits erwähnt, werden hier nur Vorlagen behandelt, die die parlamentarische Hürde genommen haben. Eine herausragende Feststellung ist die ausgesprochen hohe durchschnittliche Zustimmungsquote von 86,5 Prozent (Median: 94,9). Die Spannweite ist die größtmögliche im Rahmen dieser Fragestellung. Die niedrigste Zustimmung lag bei 51 Prozent und die höchste war die Einstimmigkeit (100 Prozent Zustimmung). Nachstehende Tabelle zeigt, dass letzteres in immerhin 33 Fällen (27,5 Prozent) vorgekommen ist. Der häufigste Zustimmungsgrad liegt mit 36 Fällen (30 Prozent) in dem Bereich 91 und 99 Prozent. Fast 70 Prozent der Entscheidungen können eine parlamentarische Zustimmung von mehr als 80 Prozent vorweisen, die Vier/Fünftel-Mehrheit ist somit der Regelfall[112].

Tabelle: Parlamentarische Zustimmung (Anzahl Fälle, prozentualer Anteil)

Zustimmung	Anzahl Fälle	Prozentualer Anteil
Bis 60 Prozent	12	10
61 bis 70 Prozent	14	11,7
71 bis 80 Prozent	11	9,2
81 bis 90 Prozent	14	11,7
91 bis 99 Prozent	36	30
100 Prozent	33	27,5
Total	**120**	**100**

Nun soll untersucht werden, von welchen Einflussfaktoren die parlamentarische Zustimmungsquote abhängt oder auch nicht. Die erklärenden Variablen sind die formellen, inhaltlichen und prozessualen Merkmale sowie die soeben behandelte Gesamtveränderung der Regierungsvorlage durch das Parlament. Auch diese Untersuchung geschieht zuerst durch den Mittelwertvergleich und danach durch eine lineare Regression.

---

[112] Siehe Kapitel 7.

Tabelle: Mittelwertvergleich der Zustimmungsquote im Parlament

Merkmal	Rang	Arithm. Mittel	Median
Rechtsetzungsstufe			
Verfassung	3	83,48	91
Gesetz	2	84,25	91,35
Beschluss (Kredit)	1	93,93	98,5
Neuheit			
Neuschaffung, Totalrevision	1	89	97
Teilrevision	2	83	91
Politikfeld			
Grundlagen der Staatsordnung	6	83,87	91,6
Öffentliche Finanzen	5	84,19	94,85
Wirtschaft	2	87,47	94
Infrastruktur	3	87,38	94
Sozialpolitik	4	84,92	92,75
Bildung und Kultur	1	92	97
Lowi-Typologie			
Regulativ	3	85,47	93,1
Distributiv	1	91	97
Redistributiv	4	79,5	72,15
Konstituierend	2	86,22	93,4
Impulsgeber			
Volksinitiative	4	63,65	62,7
Parlamentarische Initiative	3	83,25	90,5
Regierung/Verwaltung (inkl. Bundesrechtsvollzug)	1	91,11	97,15
Parlament und Regierung/Verwaltung	2	85,48	81
Total (N=120)		**86,5075**	**94,9**
Gesamtveränderung (4er Kategorie)			
Stark	4	77,72	75,65
Mittel	3	88,41	96
Schwach	1	92,14	98,4
Keine oder nur redaktionell	2	91,67	97,6
Gesamtveränderung (2er Kategorie)			
Stark und mittel	2	84,24	85
Schwach und keine oder nur redaktionell	1	91,85	98
Total (N=106)		**88,9066**	**96,65**

Aus dieser Tabelle lassen sich nachstehende Feststellungen über die Abhängigkeit der Zustimmungsquote im Parlament bei Entscheidungsprozessen ableiten:

1. (Kredit-)Beschlüsse weisen mit fast 94 Prozent die höchste parlamentarische Zustimmungsquote auf. Mit einer etwa zehn Prozent niedrigeren Zustimmungsquote folgen etwa gleichauf Entscheide über Gesetze und Verfassung.

2. Die Zustimmung liegt bei Neuschaffungen bzw. Totalrevisionen mit 89 Prozent sieben Prozent höher als bei Teilrevisionen von Normen.
3. Bei dem materiellen Merkmal Politikfeld weist Bildung und Kultur als einzige Kategorie einen Zustimmungswert von mehr als 90 Prozent auf. Auch in den Bereichen Wirtschaft und Infrastruktur stimmt das Parlament überdurchschnittlich stark zu. Die Spannweite ist jedoch relativ klein, den tiefsten Zustimmungswert weist mit knapp 84 Prozent das Politikfeld Grundlagen der Staatsordnung auf.
4. Beim zweiten materiellen Merkmal, der Lowi-Typologie, kann beim Typus redistributive Politik die geringste Zustimmung festgestellt werden, wohingegen beim Typus distributive Politik die Zustimmung mit 91 Prozent am größten ist. Die beiden anderen Typen liegen etwa gleichauf zwischen Tiefst- und Höchstwert.
5. Beim Impulsgeber können beim Mittelwertvergleich die größten Unterschiede festgestellt werden. Volksinitiativen erreichen nur eine durchschnittliche parlamentarische Zustimmung von 63,6 Prozent. Parlamentarische Initiativen und Initiativen, bei denen Parlament und Regierung/Verwaltung gemeinsam als Impulsgeber identifiziert wurden, erreichen im Schnitt eine Zustimmung von 83,3 bzw. 85,5 Prozent. Die größte Zustimmung erfahren interessanterweise die Vorlagen aus der Regierung bzw. der Verwaltung.
6. Interessant ist schließlich eine mit steigender Gesamtveränderung der Regierungsvorlage durch das Parlament sinkende Zustimmungsquote desselben. Dies zeigt sich deutlich, wenn man eine Verdichtung in zwei Kategorien (Schwach und keine (bzw. nur redaktionell) – Stark und mittel) vornimmt. Am stärksten ist die Zustimmung, wenn das Parlament schwache, gar keine oder lediglich redaktionelle Veränderungen vornimmt. Eine Verschichtung[113] mit dem Impulsgeber zeigt, dass diese Tatsache unabhängig von diesem ist. Die höchsten Zustimmungsquoten erhalten Vorlagen aus der Regierung/Verwaltung, die nicht oder nur schwach vom Parlament verändert wurden, gefolgt von parlamentarischen Initiativen mit ebenfalls schwacher oder nicht vorhandener Abänderung.

Wie auch bei dem Versuch, die Gesamtdauer des Entscheidungsprozess durch die verschiedenen Merkmale der Normen zu erklären, bestätigt hier das lineare Regressionsmodell zwar die Aussagen aus dem Mittelwertvergleich, doch tragen die einzelnen Merkmale in höchst unterschiedlichem Ausmaße zur Erklärung der Regression bei. Die Problematik relativ hoher Korrelationswerte der unabhängigen Variablen besteht weiterhin. Mit der Gesamtveränderung der

---

[113] Keine Tabelle.

Regierungsvorlage durch das Parlament wird in das Regressionsmodell eine weitere unabhängige Variable aufgenommen.

Einzig der Impulsgeber vermag mit einem R^2 von 0,2 zur Erklärung beitragen. Die anderen Variablen weisen Werte auf, die keine Verbesserung der Güte des Modells nach sich ziehen. Die Beta-Koeffizienten beim prozessualen Merkmal Impulsgeber besagen, dass die Zustimmungsquote im Parlament tiefer liegt, wenn die Initiativen aus dem Volk kommen und höher ausfällt bei Initiativen aus Regierung und Verwaltung (im Bezug zur parlamentarischen Initiative). Der negative Beta-Wert der Volksinitiative ist dabei etwa ein Drittel stärker als der in die positive Richtung weisende Wert bei der Initiative aus der Exekutive.

Obwohl die Gesamtveränderung nicht zur Verbesserung des Modells beiträgt, sei erwähnt, dass der Wechsel von der Kategorie schwach/keine zur Kategorie mittel/stark einen Beta-Wert von -0,267 erzeugt (bei hoher Signifikanz).

Neben diesen formellen, inhaltlichen und prozessualen Merkmalen haben auch die Akteure einen Einfluss auf die Zustimmungsquote im Parlament. Die Parteien sind hier nicht gemeint, da sie ja unbestreitbar einen Einfluss im Parlament haben. An dieser Stelle ist der Einfluss der Verbände und der Gemeinden gemeint. Statistische Erhebungen waren darüber allerdings nicht möglich, weshalb hier auf qualitative Daten (Experteninterviews) zurückgegriffen wird.

Die Verbände versuchen, – wenn sie eine Betroffenheit festgestellt haben – neben der Sensibilisierung der Öffentlichkeit, in allen Phasen des Entscheidungsprozess direkt Einfluss auszuüben und drohen gegebenenfalls mit der Bekämpfung einer Vorlage in der Volksabstimmung. In der parlamentarischen Phase geschieht diese Lobby-Arbeit vor allem in vorberatenden Kommissionen, bei für die Vorlage wichtigen Kantonsräten und in den Fraktionen. Ein Verband hat natürlich dann einen Vorteil, wenn er enge Verbindungen zu einer Partei pflegt. Wie bereits erwähnt sind dies für die Wirtschaftsverbände die bürgerlichen Parteien SVP und FDP und für die Arbeitnehmerseite die linken Parteien, allen voran die Sozialdemokraten. Besonders wichtig sind diejenigen Kantonsräte, die gleichzeitig Verbandsmitglied sind. Diese sind der wichtigste Ansatzpunkt für Lobbying, in der Hoffnung, dass diese dann zu Botschaftern und Multiplikatoren der Verbandsinteressen werden.

Die meisten der großen Verbände sind über Mitglieder mehr oder weniger stark im Kantonsrat vertreten, nur die IVS ist kaum repräsentiert. Es muss allerdings zwischen einfachen Mitgliedern und Verbandsfunktionären (Vorstandsmitglieder) unterschieden werden. Letztere sind natürlich ungleich wertvoller für die Interessenvermittlungs- und Überzeugungsarbeit der Verbände. Über dieses Privileg verfügen derzeit nur der SGB und der Vpod, und dies in einer Personalunion. Die Platzierung von Verbandsfunktionären im Kantonsrat sehen alle Verbände als strategisch wichtiges Ziel an. Allerdings stellt sich als Hauptproblem auch die Suche nach geeigneten und willigen Personen. Gerade auf Wirtschaftsseite wird angeführt, dass es äußerst schwierig sei, einen Unternehmer zu finden, der Möglichkeit und Lust hat, neben einem Verbandsamt auch noch ein politisches Mandat wahrzunehmen.

Der zweite Akteur, dessen Einfluss interessiert, sind die Gemeinden bzw. der Einfluss ihrer Vertreter im kantonalen Parlament. Es sitzen verhältnismäßig viele Gemeindemandatare im Parlament und darüber hinaus haben die meisten Kantonsräte ein Selbstverständnis als Vertreter ihrer Heimatgemeinde, wo sie gewählt sind und wo sie Bilanz ablegen müssen. Dadurch haben diese schon einen gewichtigen Einfluss, besonders wenn die Gemeinden von den Vorlagen betroffen sind (innerkantonaler Vollzugsföderalismus). Es kann vorkommen, dass sich in solchen Fällen eine fraktionsübergreifende Allianz der Gemeindevertreter bildet. Sie wirken hauptsächlich als anti-zentralisierende Kraft im Kanton, indem sie versuchen, möglichst viele Entscheidungsbefugnisse und vor allem die entsprechenden finanziellen Mittel auf die sub-kantonale Ebene zu halten bzw. zu holen.

Siebtes Kapitel: Die nachparlamentarische Phase

1. Formen des Referendums

Das Referendum[114] ist Ausdruck des Letztentscheidungsrechts des Volkes im Kanton Schaffhausen. Alle dem Referendum unterliegenden Parlamentsbeschlüsse stehen somit unter Vorbehalt, entweder bis zur Zustimmung durch das Volk (für diejenigen, die die obligatorische Zustimmung benötigen) oder aber bis Ablauf der Frist (für diejenigen, die dem fakultativen Referendum unterstehen) und dann gegebenenfalls bis zur Annahme durch das Volk.

Referenden können nach Inhalt oder Form (obligatorisch vs. fakultativ) unterschieden werden. Die nachstehende Unterteilung ist nach inhaltlichen Kriterien gestaltet: Verfassungsreferenden, Gesetzesreferenden, Finanzreferenden, Grundsatzreferenden und sonstige Referenden. Anschließend wird auf die Neuerungen bei den Referenden im Rahmen der totalrevidierten Kantonsverfassung eingegangen. Diese Änderungen haben für die empirische Untersuchung jedoch keine Relevanz, da das Ende des Untersuchungszeitraums mit dem Inkrafttreten der neuen Kantonsverfassung zeitlich zusammenfällt.

1.1 Verfassungsreferenden

Soll eine Totalrevision der Verfassung durchgeführt werden, entscheidet das Volk zuerst grundsätzlich über deren Opportunität und bestimmt das Organ, welches den Text entwerfen soll, entweder den Kantonsrat oder einen zu wählenden Verfassungsrat. Das Stimmvolk entscheidet schließlich in einem obligatorischen Referendum in einem zweiten Schritt über den vorgelegten Verfassungsentwurf. Im Falle der Nicht-Annahme kann noch ein zweiter Text ausgearbeitet und zur Abstimmung vorgelegt werden. Scheitert auch dieser, endet der Auftrag des Kantonsrates oder des Verfassungsrates zur Verfassungsrevision. Bei Volksinitiativen zur Totalrevision der Verfassung kommt das gleiche Verfahren zur Anwendung.

Der Text kann dem Volk auch in Teilen zur Abstimmung vorgelegt werden. Zudem sind Variantenabstimmungen möglich, d.h. es werden zu einzelnen Verfassungsbestimmungen verschiedene Alternativen zur Abstimmung vorgelegt.

Während des Ausarbeitungsprozesses können einzelne Fragen dem Volk zu Grundsatzabstimmungen vorgelegt werden.

---

[114] Zur institutionellen Ausgestaltung des Referendums im Kanton Schaffhausen Vgl. Lutz/Strohmann (1998), Moser (1985), Schneider (1995, 2001) und Trechsel/Serdült (1999).

Alle Teilrevisionen der Verfassung unterstehen dem obligatorischen Referendum, allerdings ist der Prozess hier einstufig, wie bei Gesetzen, und nicht zweistufig, wie bei der Totalrevision der Verfassung. Auch hier kann in Teilen abgestimmt werden und Grundsatzabstimmungen während des Ausarbeitungsprozesses sind ebenso möglich.

1.2 Gesetzesreferenden

Bis 1980 unterstanden alle neuen Gesetze, Abschaffungen von Gesetzen und Gesetzesänderungen dem obligatorischen Referendum. Seit der Einführung des fakultativen Referendums im Jahre 1980 untersteht ein Teil der Gesetze dem obligatorischen und ein anderer Teil der Gesetze dem fakultativen Referendum. Allerdings kann die Mehrheit des Kantonsrates gegebenenfalls die obligatorische Abstimmung verfügen.

Nur dem fakultativen Gesetzesreferendum unterstellt sind alle Gesetze bezüglich der Verwaltungsstruktur sowie der Ausführungs-, Vollzugs- oder Verfahrensbestimmungen. Sie dürfen weder eine Erhöhung der Ausgaben noch der Einnahmen zur Folge haben und müssen von einer 4/5 – Mehrheit im Kantonsrat angenommen werden. Sind diese Bedingungen erfüllt, untersteht ein Gesetz nicht dem obligatorischen Referendum. In diesem Fall kann innerhalb von 90 Tagen und nach Einreichung von 1.000 Unterschriften (2,1% der Stimmberechtigten) das fakultative Referendum zustande kommen. Bislang ist im Kanton Schaffhausen noch kein einziges Mal auf das fakultative Referendum zurückgegriffen worden. Dies deutet auf eine positive Korrelation zwischen breiter parlamentarischer Mehrheit (mindestens 4/5) und Akzeptanz beim Volk hin (Vgl. Schneider, 1995, 403f und 2001, 170f). Die positiven Erfahrungen mit dieser Regelung waren ein Anlass für den Versuch, diese Regelung auf alle Gesetze auszudehnen[115].

1.3 Finanzreferenden bei Ausgaben und Steuern

Dem obligatorischen Finanzreferendum unterstehen:
- neue einmalige Gesamtausgaben von mehr als 1 Mio. CHF,
- neue wiederkehrende Ausgaben von mehr als 100.000 CHF,
- neue einmalige Gesamtausgaben zwischen 300.000 und 1 Mio CHF, die keine 4/5 – Mehrheit im Kantonsrat erreicht haben,
- neue wiederkehrende Ausgaben zwischen 50.000 und 100.000 CHF, die keine 4/5 – Mehrheit im Kantonsrat erreicht haben.

---

[115] Siehe Kapitel 8.

Hinzu kommt noch das obligatorische Finanzreferendum bei Straßenbauprogrammen. In diese Kategorie fallende Ausgaben unterstehen auch dann dem obligatorischen Finanzreferendum, wenn die Ausgabensumme eigentlich nur das fakultative Finanzreferendum erfordert (Vgl. Trechsel/Serdült, 1995, 285f).

Dem fakultativen Finanzreferendum unterstehen einmalige Ausgaben zwischen 300.000 und 1 Mio. CHF und wiederkehrende Ausgaben zwischen 50.000 und 100.000 CHF, wenn sie mit einer 4/5 – Mehrheit im Kantonsrat angenommen worden sind. Falls dies nicht der Fall ist, unterstehen auch diese Ausgaben – wie bereits erwähnt – dem obligatorischen Finanzreferendum. Für das fakultative Finanzreferendum müssen 600 Unterschriften (1,3% der Stimmberechtigten) innerhalb von 60 Tagen gesammelt werden.

Des Weiteren kann die Mehrheit der Mitglieder des Kantonsrates jeden anderen Ausgabenbeschluss dem außerordentlichen obligatorischen Referendum unterstellen.

Schema: Entscheidungsbaum für Regelungen betreffend Finanzreferenden bei Ausgaben

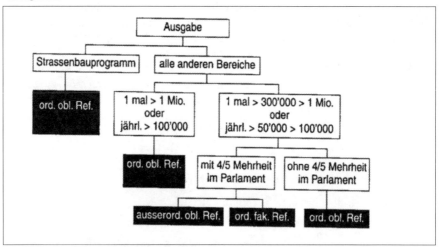

Quelle: Trechsel/Serdült, 1999, 287

Konkordate und andere interkantonale Vereinbarungen unterliegen dem obligatorischen Referendum, wenn diese Kosten zu Folge haben, die über die Finanzkompetenz des Kantonsrates hinausgehen.

Beschlüsse des Kantonsrates, welche eine Steuererhöhung oder einer Änderung der Dekrete über die Taxen der kantonalen Krankenanstalten beinhalten, unterstehen dem fakultativen Finanzreferendum. Für das Zustandekommen müssen 1000 Unterschriften von Stimmberechtigten (2,1%) innerhalb von 30 (Steuern) bzw. 60 (Taxen) Tagen gesammelt werden.

1.4 Grundsatzreferenden

Bereits oben wurde angeführt, dass die Einleitung des Verfahrens für eine Totalrevision der Verfassung eines obligatorischen Grundsatzreferendums bedarf mit der Frage nach Opportunität des Vorhabens und Wahl des zuständigen Organs. Ebenfalls wurde dargelegt, dass sowohl im Verlaufe des Verfahrens zur Totalrevision als auch im Verlaufe des Verfahrens zur Partialrevision der Verfassung Grundsatzreferenden zu Teilfragen durchgeführt werden können. Darüber hinaus kann der Kantonsrat mit Mehrheit beschließen, Grundsatzreferenden auch zu allen Erlassentwürfen anderen Rechtsnormen durchzuführen.

1.5 Sonstige Referenden

Ein obligatorisches Referendum muss zur Festlegung der Stellungnahme des Kantons bei Vernehmlassungen des Bundes über die Aufnahme von neuen Nationalstraßen ins Nationalstraßennetz und bei Vernehmlassungen des Bundes im Bereich der Kernenergie durchgeführt werden.

Schließlich kann der Kantonsrat mit Mehrheit beschließen, auch andere Beschlüsse dem Referendum zu unterstellen, so beispielsweise Verwaltungsbeschlüsse. In diesem Falle spricht man von außerordentlichen obligatorischen Referenden.

1.6 Änderungen in der neuen Kantonsverfassung von 2003

Die beiden wichtigsten Änderungen[116] bei den Volksrechten sind die Erweiterung des fakultativen Gesetzesreferendums und eine Anpassung des Finanzreferendums.

Aufgrund der positiven Erfahrungen mit dem (materiell stark beschränkten) fakultativen Gesetzesreferendum bot sich eine Ausweitung dieses Instruments, d.h. eine Beschränkung des obligatorischen Gesetzesreferendums auf die Fälle, wo das Parlament mit weniger als vier Fünftel der anwesenden Mitglieder zustimmt, auf alle Gesetze an.

Die Schwelle des obligatorischen Finanzreferendums wurde den heutigen Realitäten angepasst. Mit Inkrafttreten der neuen Kantonsverfassung unterstehen nun einmalige Ausgaben von mehr als drei Millionen Franken (statt bisher einer

---

[116] Zu den Schwierigkeiten bei der Änderung der Volksrechte im Rahmen der Totalrevision der Kantonsverfassung siehe Kapitel 8.

Million) und jährlich wiederkehrende Ausgaben von mehr als einer halber Million Franken (statt bisher 100.000 Franken) dem obligatorischen Finanzreferendum. Auch die Schwelle für das fakultative Finanzreferendum wurde erhöht auf einer Million Franken (bisher 300.000 Franken) für einmalige Ausgaben und 100.000 Franken (statt 50.000 Franken) für jährlich wiederkehrende Ausgaben.

Außerdem wurden die Fristen und die Quoten für das fakultative Referendum weitgehend vereinheitlicht sowie das Referendum über internationale und interkantonale Verträge eingeführt. Letzteres ist je nach Art der Auswirkungen auf das kantonale Recht obligatorisch oder fakultativ.

2. Abstimmungskampf und Abstimmung

Im Abstimmungskampf versuchen von einer Vorlage betroffene Kreise die Stimmbürgerschaft zu beeinflussen. Dies geschieht durch so genannte Abstimmungsparolen (Zustimmung, Ablehnung oder Stimmfreigabe). Ein klassischer Abstimmungskampf findet primär in der Presse statt[117]. Die Parteien und Verbände schalten einerseits Anzeigen und andererseits findet eine Diskussion im redaktionellen Teil statt.

Die Presse selbst mischt sich ebenfalls ein, indem sie einen eigenen Standpunkt vertritt und auch bewirbt. Ein weiteres Element der Abstimmungskämpfe sind die Leserbriefe, entweder von nicht organisierten Bürgern oder fingierte, hinter denen die altbekannten Akteure stehen. Die Regierung verteidigt ihr Projekt zumeist in redaktionellen Beiträgen, führt aber keinen kommerziellen Abstimmungskampf. Das Parlament als Institution nimmt am Abstimmungskampf nicht teil, dieses Feld wird den Parteien überlassen.

Die Bevölkerung erhält vor der Abstimmung ein so genanntes Abstimmungsmagazin. In diesem sind der Gesetzestext sowie einfach verständliche Erläuterungen zur Begründung und zu den Folgen enthalten. Die inhaltliche Ausarbeitung des Abstimmungsmagazins erfolgt durch das federführende Departement, anschließend wird es vom Büro des Kantonsrates verabschiedet.

Die großen Parteien unterstützen in einem Großteil der Fälle die Vorlage durch eine zustimmende Parole. Die meisten Nein-Parolen hat im Untersuchungszeitraum mit 25 Fällen (20,8 Prozent) die SVP gefasst. Mit geringem Abstand folgen die FDP (17 Nein-Parolen, 14,2 Prozent) und die SP (14 Nein-Parolen, 11,7 Prozent). Bei den kleinen Parteien, die in der laufenden Legislaturperiode im Kantonsrat vertreten sind zeigt sich das gleiche Bild einer weitgehend zustimmenden Parolenfassung. Die ablehnendste Haltung nimmt mit

---

[117] Es kann auch vorkommen, dass weitere Instrumente genutzt werden, beispielsweise Plakatieraktionen oder öffentliche Veranstaltungen.

Das politische System des Kantons Schaffhausen 131

27 Nein-Parolen (22,5 Prozent) das GB ein. Und auch die bereinigten Werte der kleinen, nicht mehr im Kantonsrat vertretenen, Parteien bestätigt dieses Bild. Hier sind logischerweise die Werte in der Spalte „Keine" besonders groß.

Tabelle: Parolen große Parteien (Anzahl Fälle und prozentualer Anteil)

Partei	Ja	Ja (%)	Nein	Nein (%)	Freigabe	Freigabe (%)
SVP	94	78,3	25	20,8	1	0,8
FDP	103	85,8	17	14,2	0	0
SP	104	86,7	14	11,7	2	1,7

Tabelle: Parolen kleine, derzeit im Kantonsrat vertretene Parteien (Anzahl Fälle und prozentualer Anteil)

Partei	Ja	Ja (%)	Nein	Nein (%)	Freigabe	Freigabe (%)	Keine	Keine (%)
CVP	105	87,5	15	12,5	0	0	0	0
EVP	104	86,7	13	10,8	3	2,5	0	0
ÖBS	93	77,5	16	13,3	9	7,5	2	1,7
GB	93	77,5	27	22,5	0	0	0	0
SAS	10	8,3	3	2,5	2	1,7	105	87,5

Tabelle: Parolen kleine, nicht mehr im Kantonsrat vertretene Parteien (Anzahl Fälle und prozentualer Anteil)

Partei	Ja	Ja (%)	Nein	Nein (%)	Freigabe	Freigabe (%)	Keine	Keine (%)
FPS/AP	71	59,2	25	20,8	2	1,7	22	18,3
ALS/LdU	75	62,5	24	20	5	4,2	16	13,3
CSV	30	25	2	1,7	1	0,8	87	72,5
EDU	50	41,7	10	8,3	2	1,7	58	48,3

Eine Parolenfassung bedeutet bei den Verbänden nicht immer zwangsläufig auch Durchführung eines Abstimmungskampfes. Es ist aber auch nicht so, dass nur bei Gegnerschaft zu einer Vorlage ein solcher betrieben wird. In Fällen, wo Vorlagen, die ein Verband unterstützt, gefährdet oder stark umstritten sind, kommt es auch zu unterstützenden Abstimmungskämpfen.

Tabelle: Parolen Verbände (Anzahl Fälle und prozentualer Anteil)

Verband	Ja	Ja (%)	Nein	Nein (%)	Freigabe	Freigabe (%)	Keine	Keine (%)
KGV	67	55,8	17	14,2	0	0	36	30
IVS[118]	14	11,7	5	4,2	1	0,8	100	83,3
Bauer	48	40	3	2,5	0	0	69	57,5
Vpod[119]	16	13,3	1	0,8	0	0	103	85,8

---

[118] Die Parolen für die Jahre 1989 bis 1992 waren leider nicht rekonstruierbar. Somit dürfte der Wer „Keine" höher ausfallen, als es der Wirklichkeit entspricht.

Der – was die kantonalen Volksabstimmungen anbelangt - aktivste Verband ist der Kantonale Gewerbeverband, der in 70 Prozent der Fälle eine Parole gefasst hat. Lediglich in etwa 15 Prozent der Fälle waren die Industrievereinigung und die Gewerkschaft Vpod aktiv. Der Bauernverband liegt mit einem Anteil von etwas mehr als 40 Prozent dazwischen. Leider hat der Dachverband der Gewerkschaften, der SGB, keine Abstimmungsdaten zur Verfügung gestellt. Die einzelnen Berufsverbände des öffentlichen Personals sowie deren Dachverband haben höchstens in Einzelfällen Parolen gefasst. Die Tabelle zeigt, dass die Verbände – wenn sie aktiv teilgenommen haben – in einem Großteil der Fälle die Ja-Parole gefasst haben. Damit sind die Verbände keine reine Verhinderungsmacht, sondern unterstützen auch Vorlagen, die in ihrem Sinne sind.

Die Zustimmungsquote (d.h. Anteil der Ja-Parolen) des dominierenden kantonalen Presseerzeugnisses liegt in einer ähnlichen Höhe wie diejenige von Parteien und Verbänden. Die „Schaffhauser Nachrichten" haben in 103 Fällen (85,8 Prozent) die Ja-Parole gefasst und in 17 Fällen (14,2 Prozent) gegen die vom Parlament verabschiedete Norm opponiert. Von den 17 Nein-Parolen betrafen neun Vorlagen „normale" Geschäfte und die restlichen Volksinitiativen. Nachstehende Zusammenstellung zeigt die Begründungen der „Schaffhauser Nachrichten" für ablehnende Parolen. Demnach können die „Schaffhauser Nachrichten" als „Hüterin der Kantonsfinanzen und der Volksrechte" angesehen werden. Dies entspricht dem Selbstverständnis dieser Zeitung.

Norm (Jahr Referendum)	Begründung
Krankenkassengesetz (1989)	Erhöhung der Ausgaben ohne klaren Verwendungszweck
Baugesetz (1992)	v.a. wegen Erhöhung von Auflagen und bürokratischem Mehraufwand
Gesetz über Beiträge an Hochschulen (1992)	Abbau der Volksrechte in diesem Bereich
Berufsbildungsgesetz (1992)	Willkürliche staatliche Beiträge
Kredit Psychiatriezentrum (1996)	„zu teurer, zu überdimensioniert, nicht bedarfsgerecht"
Schulgesetz (1998)	Gegen Erhöhung des Basislohns der Lehrkräfte
Gesetz über Familien- und Sozialzulagen (1999)	v.a. wegen Erweiterung des Kreises der Bezugsberechtigten
Neue Kantonsverfassung (2001)	Abbau der Volksrechte
Fakultatives Gesetzesreferendum (2002)	Abbau der Volksrechte

---

[119] Der Vpod ist in der Regel bei Abstimmungen in den SGB eingebunden.

Die administrativen und organisatorischen Aufgaben der Volksabstimmung werden von der Staatskanzlei und den Gemeinden wahrgenommen. Die Staatskanzlei ist am Abstimmungstag das kantonale Stimmbüro.

Die Stimmbeteiligung ist laut Joos/Ott (1998, 239f) im Kanton Schaffhausen traditionell sehr hoch und auch konstant. Sie liegt im Durchschnitt bei 61,78 Prozent (Median 62 Prozent) wobei die Spannweite zwischen einem Tiefstwert von 47 und einem Höchstwert von 82 Prozent liegt. Schaffhausen zeichnet sich durch die im Durchschnitt gesamtschweizerisch höchste Stimmbeteiligung aus. Dies mag einerseits am Stimmzwang (Nichterfüllung wird nach wie vor mit einer Gebühr von drei Franken bestraft) liegen, aber auch an einer überdurchschnittlich stark politisierten Bevölkerung.

Tabelle: Stimmbeteiligung (Anzahl Fälle, prozentualer Anteil)

Beteiligung	Anzahl Fälle	Prozentualer Anteil
Bis 50 Prozent	4	3,3
51 bis 60 Prozent	50	41,7
61 bis 70 Prozent	55	45,8
71 bis 80 Prozent	8	6,7
81 bis 90 Prozent	3	2,5
Total	120	100

Die Tabelle zeigt, dass in mehr als neun von zehn Abstimmungen die Beteiligung zwischen 51 und 70 Prozent liegt. Tiefere oder höhere Beteiligungsquoten kommen nur in Ausnahmefällen vor. Aussagen über die Korrelation zu den formellen, inhaltlichen oder prozessualen Merkmalen der Norm oder der Abänderung im Parlament sind nicht möglich, da es in der Regel einige wenige Abstimmungstage im Jahr gibt, an denen über mehrere Vorlagen abgestimmt wird. Somit ist nicht nachvollziehbar, ob das Volk insbesondere wegen einer bestimmten Vorlage an die Urnen gegangen ist.

3. Einflussfaktoren auf das Abstimmungsergebnis

3.1 Abstimmungsergebnis

Die Schaffhauser Stimmbürgerschaft zeichnet sich durch ein starkes behördenstützendes Stimmverhalten aus. In 101 Fällen (84,2 Prozent) wurde die Vorlage angenommen und in nur 19 Fällen (15,8 Prozent) wurde sie zurückgewiesen. Dies war auch schon vor dem Unersuchungszeitraum der Fall. Gemäß Trechsel (2000, 147f) lag die Zustimmungsquote für die Jahre 1970 bis 1996 bei 82,7 Prozent und nach Joos/Ott (1998, 238f) stimmt dieser Wert auch für einen längeren Zeitraum. In den Jahren 1831 bis 1997 wurden knapp vier Fünftel der Vorlagen vom Volk angenommen. Die durchschnittliche Zustimmungsquote liegt bei 65,1275 Prozent (Median: 68,5 Prozent). Die Spannweite ist äußerst groß. Am unteren Ende befindet sich mit einer Zustimmung von nur 20 Prozent die Volksinitiative „Solidarität in der Krise". Den Höchstwert von 86 Prozent erreichten drei Vorlagen, allesamt Gesetze.

Tabelle: Abstimmungsergebnis (Anzahl Fälle, prozentualer Anteil)

Ergebnis	Anzahl Fälle	Prozentualer Anteil
Unter 50 Prozent	19	15,8
50 bis 60 Prozent	23	19,2
61 bis 70 Prozent	30	25
71 bis 80 Prozent	33	27,5
81 bis 90 Prozent	15	12,5
Total	**120**	**100**

Die Tabelle zeigt, dass in 19 Fällen (15,8 Prozent) die durchschnittliche Zustimmung unter 50 Prozent liegt. Die beiden Kategorien 50 bis 60 und 61 bis 70 Prozent vereinen annähernd die Hälfte der Fälle auf sich, während die nächste Kategorie (71 bis 80 Prozent) die am stärksten besetzte ist. Eine Zustimmung über 80 Prozent kam in immerhin noch 15 Fällen (12,5 Prozent) vor, wobei die höchste – wie bereits erwähnt – bei 86 Prozent liegt.

3.2 Einfluss der formellem, inhaltlichen und prozessualen Merkmale sowie der Gesamtveränderung auf das Abstimmungsergebnis

Als erste Gruppe von möglichen Einflussfaktoren werden hier die fünf allgemeinen Charakteristika der Entscheidungsprozesse, sowie die Gesamtveränderung der Regierungsvorlage durch das Parlament behandelt. Dies geschieht wiederum in zwei Schritten. Zuerst der Vergleich der einzelnen Ausprägungen der Variablen mit den dazugehörigen Mittelwerten der Abstimmungsergebnisse und danach der Versuch einer linearen Regression.

Das politische System des Kantons Schaffhausen

Tabelle: Mittelwertvergleich Abstimmungsergebnis und verschiedene Merkmale

Merkmal	Rang	Arithm. Mittel	Median
Rechtsetzungsstufe			
Verfassung	3	61,8	63
Gesetz	1	66,2	70
Beschluss (Kredit)	2	63,7	67
Neuheit			
Neuschaffung, Totalrevision	2	65	69
Teilrevision	1	65,3	66
Politikfeld			
Grundlagen der Staatsordnung	4	65	64,5
Öffentliche Finanzen	6	61,4	69
Wirtschaft	1	70	75
Infrastruktur	5	63,2	65
Sozialpolitik	3	65,1	69
Bildung und Kultur	2	66	68
Lowi-Typologie			
Regulativ	1	68,4	73,5
Distributiv	2	65	67,5
Redistributiv	3	61,6	69
Konstituierend	4	61,3	61
Impulsgeber			
Volksinitiative	4	46,5	48
Parlamentarische Initiative	3	64,9	64,5
Regierung/Verwaltung (inkl. Bundesrechtsvollzug)	2	67,4	70
Parlament und Regierung/Verwaltung	1	69,3	73
Total (N=120)		**65,13**	**68,5**
Gesamtveränderung (4er Kategorie)			
Stark	4	61,5	62
Mittel	1	70,2	76
Schwach	2	69	73
Keine oder nur redaktionell	3	67,5	69,5
Gesamtveränderung (2er Kategorie)			
Stark und mittel		66,8	70
Schwach und keine oder nur redaktionell		68	70
Total (N=106)		**67,57**	**70**

Aus dieser Tabelle lassen sich nachstehende Feststellungen über die Abhängigkeit des Ergebnisses beim Referendum von den verschiedenen Merkmalen ableiten:

1. Die formellen Merkmale Rechtssetzungsstufe und Neuheit haben keinen Einfluss auf das Ergebnis beim Referendum, die Zustimmungswerte liegen innerhalb einer sehr kleinen Spannweite nahe beieinander.

2. Bei den inhaltlichen oder materiellen Merkmalen ist nur eine schwache Verbindung zum Abstimmungsergebnis vorhanden. Beim Merkmal

Politikfeld liegen alle Werte nahe beieinander, lediglich die größere Zustimmung bei die Wirtschaft betreffenden Maßnahmen fällt auf. Bei der Lowi-Typologie haben die Typen Redistributiv und Konstituierend die niedrigste Zustimmungsquote beim Referendum, diejenige der distributiven Politiken liegt etwas höher und Spitzenreiter sind die regulativen Politiken.

3. Wenn der Impuls vom Volk kommt, dann lehnt dieses den Entwurf meistens ab. Die Zustimmungsquote liegt dann bei lediglich 46,5 Prozent. Hier sei daran erinnert, dass das Parlament meistens die Ablehnung empfiehlt. Bei den anderen Impulsgebern liegen die Zustimmungsquoten dicht beieinander, wobei die größte durchschnittliche Zustimmung erreicht wird, wenn der Impuls von Parlament und Regierung/Verwaltung kommt.

4. Im Falle einer Veränderung der Regierungsvorlage durch das Parlament liegt die Zustimmung beim Volk am tiefsten, wenn diese stark ist. Verdichtet man allerdings die Gesamtveränderung wiederum in zwei Kategorien, liegen deren Durchschnittswerte praktisch gleichauf.

Bei der linearen Regression zeigt sich, dass weder die formellen noch die inhaltlichen Merkmale irgendeine Erklärungskraft für das Ergebnis des Referendums haben. Dies gilt auch für die Gesamtveränderung der Regierungsvorlage im Parlament. Einzig der Impulsgeber kann mit einem R^2 von 0,16 zur Erklärung des Modells in bescheidenem Maße beitragen. Jedoch stellt sich nun wiederum das Problem, dass nur der Wert für die Volksinitiative signifikant ist. Hier besagt dann der Beta-Koeffizient, dass bei Impulsen aus dem Volk (Volksinitiative) das Abstimmungsergebnis bedeutend niedriger ist (Beta -0,374), als bei den parlamentarischen Initiativen. Diese Feststellung deckt sich mit den Ergebnissen aus dem Vergleich der Mittelwerte. Somit ist auch der dortige Verweis auf die meist ablehnende Empfehlung des Parlaments bei Volksinitiativen an dieser Stelle von Belang.

Insgesamt vermögen diese unabhängigen Variablen das Abstimmungsergebnis bei der Volksabstimmung nicht erklären.

3.3 Einfluss der Zustimmungsquote im Parlament auf das Abstimmungsergebnis

Sollte sich die Hypothese bewahrheiten, dass der Ausgang einer Volksabstimmung besonders ungewiss (=niedrige Zustimmungsquote) ist, wenn der parlamentarische Konsens (=Zustimmungsquote im Parlament) schwach ist, dann besteht tatsächlich ein faktischer Zwang, dass die großen politischen Kräfte zusammenarbeiten und durch Verhandeln und Konfliktlösungsstrategien zu einem Kompromiss und einer möglichst breiten parlamentarischen Unterstützung finden.

Nachstehende Tabelle bestätigt die Hypothese, denn sie zeigt eine mit steigender parlamentarischer Zustimmung erhöhte Akzeptanz beim Volk. Interessant ist der - gemäß der nachstehenden Tabelle - durchschnittlich unter 50 Prozent liegende Zustimmungswert beim Referendum in den beiden ersten Kategorien. Bei einer parlamentarischen Zustimmung unter 70 Prozent ist demnach die Gefahr eines Scheiterns sehr groß.

Tabelle: Mittelwertvergleich Abstimmungsergebnis und Zustimmungsquote im Parlament

Zustimmungsquote Parlament	Arithm. Mittel	Median
Bis 60 Prozent	49,67	50,5
61 bis 70 Prozent	48,86	51
71 bis 80 Prozent	63,91	65
81 bis 90 Prozent	62,79	64,5
91 bis 99 Prozent	67,67	69,5
100 Prozent	76,27	77
Total	65,13	68,5

In der linearen Regression weist in einem einfachen Modell, in dem die Zustimmungsquote im Parlament die einzige unabhängige Variable ist, der Wert R^2 einen recht hohen Wert von 0,407 auf. Somit ist mit der Zustimmungsquote im Parlament ein wichtiger Einflussfaktor auf das Abstimmungsergebnis identifiziert.

3.4 Einfluss der Stimmbeteiligung auf das Abstimmungsergebnis

Nachstehende Tabelle weist darauf hin, dass kein linearer Zusammenhang besteht zwischen der Stimmbeteiligung beim Referendum und dem Abstimmungsergebnis. Dieser Eindruck wird in einer einfachen linearen Regression bestätigt, in der R^2 lediglich 0,018 beträgt. Somit fällt die Stimmbeteiligung als Einflussfaktor weg.

Tabelle: Mittelwertvergleich Abstimmungsergebnis und Stimmbeteiligung

Stimmbeteiligung	Arithm. Mittel	Median
Bis 60 Prozent	65,87	67,5
61 bis 70 Prozent	63,26	69
71 bis 80 Prozent	76,75	77,5
Mehr als 80 Prozent	55	50
Total	65,13	68,5

3.5 Einfluss der Parolen auf das Abstimmungsergebnis

Nachstehende Tabelle gibt an, wie hoch das durchschnittliche Abstimmungsergebnis ist, wenn die verschiedenen Parolen-Fasser im Abstimmungskampf die Ja- bzw. Nein-Parole herausgeben.

Tabelle: Mittelwertvergleich Abstimmungsergebnis und Parolen

Parolen-Fasser	Ja-Parole	Nein-Parole
Parteien		
SVP	68,59	53,32
FDP	68,14	46,89
SP	65,84	58,79
Verbände		
KGV	66,43	47,76
IVS	63,15	40,82
Bauernverband	68,13	66,67
Presse		
„Schaffhauser Nachrichten"	68	47,72

3.5.1 Die großen Parteien

Die Parolen der Parteien entsprechen ihrem Votum im Parlament. Wenn eine Partei im Abstimmungskampf von ihrer Haltung im Parlament abweichen möchte, dann hat sie ein ziemliches Kommunikationsproblem. Die Tabelle zeigt, dass die durchschnittliche Zustimmung am größten ist, wenn die drei großen Parteien zustimmen. Die ablehnende Haltung einer dieser Parteien senkt das durchschnittliche Ergebnis um etwa zehn Prozent, wobei die Nein-Parole der SP am stärksten zu wiegen scheint. Eine Ablehnung der Vorlage durch die bürgerlichen Kräfte (SVP und FDP) senkt die durchschnittliche Zustimmung auf unter 50 Prozent.

Tabelle: Mittelwertvergleich Abstimmungsergebnis und Kombination von Partei-Parolen

Parolen-Kombinationen der drei großen Parteien	Ergebnis Referendum (Arithm. Mittel)
SVP, FDP und SP empfehlen Zustimmung	70,8
SVP empfiehlt Ablehnung	63,6
FDP empfiehlt Ablehnung	58,2
SP empfiehlt Ablehnung	58
SVP und FDP empfehlen Ablehnung (Bürgerliche Ablehnung)	42,2

Es gab keinen Abstimmungskampf, in dem die drei großen Parteien die Ablehnung empfohlen haben. Negativ-Koalitionen einer bürgerlichen Partei mit den Sozialdemokraten gab es nur in zwei Fällen (beide Male SVP).

3.5.2 Die Verbände

Bei den Verbänden stellt sich besonders vor dem Hintergrund ihrer großen Bedeutung auf Bundesebene die Frage nach deren Gewicht bzw. der vermuteten untergeordneten Bedeutung bei den kantonalen Abstimmungen in Schaffhausen. Auf Bundesebene war die Institution des Referendums das zentrale Element zur Herausbildung des Konkordanzsystems und der Verhandlungsdemokratie (Vgl. hierzu v.a. Neidhart, 1970 und Linder, 1999, 295-324). Dort wurde es erforderlich, die referendumsfähigen Verbände, d.h. diejenigen, die sich einen Abstimmungskampf leisten können (v.a. Wirtschaftsverbände und Gewerkschaften), in das System der Entscheidungsfindung zu integrieren. So entstand in der Schweiz ein neo-korporatistischen politisches System, wo die Verbände gegenüber dem Staat als Verhandlungspartner auftreten. Kritiker (auf Bundesebene) stellen deshalb auch fest, dass das Volksrecht auch zu einem Verbandsrecht[120] geworden ist (Vgl. Linder, 2002, 121).

Die empirische Analyse zeigt, dass in den Fällen, wo der KGV und die IVS die Ja-Parole herausgegeben haben, die durchschnittliche Zustimmung bei 63,2 Prozent lag, in den drei Fällen, wo beide Wirtschaftsverbände dem Volk die Ablehnung empfohlen haben, lag das Abstimmungsergebnis bei lediglich 33 Prozent. Diese Aussagen sind allerdings beeinträchtigt durch die niedrigen Fallzahlen, da die IVS nur selten an Abstimmungskämpfen teilgenommen hat. Dieses Ergebnis entspricht aber der Selbsteinschätzung der Vertreter dieser Verbände, die den Einfluss für fallweise unterschiedlich bewerten, aber auch darauf hinweisen, dass die Bedeutung nicht zu unterschätzen sei. Dies gelte insbesondere, wenn beide Verbände im Verbund und/oder mit weiteren Akteuren auftreten.

Bei den anderen Verbänden ist eine empirische Aussage wegen der geringen Fallzahlen nahezu unmöglich. Hier sei auf die Selbsteinschätzung der jeweiligen Verbandsvertreter verwiesen. Der Bauernverband habe einen bedeutenden Einfluss, wenn es in einer Vorlage primär um die Landwirtschaft gehe (bspw. Landwirtschaftsgesetz). Der Gewerkschaftsbund und die Gewerkschaft Vpod verfügen nach Aussage ihrer Vertreter zwar über einen gewissen Einfluss, der aber bedeutend geringer als derjenige der Wirtschaftsverbände sei.

---

[120] Eine besonders scharfe Kritik für die Bundesebene übt Tschäni, 1983. Er kommt auf die Frage, wer die Schweiz denn regiert, zu dem Schluss: „Regiert wird die Schweiz heute unter entscheidender Mitwirkung der organisierten und privaten Interessen vom Elitenkreis der bürgerlich dominierten Regierungskoalition und nicht vom Volk" (Ebd., 185).

Während von dieser Seite auch der geringere finanzielle Mitteleinsatz bei Abstimmungskämpfen als Begründung angegeben wird, wird dies von Seiten der Wirtschaftsverbände bestritten mit dem Hinweis auf ebenso bescheidene Ressourcen. Eine Bewertung dieses Sachverhaltes ist nicht möglich.

3.5.3 Die „Schaffhauser Nachrichten"

Laut Wuerth (2002, 364) ist auf der gesamtschweizerischen Ebene kein Medium fähig, „[...] einen entscheidenden Einfluss auf den Abstimmungskampf auszuüben". Für die kantonale Ebene kann Bollinger (1978, 103) eine Einflussnahme der Presse auf die Meinungsbildung zwar nicht ausschließen, sieht die Auswirkungen aber eher in einer langfristigen Form. Dies ist natürlich gerade für den Kanton Schaffhausen interessant, wo die dominierenden „Schaffhauser Nachrichten" über Jahrzehnte hinweg eine politische Richtung verfolgen. Es kann also nicht ausgeschlossen werden, dass Teile der Leserschaft dadurch geprägt worden sind und werden.

Generell warnt Bollinger (1978, 102) aber auch vor Analysen über den Einfluss der Presse. Dies ist tatsächlich eine recht komplexe und vielschichtige Angelegenheit. Die von den Entscheidungsträgern wahrgenommene Bedeutung der „Schaffhauser Nachrichten" ist allerdings recht groß. Dies hat sich in den meisten Experteninterviews herausgestellt. Oftmals war die Rede von einer „weiteren Kraft im Spiel". Die „Schaffhauser Nachrichten" verstehen sich selber als „Marktplatz der Meinungen". Es werden keine Meinungen unterdrückt und andere gefördert. Erst am Ende des Abstimmungskampfes gibt die Zeitung ihre Meinung, zuerst in Form eines dezidierten und ausführlichen Kommentars und ganz am Ende als klare Ja- oder Nein-Parole. Der Kommentar muss die Debatte der Redaktionskonferenz widerspiegeln. Nach Aussage des Chefredakteurs der „Schaffhauser Nachrichten" folgt die Redaktion verschiedenen Grundsätzen und Leitlinien. Dazu gehört der Vorrang der Eigenverantwortung vor der Fremdverantwortung oder die Bevorzugung des Bestehenden, solange nicht überzeugend dargelegt wird, dass eine Neuerung Vorteile mit sich bringt.

Gemäß der Einschätzung des Chefredakteurs und anderer Vertreter der Schaffhauser Medienlandschaft hat die Meinung der „Schaffhauser Nachrichten" eine – von den politischen Entscheidungsträgern oft überschätzte - „Katalysator- oder Verstärkerwirkung", d.h. bestehende Trends und Stimmungen können verstärkt werden. Aber bei Vorlagen, wo sich Zustimmung und Ablehnung in etwa die Waage halten, kann das Votum der „Schaffhauser Nachrichten" durchaus etwas bewirken.

Empirisch weist der Mittelwertvergleich auf eine Veto-Position der „Schaffhauser Nachrichten" hin. Wenn diese die Ja-Parole ausgibt, liegt die durchschnittliche Zustimmung in der Nähe der allgemeinen durchschnittlichen

Zustimmung. Wenn sie aber eine ablehnende Haltung einnimmt, sinkt das durchschnittliche Ergebnis beim Referendum unter 50 Prozent.

Von den anderen Presseerzeugnissen im Kanton kann höchstens in gewissen Fällen der „Schaffhauser Bock" etwas bewegen. Nach eigenem Selbstverständnis ist der „Schaffhauser Bock" vor allem dann aktiv, wenn andere Medien bewusst oder unbewusst schweigen. Auch hier wird die Einschätzung geteilt, dass Trends verstärkt werden können. Die anderen Zeitungen haben wegen ihres begrenzten Leserkreises keinen oder nur einen marginalen Einfluss. Diese Einschätzung wurde von allen Gesprächspartnern geteilt.

3.5.4 Kombinationen von Parolen

Die maßgeblichen Referendumskräfte sind die drei großen Parteien, die „Schaffhauser Nachrichten" und der Kantonale Gewerbeverband als einziger Verband, der in größerem Umfang an Abstimmungskämpfen teilnimmt. Hier interessieren nun die Kombinationen zwischen diesen Kräften, die sich entweder durch ein besonders hohes (mehr als 70,5 Prozent) oder besonders niedriges (weniger als 55 Prozent) Ergebnis beim Referendum auszeichnen.

Ein solch hohes Ergebnis kommt dann zustande, wenn alle genannten Kräfte in unterstützender Form in den Abstimmungskampf gehen. In diesem Fall liegt die durchschnittliche Zustimmung bei 71,3 Prozent. Diese Kombination gab es in 47 Fällen. In den 24 Fällen, wo der Kantonale Gewerbeverband keine Parole herausgibt und die drei großen Parteien und die „Schaffhauser Nachrichten" positiv eingestellt sind, ist die Zustimmung sogar noch leicht höher (73,4 Prozent). Dies ist ein Hinweis darauf, dass eine Unterstützung bzw. eine Ja-Parole des KGV keine Relevanz für das Abstimmungsergebnis hat.

Nachfolgende Tabelle listet einige Kombinationen auf, bei denen das durchschnittliche Abstimmungsergebnis sehr niedrig war. Es muss allerdings darauf hingewiesen werden, dass aufgrund der Verschichtung der fünf oben genannten Parolen-Trägern, die Fallzahlen sehr tief liegen (zwischen einem und fünf Fällen). Die Aussagekraft ist damit mehr exemplarischer Natur.

Tabelle: Interessante Kombinationen von Parolen

Parolen-Kombinationen	Ergebnis Referendum (Arithm. Mittel)
Alle JA, außer die SHN	50
Alle JA, außer SP	54,8
Alle JA, außer FDP und SHN	55
Alle JA, außer FDP und KGV	49
Alle JA, außer FDP und SVP	46
Alle NEIN, außer SP und KGV	35
Alle NEIN, außer SP und SHN	43
Alle NEIN, außer SP	41,5

3.5.5 Erklärungskraft der Parolen

Bei einer multiplen linearen Regression, wo die Parolen der großen Parteien, der dominierenden Tageszeitung sowie des politisch aktivsten Verbandes das Abstimmungsergebnis beim Referendum erklären sollen, ergibt sich folgendes Bild. Zusammen erklären die Parolen dieser Akteure ein R^2 von knapp 0,4 und tragen somit in recht hohem Maße zur Güte des Modells bei. Für die Parteien und die „Schaffhauser Nachrichten" sind die Signifikanzwerte annehmbar, wohingegen sie beim Gewerbeverband jenseits der Toleranzgrenze liegen. Dies mag auch daran liegen, dass der Gewerbeverband zwar oft, aber nicht immer an den Abstimmungskämpfen aktiv beteiligt war.

Die nachstehenden Beta-Koeffizienten sind folgendermaßen zu interpretieren. Wenn die Parole einer der drei großen Parteien bzw. diejenige der „Schaffhauser Nachrichten" nicht mehr Nein (Dummy 0), sondern Ja (Dummy 1) lautet, verändert sich das Abstimmungsergebnis in Richtung und Stärke, die vom Beta-Koeffizienten angegeben wird. Grundannahme ist die Konstanz der anderen Parolen.

Tabelle: Einfluss Parolen bei einer linearen Regression (Beta-Koeffizienten, T-Werte, Signifikanz)

Parole von…	Beta	T	Signifikanz
FDP	0,290	2,368	0.020
„Schaffhauser Nachrichten"	0,256	2,165	0,033
SP	0,235	2,860	0,05
SVP	0,204	1,993	0,05

Somit haben die positiven Parolen aller Parteien einen das Abstimmungsergebnis verbessernden Einfluss, der in diesem Modell für die vier Parolen-Fasser recht eng beieinander liegt. Den stärksten Einfluss hat demnach die FDP, gefolgt von den „Schaffhauser Nachrichten" und der SP. An vierter Stelle folgt dann die SVP.

3.6 Gesamtmodell

Bislang wurde lediglich der Einfluss einzelner Faktoren auf das Abstimmungsergebnis beim Referendum untersucht. In einem Gesamtmodell einer linearen Regression wird nun der Versuch unternommen, die maßgeblichen Einflussfaktoren auf die <u>zu erklärende bzw. die abhängige Variable Abstimmungsergebnis beim Referendum</u> (in Prozent) zu ergründen[121].

---

[121] Wenn nun Ergebnisse in scheinbarem Widerspruch zu den vorherigen Analysen stehen, liegt das daran, dass bislang nur Teilmodelle betrachtet wurden.

Die verschiedenen erklärenden bzw. unabhängigen Variablen sind Impulsgeber, Gesamtveränderung der Regierungsvorlage durch das Parlament, Zustimmungsquote im Parlament, Stimmbeteiligung beim Referendum und die verschiedenen Parolen. Auf den Einbezug der formellen und inhaltlichen Charakteristika wird verzichtet, da unterstellt werden kann, dass sie keinen Einfluss ausüben[122] und das Modell dadurch auch entlastet wird, gerade auf Grund der eher geringen Fallzahlen.

Bei der Regression zeigt sich, dass der höchste erreichte Wert des korrigierten R^2 - das die Anzahl der unabhängigen Variablen mitberücksichtigt – von 0,506 fast vollständig durch die erklärende Variable Zustimmungsquote im Parlament erklärt wird. Die Aufnahme weiterer Variablen (Impulsgeber, Gesamtveränderung der Regierungsvorlage durch das Parlament, Stimmbeteiligung beim Referendum, Partei- und Verbandsparolen) führt zu keinen wesentlichen Verbesserungen bzw. sogar einer Verschlechterung des Modells. Die Zustimmungsquote im Parlament ist allgemein der zentrale entscheidende Faktor bei Volksabstimmungen. Die Parolen der drei großen Parteien finden sich in dieser Zustimmungsquote wieder, denn das Votum im Parlament und die Abstimmungsparole sind in der Regel identisch[123]. Ein Gesamtmodell mit Partei-Parolen und Zustimmungsquote ist deshalb auch sehr problematisch, da hohe Kollinearitäten[124] vorliegen. Einzig die dominierende Tageszeitung, die „Schaffhauser Nachrichten", ist gemäß diesem Modell noch weiter als relevanter Einflussfaktor in Betracht zu ziehen.

Nachdem nun die Güte des Gesamtmodells beurteilt ist, stellt sich die Frage der Höhe des Einflusses der beiden erklärenden Variablen Zustimmungsquote im Parlament und Parole der „Schaffhauser Nachrichten" im Verhältnis zueinander. In einer linearen Regression mit diesen beiden unabhängigen Variablen beträgt das korrigierte R^2 0,478. Die Beta-Koeffizienten sind bei hoher Signifikanz $0{,}526^{125}$ für die Zustimmungsquote im Parlament und $0{,}304^{126}$ für die Parole der „Schaffhauser Nachrichten".

---

[122] Siehe Kapitel 7.3.2.
[123] Siehe Kapitel 7.3.5.1.
[124] Die Korrelationskoeffizienten (Eta n) zwischen der Zustimmungsquote im Parlament und den einzelnen Partei-Parolen nehmen Werte um 0,5 an.
[125] Dies bedeutet, dass ein Anstieg der Zustimmung im Parlament um eine Einheit eine Erhöhung des Ergebnisses beim Referendum um 0,526 Einheiten mit sich bringt (wenn die andere erklärende Variable konstant ist).
[126] Dies bedeutet, dass wenn die Parole der „Schaffhauser Nachrichten" nicht Nein (Dummy 0) sondern Ja (Dummy 1) ist, die Zustimmung beim Volk um 0,304 Einheiten ansteigt (wenn die andere erklärende Variable konstant ist).

Tabelle: Regressionskoeffizienten (Beta) für die unabhängigen Variablen Zustimmungsquote im Parlament und Parole der „Schaffhauser Nachrichten"

Unabhängige Variable	Beta-Wert	t	Sig.
Zustimmungsquote im Parlament	0,526	7,379	0,000*
Parole „Schaffhauser Nachrichten	0,304	4,262	0,000*

Damit ist der Einfluss des Abstimmungsergebnisses im Parlament tatsächlich der entscheidende Faktor, aber auch die Rolle der „Schaffhauser Nachrichten" ist zu beachten. Allerdings muss zur Relativierung in Erinnerung gerufen werden, dass die Zahl der Fälle, wo die Parole der „Schaffhauser Nachrichten" ablehnend war, gering ist. Zuletzt sei noch erwähnt, dass weitere Variablen notwendig wären, um das Modell zu vervollständigen, d.h. nicht nur die hier erwähnten tragen zur Erklärung bei.

Auf der nächsten Seite befindet sich eine tabellarische Übersicht über alle die abhängige Variable Abstimmungsergebnis beim Referendum betreffenden Teilmodelle.

Das politische System des Kantons Schaffhausen 145

Tabelle: Übersicht der Teilmodelle mit der abhängigen Variablen Abstimmungsergebnis beim Referendum (in Prozent)

Unabhängige Variable	korr. R²	Einzelelemente	Beta	t	Sig.
Formelle Merkmale	-0,013	Verfassung (zu Gesetz)	-0,096	-1,022	0,309
		Beschluss (")	-0,082	-0,763	0,447
		Neuheit (")	-0,014	-0,133	0,894
Inhaltliche Merkmale	-0,008	Finanzen (zu Grundlagen...)	-0,001	-0,006	0,995
		Wirtschaft (")	0,069	0,543	0,589
		Infrastruktur (")	-0,104	-0,722	0,472
		Soziales (")	0,047	0,31	0,737
		Bildung (")	0,012	0,084	0,933
		Regulativ (zu Konstituierend)	0,247	1,481	0,141
		Distributiv (")	0,134	0,674	0,502
		Redistributiv (")	-0,015	-0,084	0,933
Impulsgeber	0,16	Volksinitiative (zu Parl. Init.)	-0,374	-3,866	0,000*
		Regierung/Verw.-Init. (")	0,085	0,809	0,42
		Parl.+Reg./Verw.-Init. (")	0,089	0,922	0,358
Gesamtveränderung	0,003			-0,524	0,602
Zustimmungsquote im Parl.	0,407			8,997	0,000*
Parolen Parteien + SHN	0,397	FDP	0,29	2,368	0,02*
		"Schaffhauser Nachrichten"	0,256	2,165	0,033*
		SP	0,235	2,86	0,05*
		SVP	0,204	1,993	0,05*
Stimmbeteiligung	0,018			-1,463	0,146

Achtes Kapitel: Die neue Kantonsverfassung als Sonderfall

1. Vorbemerkung

Der Prozess der Totalrevision der Kantonsverfassung von 1876 in den Jahren 1995 bis 2002 erfährt hier aus zwei Gründen eine besondere Beachtung. Zum einen ist eine solche Totalrevision ein qualitativ herausragendes Unterfangen und hat auch eine symbolische Bedeutung, die bei anderen Legiferierungsprozessen nicht vorhanden ist. Zum anderen unterscheidet sich die vorgenommene Totalrevision hinsichtlich des Entscheidungsprozesses von allen anderen untersuchten Normen, vor allem wegen der federführenden Rolle des kantonalen Parlamentes. Nichtsdestotrotz wurde die Totalrevision der Kantonsverfassung bei den vorangegangenen empirischen Untersuchungen mit berücksichtigt.

2. Der Anstoß und die Festlegung der Vorgehensweise

Der formelle Anstoß zur Totalrevision der Verfassung des Kantons Schaffhausen war die Erklärung der Erheblichkeit einer Motion des Kantonsrates Hans-Jürg Fehr am 16. Januar 1995 durch das kantonale Parlament. Die Motion mit nachstehendem Wortlaut wurde an den Regierungsrat überwiesen, mit dem Auftrag einen Bericht und einen Antrag (Entwurf) auszuarbeiten.

> „Im Jahr 2001 wird es 500 Jahre her sein, seit der Stand Schaffhausen der Eidgenossenschaft beitrat. Damit im Laufe dieses Jubiläumsjahres eine neue Kantonsverfassung in Kraft gesetzt werden kann, leitet der dafür zuständige Grosse Rat unverzüglich das in Art. 108 KV vorgesehene Verfahren ein."

Als Gründe für die Totalrevision können unter anderem inhaltliche und systematische Mängel, überholte Bestimmungen, eine schwere Verständlichkeit und Verfassungsreformen in anderen Kantonen genannt werden[127].

Grundsätzlich wurde der anvisierte Verfassungsgebungsprozess als offen angesehen. Trotzdem wurden drei mögliche Ziele der Verfassungsrevision angegeben: erstens die Überprüfung der Kantonsverfassung in einer Gesamtschau und Anpassung in Form und Inhalt an die Wirklichkeit und an die heutigen Bedürfnisse, zweitens die Überprüfung der Staatsstruktur (Vgl. Betschart 1999, 41-53) und der Staatsorganisation und drittens Überprüfung und

---

[127] Vgl. Bericht und Antrag des Regierungsrates des Kantons Schaffhausen an den Grossen Rat betreffend die Totalrevision der Verfassung (Amtsdruckschrift 4247), S. 3-11.

allenfalls inhaltliche Neugestaltung der Volksrechte[128]. Wie sich zeigen sollte, beinhalteten die beiden letzten Aspekte ein großes Konfliktpotential.

Die definitive Entscheidung über die Einleitung der Gesamtrevision und über die Festlegung der Vorgehensweise geschah bei der Volksabstimmung am 6. April 1997. Die Revisionsbestimmungen der Kantonsverfassung sehen vor, dass das Volk entscheiden muss, ob der Kantonsrat für die Totalrevision zuständig sein soll oder ein zu wählender Verfassungsrat[129]. Außerdem hat das Parlament dem Volk eine Teilrevision der Verfassung vorgeschlagen, die die Möglichkeit schaffen sollte, bei Abstimmungen Varianten einzuführen, was sich später als äußerst sinnvoll erwiesen hat.

Das Volk sah mit großer Mehrheit die Notwendigkeit einer Revision der Kantonsverfassung gegeben. Für die Einleitung des Verfahrens stimmten 83,4 Prozent. Mit 54,1 Prozent der Stimmen wurde der Grosse Rat zum Ausführungsorgan bestimmt. Die Möglichkeit der zukünftigen Variantenabstimmungen wurde mit fast der gleichen Stimmenzahl wie die Einleitung des Verfahrens angenommen. Einem großen Konsens hinsichtlich der grundsätzlichen Notwendigkeit stand eine gewisse Skepsis gegenüber dem Parlament als Verfassungsgeber entgegen. Diesem Umstand wurde Rechnung getragen. Obwohl das Volk formell dem Parlament den Auftrag zur Verfassungsrevision gegeben hat – dieses konnte zum ersten Mal seit 1834 selber eine Verfassung ausarbeiten (Vgl. Joos/Ott, 2002, 830) -, kam es im Endeffekt zu einer Art Mischlösung. Die 15-köpfige parlamentarische Kommission – in deren Präsidium die drei großen Fraktionen vertreten waren - wurde um 30 außerparlamentarische Mitglieder erweitert. Stimmberechtigt waren letztere zumindest formell wegen der fehlenden gesetzlichen Grundlage nicht. Diese außerparlamentarischen Kommissionsmitglieder wurden mittels Inseraten, Radiodurchsagen und Medienmitteilungen gesucht. Von den 168 Interessenten hat die 15er Kommission schließlich eine Auswahl nach verschiedenen Kriterien getroffen, die der gesamte Grosse Rat nur noch bestätigen oder ablehnen konnte. Dieser Umstand war der erste große Streitpunkt im Verfassungsprozess und wurde besonders auch von den „Schaffhauser Nachrichten" massiv kritisiert[130]. Grundsätzlich sollte die Schaffhauser Bevölkerung repräsentativ vertreten werden und die Qualifikation und Motivation sollte Vorrang haben vor Parteizugehörigkeit. Letzteres ist durchaus beachtlich und die Nichtbeachtung

---

[128] Vgl. Ebenda S. 17. Eine Gesamtschau über die Revisionsvorschläge im Vergleich zum bis dahin geltenden Recht findet sich bei Betschart, 2001, 75-98.

[129] Zu den grundsätzlichen Vor- und Nachteilen beider Möglichkeiten Vgl. Bolz, 1992, 70ff.

[130] Vgl. Schweizer, Martin: Die Farce, in: „Schaffhauser Nachrichten" vom 16. September 1997 und Derselbe: Schlechter Stil: in: „Schaffhauser Nachrichten" vom 23. September 1997.

gewisser Interessenten (darunter „sehr prominente Personen") sollte noch zu Schwierigkeiten im Verfassungsprozess führen. Neben diesen Bedingungen wurden noch vier besondere Kriterien festgelegt:

- Geschlechterverhältnis entsprechend den Bewerbungen, bereinigt um einen Frauenbonus, insofern Männer-Bewerbung überproportional zur Bevölkerung sein würden,
- Drei Altersklassen (18 bis 35, 36 bis 50 sowie 51 und mehr Jahre) gleichstark berücksichtigen,
- Stadt-Land-Verhältnis berücksichtigen,
- Keine Überrepräsentation einzelner Berufszweige[131].

Diese Kriterien wurden weitgehend berücksichtigt: die Dominanz der Männer war weitaus geringer als üblich (18 von 30), die drei Altersgruppen waren zu je einem Drittel vertreten und zwischen Stadt und Land herrschte Parität. Hinsichtlich der Berufe gelang es eine breite Vielfalt herzustellen. Eine Mehrzahl der Auserwählten war Mitglied einer Partei und die Proportion erinnert schon an die Fraktionsstärken im Kantonsrat. Andererseits ist es einleuchtend, dass sich solche Personen für diese Aufgabe gemeldet haben, die an Politikgestaltung interessiert und deshalb vielfach auch Parteimitglieder sind.

Es sei hier noch die – in Interviews mehrfach bestätigte – Vermutung angestellt, dass ein gesonderter Verfassungsrat wahrscheinlich zu einem Großteil aus Kantonsräten bestanden hätte, es wäre zu einem Wiedersehen mit altbekannten Köpfen gekommen.

Die Verfassungskommission wurde von einem professionellen Sekretariat in ihrer Arbeit unterstützt. Dieses unterstützte sowohl das Präsidium bei seiner leitenden und koordinierenden Funktion als auch die einzelnen Arbeitsgruppen (siehe unten).

Auch über die Einbeziehung von ausgewählten Bürgern in die Verfassungskommission hinaus wurde versucht, die Bevölkerung in den Prozess der Verfassungsgebung einzubeziehen. So wurde die Bevölkerung zum Beispiel durch eine Verfassungszeitung über alle wichtigen Schritte informiert, ebenso bestand jederzeit die Möglichkeit, eigene Anliegen einzubringen. Ein weiteres Beispiel für diesen offenen Verfassungsprozess war die Durchführung eines Präambelwettbewerbs (Vgl. Betschart, 2000, 15-20).

---

[131] Vgl. Bericht und Antrag der Spezialkommission Verfassungsrevision an den Grossen Rat betreffend die Wahl von 30 außerparlamentarischen Kommissionsmitgliedern für die Verfassungskommission (Amtsdruckschrift 97-52).

3. Der erste Verfassungsentwurf (vom Volk abgelehnt)

Die 45er-Kommission erarbeitete die Vorschläge für den Verfassungsentwurf in sechs thematischen Arbeitsgruppen zu je sieben Mitgliedern: Grundsätze, Grundrechte, Volksrechte, Kantonsstrukturen, Kantonsaufgaben und Behörden. Diese Oberthemen entsprechen auch in etwa den heutigen Verfassungskapiteln. Dazwischen kam es immer wieder zu Sitzungen des Plenums der 45er-Kommission, bei denen allgemeine Fragen behandelt wurden. Schließlich einigte sich die vorberatende Kommission auf einen ersten Entwurf, der dann in eine breite Vernehmlassung ging. Insgesamt gingen 206 Stellungnahmen von Parteien, Verbänden, Interessengruppen, Vereinigungen und Einzelpersonen im Sekretariat der Verfassungskommission ein. Die Vernehmlassung diente – wie auch bei „normalen" Vorlagen – einerseits der Ideensammlung und andererseits der Vorprüfung der Akzeptanz gewisser Änderungs- oder Neuerungsvorschläge. Parallel dazu fanden in dieser Phase des Verfassungsprozesses Informationsveranstaltungen im gesamten Kantonsgebiet statt.

Mit den Ergebnissen aus der Vernehmlassung überarbeitete die 45er-Kommission den Entwurf und verabschiedete ihn dann am 19. November 1999[132]. Damit endete auch das Mandat der 30 außerparlamentarischen Kommissionsmitglieder.

Die Stellungnahme der Regierung – die sich bis dahin sehr zurückgehalten hatte – zu diesem Verfassungsentwurf zeichnete sich durch sachliche – teilweise aber auch harsche (Vgl. Marti, 1999, 3) – Kritik aus und beinhaltet Änderungsanträge in 18 Bereichen[133].

Der parlamentarische Prozess war durch übliche parteipolitische Auseinandersetzungen geprägt. Der recht progressive Verfassungsentwurf der 45er Kommission wurde stark in eine „bewahrende" Richtung verändert. Dies einerseits, weil das Parlament weitaus konservativer als die vorberatende Kommission war, welche sich ja mehr als zwei Jahre mit dem Projekt beschäftigt hatte. Anderseits aber auch im Anbetracht der Volksabstimmung, wo sich bereits eine schwierige Abstimmung abzeichnete, da die Presse dem Entwurf sehr ablehnend gegenüber stand. Folgende Vorschläge der Verfassungskommission wurden zum Beispiel vom Kantonsrat abgelehnt: Stimmrecht für 16-Jährige, Einführung des fakultativen Finanzreferendums anstelle des obligatorischen, Einführung eines konstruktiven Referendums, Einführung einer „Schuldenbremse", zwangsweise Veränderungen der

---

[132] Vgl. Bericht und Antrag der Spezialkommission 8/97 „Verfassungsrevision" an den Grossen Rat betreffend Totalrevision der Kantonsverfassung vom 17. Januar 2000 (Amtsdruckschrift 00-06).

[133] Vgl. Stellungnahme des Regierungsrates vom 21. März 2000 zum Bericht und Antrag der Spezialkommission 8/97 „Verfassungsrevision" an den Grossen Rat betreffend Totalrevision der Kantonsverfassung vom 17. Januar 2000 (Amtsdruckschrift 00-17).

Gemeindestrukturen (dies war schon nach der Vernehmlassung abgeschwächt worden) u.v.m.

Schließlich wurde am 14. November 2000 ein neuer Entwurf[134] der parlamentarischen Kommission (nur die 15 Kantonsräte) durch das Plenum mit 39 zu 7 Stimmen zuhanden der Volksabstimmung verabschiedet. Die ÖBS und das GB stimmten nicht für den Entwurf und die Mehrheit der SP hat sich der Stimme enthalten. Ein besonders problematischer Punkt war die geplante Einführung des kommunalen Ausländer Stimm- und Wahlrechts. Hier konnte das Parlament sich nur darauf einigen, dieses dem Volk in einer Variante (Kann-Formel) vorzulegen.

Bei der Volksabstimmung am 4. März 2001 wurde der Verfassungsentwurf bei einer Stimmbeteiligung von knapp 70 Prozent mit 56 Prozent der Stimmen abgelehnt. Die Ablehnung der Variante über das Ausländer Stimm- und Wahlrecht war mit mehr als 70 Prozent der Stimmen besonders hoch.

Folgende Gründe können für das Scheitern des Verfassungsentwurfes bei der Volksabstimmung ausgemacht werden:

- Eine nur „lauwarme" Unterstützung bzw. Ablehnung des Entwurfs durch die linken Parteien. Die Vorschläge der Sozialdemokraten waren im Parlament stark beschnitten worden und der Entwurf war ihnen nun zu wenig fortschrittlich. Besonders enttäuschend war für sie, dass der Entwurf anstelle von Sozialrechten nur weniger verbindliche Sozialziele enthielt.

  Die Grünen (ÖBS und GB) nahmen eine ablehnende Haltung ein, da die Möglichkeit der Initiative zu Stellungsnahmen zum Bau von Atomanlagen und zum Nationalstraßenbau im neuen Verfassungsentwurf nicht mehr enthalten war. Dies, obwohl diese niemals praktische Relevanz besessen hatte.

- Diese Haltung spiegelte sich auch im Abstimmungskampf wieder. Die SP hat sich erst sehr spät – wohl zu spät – zu einer Unterstützung durchgerungen.

- Gegenwind der Presse: Die „Schaffhauser Nachrichten" (und auch zum Teil die „Klettgauer Zeitung" und der „Schleitheimer Bote" (Vgl. Joos, 2001, 57) haben die Reform, bzw. in deren Augen die Beschneidung der Volksrechte bekämpft. Ob auch wirtschaftliche Interessen (Inserate bei Abstimmungskämpfen) hier eine Rolle spielten, bleibt unklar. Der

---

[134] Vgl. Bericht und Antrag der Spezialkommission 8/97 „Verfassungsrevision" an den Grossen Rat betreffend Totalrevision der Kantonsverfassung vom 23. Oktober 2000 (Amtsdruckschrift 00-59).

"Schaffhauser Bock", bzw. dessen Verleger Steiner, lehnte den Entwurf wegen der nicht durchgeführten Staatsreform ab[135].

- Ablehnung durch außerparlamentarische Gruppierungen, beispielsweise seitens der konservativen "Aktion liberaler Schaffhauser", deren Ziel die "Rettung der Staatsfinanzen" war.

4. Der zweite Verfassungsentwurf (vom Volk angenommen)

Gemäß der Verfassung hat der Kantonsrat nach der Ablehnung eines Verfassungsentwurfes durch das Volk einen zweiten Entwurf auszuarbeiten und vorzulegen. Sollte dieser ebenfalls nicht angenommen werden, verfällt der Auftrag des Volkes an den Kantonsrat, die Verfassung total zu revidieren.

Es wurde wiederum eine Spezialkommission des Kantonsrates gegründet, die sich in ihrer Besetzung teilweise von der ersten unterschied. Die externen Kommissionsmitglieder wurden nicht mehr involviert.

Die vorberatende Kommission versuchte, die "Stolpersteine" aus dem Entwurf zu beseitigen. Die Einführung des Ausländer Stimm- und Wahlrecht wurde nicht weiter berücksichtigt. Hier hatte das Volk in der Variantenabstimmung ein eindeutiges Votum abgegeben. Ebenso wurden im Bereich der Sozialziele Abänderungen vorgenommen[136].

Das Plenum des Kantonsrates entschied sich, die Reform ("Verwesentlichung") der Volksrechte dem Volk bei der zweiten Abstimmung in einer Variante zu unterbreiten, um so die Gefahr eines Scheiterns zu reduzieren. Das Parlament verabschiedete den zweiten Verfassungsentwurf am 17. Juni 2002.

Dieser wurde dann am 22. September 2002 mit 66 Prozent der Stimmen recht deutlich vom Volk angenommen. Dagegen wurde die Variante über die Volksrechte ganz knapp gutgeheißen (50,2 Prozent der Stimmen), obwohl auch diesmal die "Schaffhauser Nachrichten" die Ablehnung (der Variante) empfohlen hatten. Die Stimmbeteiligung lag mit etwas mehr als 64 Prozent tiefer als beim ersten Verfassungsentwurf.

Die nun angenommene Variante unterscheidet sich nicht wesentlich von dem – hoch umstrittenen – Entwurf in der ersten Abstimmung. Allerdings wurde nicht das generelle fakultative Referendum, sondern die so genannte 4/5-Regelung flächendeckend eingeführt[137].

---

[135] Siehe Kapitel 5.

[136] Vgl. Berichte und Anträge der Spezialkommission 2001/ "Gesamtrevision der Kantonsverfassung" an den Grossen Rat des Kantons Schaffhausen betreffend Totalrevision der Kantonsverfassung vom 21. September 2001 und vom 20. Mai 2002 (Amtsdruckschriften 01/71 und 02/45).

[137] Siehe Kapitel 7.

Die neue Kantonsverfassung trat – mit zweijähriger Verspätung im Vergleich zur ursprünglichen Planung - zum 1. Januar 2003 in Kraft. Die neue Kantonsverfassung machte ein umfangreiches Rechtssetzungsprogramm erforderlich, dass derzeit noch nicht beendet ist.

5. Bewertung

Das Grundproblem bei einer Totalrevision sind die kumulierten Widerstände, d.h. es gibt verschiedene sich summierende Gegnerschaften gegen die Vorlage. Aus diesem Grunde ist es ausgesprochen schwierig oder sogar fast unmöglich, grundlegende Neuerungen im Rahmen einer Totalrevision zu verwirklichen.

Gemäß Joos (Interview) ist jedoch historisch feststellbar, dass nicht mehrheitsfähige Fragen bei Verfassungsrevision in der Folgezeit auf die Tagesordnung kommen. Im Kontext der hier besprochenen Totalrevision spricht er von „Futter für die nächsten fünfzig Jahre". So wurden bereits bei der Totalrevision verworfene Themen wieder aufgegriffen, beispielsweise die Reform der Staatsstruktur (Projekt SH.auf), dessen heutiger Inhalt bei der damaligen Verfassungsrevision nicht durchsetzbar gewesen war, oder auch die Verkleinerung des Kantonsrates auf 60 Mitglieder, die derzeit diskutiert wird.

Zusammenfassung der empirischen Ergebnisse und Ausblick

1. Zusammenfassung der empirischen Ergebnisse

> 1. Die Legislativfunktion (Gesetzesinitiative und Gesetzgebung) des kantonalen Parlaments ist stark eingeschränkt. Stattdessen ist es die Exekutive, die Herrin der Agenda ist, Impulse setzt und den Inhalt von Normen weitgehend bestimmt.

Durch die leitende und koordinierende Funktion im Gesetzgebungsprozess ist die Regierung immer die Herrin des Verfahrens und bestimmt auch den Zeitplan. Selbst bei parlamentarischen Initiativen bleibt ihr ein beträchtlicher Spielraum.

Die Exekutive mit Regierung und Verwaltung ist der wichtigste Impulsgeber. Originäre Regierungsvorlagen, sowie solche, die ihren eigentlichen Ursprung in übergeordnetem Recht haben, machen fast zwei Drittel aller untersuchten Normgebungsprozesse aus. Aus dem Parlament kommen überwiegend Vorstöße, die die Grundlagen der Staatsordnung bzw. den Lowi-Typus regulative Politik betreffen.

Wenn nun das Verfahren und die Impulse Exekutiv-dominiert sind, wie sieht dann die Veränderungstätigkeit von Vorlagen durch das Parlament aus? Über sechzig Prozent der Vorlagen werden im parlamentarischen Prozess gar nicht oder nur schwach verändert oder lediglich redaktionell überarbeitet. Damit kann das Parlament kaum noch als wirklicher Gesetzgeber betrachtet werden. Die Hauptfunktion des Parlaments liegt eher in einer umfassenden Kontrollfunktion und dazu gehört auch die Kontrolle der Regierungsvorlagen. Es sei nochmals daran erinnert, dass die Parteien schon vor der parlamentarischen Phase im Vernehmlassungsverfahren einen Einfluss auf einen Entwurf ausüben können.

> 2. Die Einflussfaktoren auf das Zustimmungsergebnis im Parlament sind vielschichtig. Es sind keine eindeutigen kausalen Zusammenhänge feststellbar.

Die durchschnittliche parlamentarische Zustimmung ist mit 86,5 Prozent ausgesprochen hoch. Doch welchen Einfluss haben die formellen, inhaltlichen und prozessualen Merkmale der einzelnen Normen, sowie gegebenenfalls die Gesamtveränderung auf die Höhe der parlamentarischen Zustimmung. Durch die Mittelwertvergleiche kommen zwar verschiedenen Aussagen zustande, beispielsweise eine besonderes hohe Zustimmung bei (Kredit-)Beschlüssen. Doch im Regressionsmodell verschwimmen fast alle Aussagen. Lediglich dem Impulsgeber kommt eindeutig eine gewisse Bedeutung für die Höhe der Zustimmung im Kantonsrat zu. Die höchste Zustimmung generieren die originären Regierungsvorlagen, dahinter folgen die auf parlamentarische Initiativen zurückgehenden Vorlagen und die geringste Zustimmung erfahren die Initiativen aus dem Volk.

Während der Einfluss der Parteien im Parlament unbestritten ist, haben sicherlich auch die Verbände und die einzelnen Gemeinden des Kantons einen Einfluss, vor allem über ihre Vertreter oder ihnen nahe stehenden Personen im Kantonsrat. Empirische Aussagen über die Stärke dieses Einflusses waren aber nicht möglich.

> 3. Die Zustimmung beim Referendum hängt primär von der Höhe der Zustimmung im Parlament ab. Andersrum gesagt: Wenn kein breiter parlamentarischer Konsens zu einer Vorlage erreicht wird, ist die Wahrscheinlichkeit der Ablehnung in der Volksabstimmung groß.

Diese Behauptung kann bestätigt werden. In einem Gesamtmodell, mit allen in vorliegender Arbeit möglichen Einflussfaktoren, kommt der parlamentarischen Zustimmungsquote die mit Abstand größte Erklärungskraft zu. Der Zusammenhang ist positiv und linear: eine höhere parlamentarische Zustimmung bringt ein höheres Ergebnis beim Referendum mit sich. Umgekehrt führen parlamentarische Zustimmungswerte von weniger als siebzig Prozent im Durchschnitt zu einer Ablehnung beim Volk.

Die Bedeutung der Parteiparolen ist mit Vorsicht zu genießen. Zwar ist die Wahrscheinlichkeit groß, dass schon die Nein-Parole einer einzigen der drei großen Parteien zu einer niedrigen Prozentzahl oder gar einer Ablehnung beim Referendum führt, doch ist dies nur ein anderer Ausdruck niedriger parlamentarischer Zustimmung. Denn eine Partei kann in der Regel beim Abstimmungskampf nicht von ihrem Parlamentsvotum abweichen. Dies würde jegliche Glaubwürdigkeit unterminieren.

Bei den Verbänden – die mit einer Ausnahme eher zurückhaltend agieren - können vor allem die Wirtschaftsverbände eine Rolle spielen, besonders im Verbund untereinander oder mit bürgerlichen Parteien.

Den „Schaffhauser Nachrichten" kommt als einziger Tageszeitung eine nicht zu unterschätzende Bedeutung zu. Eine ablehnende Parole ihrerseits erhöht die Wahrscheinlichkeit der Ablehnung bei der Volksabstimmung. Die tatsächliche

Zahl der Nein-Parolen ist aber - genau wie die Zahl der vom Volk abgelehnten Vorlagen - gering. Die formellen, inhaltlichen und prozessualen Merkmale von Entscheidungsprozessen sowie die Veränderung der Regierungsvorlage durch das Parlament haben keine oder kaum Erklärungskraft.

2. Entwicklungstendenzen im Kanton Schaffhausen

Ein Blick in die Zukunft ist immer gewagt und sehr spekulativ. Ich werde mich an dieser Stelle auf zwei Aspekte bzw. Entwicklungstendenzen beschränken: zum einen das Funktionieren und das Zusammenspiel der Behörden in der Politikgestaltung und zum anderen die Staatsstruktur im Kanton Schaffhausen. In beiden Bereichen werden derzeit große, teils umstrittene Reformprojekte diskutiert.

Die Regierung ist dem Parlament sowohl in der Gesetzesinitiative als auch im Gesetzesvollzug überlegen. Dies ist nicht nur im Kanton Schaffhausen so, sondern in den meisten parlamentarischen Demokratien. Deshalb ist es ungemein wichtig, dass das Parlament über die notwendigen Instrumente für eine effiziente Kontrolle der Regierungstätigkeit verfügt, wozu ja in der Wirklichkeit auch ein Großteil der Gesetzgebung gehört. Zwei Lösungsansätze möchte ich hier erwähnen. Erstens sollte über die Bildung von permanenten Kommissionen für die Gesetzgebung nachgedacht werden. In den wenigen heute bestehenden permanenten Kommissionen wird kaum Gesetzgebung betrieben. Diese Kommissionen haben eher Aufsichtsfunktionen und die Geschäftsprüfungskommission ist v.a. für den Haushalt verantwortlich. Zweitens sollte über die Professionalisierung der parlamentarischen Arbeit nachgedacht werden. Damit ist nicht gemeint, dass die Parlamentarier zu Berufspolitiker werden sollen, auch nicht ein Teil von ihnen (dies würde zu einem Zwei-Klassen-Parlament führen). Aber es wäre durchaus sinnvoll, wenn das Parlament einen eigenen wissenschaftlichen und juristischen Dient erhielte. Heute verfügt der Kantonsrat nur über ein bescheidenes administratives Sekretariat.

Des Weiteren könnten den Fraktionen Mittel für wissenschaftliche Mitarbeiter zur Verfügung gestellt werden. Dieser Trend zur Professionalisierung ist in größeren Kantonen bereits vorhanden und könnte in Zukunft auch die kleineren Kantone, wie beispielsweise Schaffhausen, erfassen.

Derzeit laufen Vorarbeiten zur Einführung einer wirkungsorientierten Verwaltungsführung (WoV) in der kantonalen Verwaltung. Dieses auf das New Public Management[138] (NPM) basierende Verwaltungsverfahren stellt eine Kehrtwende in der öffentlichen Verwaltung dar.

---

[138] Hier kann nicht näher auf die Details des NPM eingegangen werden. Vgl. hierzu Schedler/Proeller, 2000.

„Hauptziel ist dabei, dass sich die Aufgabenerfüllung verstärkt auf langfristige Ziele ausrichtet, kundenorientiert und bürgernah, effizient und kostengünstig ist" (Weber-Mandrin, 2001, 139).

Vor allem aber wird die Einführung für das nicht-professionelle Parlament einen Einschnitt bedeuten. Es muss von Input-Denken auf Output-Denken umschalten, und die Kontrolle von Regierung und Verwaltung wird nicht einfacher. Parlamentarier, die nicht bereit sind oder nicht die Möglichkeit haben, sich in diese neue Art der Verwaltungsführung einzuarbeiten, werden es im Falle einer definitiven Einführung[139] schwer haben, ihre parlamentarische Arbeit durchzuführen.

Das andere große Reformprojekt ist die Änderung der Staatsstruktur. In Kapitel 5 wurde deutlich, dass die derzeitige Gebietsstruktur im Kanton mit zahlreichen Klein- und Kleinstgemeinden einerseits und der Agglomeration Schaffhausen andererseits zu zahlreichen Problemen und Ineffizienzen in der Verwaltung führt. Eine Gebietsreform ist notwendig, doch darf sie nicht zu einer weitgehenden Zentralisierung auf kantonaler Ebene führen. Ein solch kleiner Kanton wie Schaffhausen ist einem besonderen Zentralisierungsdruck ausgesetzt (siehe unten). Es wird mittelfristig wohl zu einer moderaten Reform der Gebietsstruktur mit einigen Gemeindefusionen kommen. Ebenso ist möglich, dass die Stadt Schaffhausen gewisse Freiräume erhält, damit sie auf ihrem Niveau konkurrenzfähig bleiben kann.

3. Zu den Kleingliedstaaten[140]

Es gibt eine ganze Reihe von Kleingliedstaaten auf der Welt. Wenn als willkürliche Schwelle eine Einwohnerzahl von weniger als 100.000 festgelegt wird, dann gibt es in fast der Hälfte aller weltweit bestehenden 25 Bundesstaaten[141] einen oder sogar mehrere Kleingliedstaaten. Der klassische Kleingliedstaaten-Bundesstaat ist demnach die Schweiz.

Kleingliedstaaten verfügen über spezifische Merkmale, die mit der – nicht genau definierbaren – Kleinheit in Verbindung stehen. Nur durch diese Merkmale hat eine wissenschaftliche Beschäftigung mit diesen sehr kleinen Gliedstaaten überhaupt einen Sinn und eine Daseinsberechtigung. Im Folgenden möchte ich auf drei solcher Merkmale kurz eingehen. Dabei handelt es sich sowohl um ganz bestimmte Problemlagen oder Herausforderungen, als auch um einzigartige Handlungschancen und Vorteile[142]:

---

[139] Derzeit wird WoV in zehn Versuchsabteilungen angewendet.
[140] Vgl. zu dieser Thematik Förster/Lambertz, 2004.
[141] Gemäß Griffiths/Nerenberg, 2002.
[142] Diese Merkmale sind der Einleitung aus Förster/Lambertz, 2004 entnommen.

Einfache Gebietsstruktur

Kleingliedstaaten kommen mit einfachen staatlichen Strukturen aus. Zwischen der gliedstaatlichen Ebene und der lokalen Ebene sind keine weiteren Instanzen notwendig (wie beispielsweise deutsche Regierungsbezirke, belgische Provinzen[143] oder auch Bezirke, wie es sie in größeren Schweizer Kantonen gibt). Es kann natürlich die Frage aufgeworfen werden, wie sinnvoll in einem solch kleinen Gebiet eine kommunale Ebene überhaupt ist. Dies hängt von den jeweiligen Gegebenheiten ab. So wäre es beispielsweise in Kleingliedstaaten wie dem Kanton Schaffhausen oder der Deutschsprachigen Gemeinschaft Belgiens nicht sinnvoll, auf eine lokale Ebene zu verzichten, da es einerseits ein urbanes Zentrum gibt und andererseits ländliche Gegenden. Dagegen ist es in Stadtstaaten wie Basel – der ja schon kein Kleingliedstaat mehr ist – durchaus sinnvoll auf eine Doppelstruktur zu verzichten und dies wird auch in verschiedenen Fällen getan.

Generell muss aber davor gewarnt werden, dass der Föderalismus auf der gliedstaatlichen Ebene aufhört. Der Grundsatz der Einheit in der Vielfalt sollte auch innerhalb des Kleingliedstaates gelten. Dies ist keineswegs trivial. Gerade Kleingliedstaaten sind einem besonders großen Zentralisierungsdruck ausgesetzt. Sie befinden sich im Spannungsfeld zwischen innerem Föderalismus und Schwäche nach außen (v.a. zur Bundesebene) einerseits und innerer Zentralisierung und Stärke nach außen andererseits, Vatter (2004) spricht in diesem Kontext vom „Dilemma zwischen externem und internem Föderalismus".

Nicht vorhandene Größenvorteile

Bei der Erfüllung staatlicher Aufgaben bzw. der Bereitstellung öffentlicher Güter befinden sich Kleingliedstaaten aufgrund ihrer geringen Bevölkerung in einer schwierigen Situation. Kleingliedstaaten müssen in der Regel die gleichen Aufgaben erfüllen, wie größere und wesentlich größere Gliedstaaten, können aber nicht von Größenvorteilen (economies of scale) profitieren. Häufig ist der Mindestverwaltungsaufwand schon so groß, dass er eigentlich nicht finanzierbar ist. Es muss klar festgestellt werden, dass die Größe der Kleingliedstaaten in den meisten Fällen suboptimal ist und Kleinheit deshalb Geld kostet.

Es gibt aber auch eine zentrale Lösungsstrategie (wenn man mal von Free-rider-Lösungen absieht), nämlich die Kooperation auf gleicher Augenhöhe mit anderen föderalen Partnern oder auch grenzüberschreitend. Durch Kooperation kann ein Kleingliedstaat auch die Leistungen erbringen, die er aus eigener Kraft bzw. alleine nicht erbringen kann. Es gibt vielfältige Formen der Kooperation

---

[143] Für die Deutschsprachige Gemeinschaft in Belgien besteht beispielsweise das Problem, dass es noch die provinziale Zwischenebene gibt, die Deutschsprachige Gemeinschaft aber selber nicht über die Abschaffung dieser überflüssigen Instanz entscheiden kann.

hinsichtlich der Rechtsform, der Partner (bi- oder multilateral) und der gemeinsam erbrachten Aufgaben (von Einzelmaßnahmen bis hin zu ganzen Aufgabenpaketen).

Öffnung nach außen durch Kooperationszwang

Der faktische Zwang zur Kooperation bedeutet auch einen Zwang der Öffnung nach außen. Für Kleingliedstaaten ist die Öffnung überlebenswichtig. Diese Öffnung ist jedoch nicht nur eine Notwendigkeit, sondern auch eine Bereicherung für jeden Kleingliedstaat. Besonders den Kleingliedstaaten, die auch Grenzregionen sind, wie der Kanton Schaffhausen oder die Deutschsprachige Gemeinschaft Belgiens, bieten sich natürlich viele Chancen „direkt vor der Haustüre".

Über diese drei Merkmale hinaus können Kleingliedstaaten in ihren Bundesstaaten eine dynamische Vorreiterrolle einnehmen, sie können sozusagen als „Laboratorium" dienen.

Es ist ein Wunsch und eine Hoffnung, dass diese Einzelfallstudie eines Kleingliedstaates dazu anregt, dass es weitere Unersuchungen zu den verschiedensten Aspekten der Kleingliedstaatlichkeit geben wird. Ein nächster Schritt könnte darin bestehen, eine vergleichende Studie zu unterschiedlichen Aspekten (z.B. Rolle der Parlamente, Aufgabenerfüllung durch Kooperation, Gebietsstruktur, etc.) in den Kleingliedstaaten dieser Welt durchzuführen.

4. Folgerungen für die Deutschsprachige Gemeinschaft Belgiens

Wie im Vorwort erwähnt, lag der eigentliche Anstoß für dieses Forschungsvorhaben in der Deutschsprachigen Gemeinschaft Belgiens. Aus diesem Grunde möchte ich an dieser Stelle in kurzer Form darlegen, welche Folgerungen für die Deutschsprachige Gemeinschaft aus den Ergebnissen dieser Arbeit hervorgehen könnten.

Keinesfalls dürfen dabei die unterschiedlichen Rahmenbedingungen, in denen beide Kleingliedstaaten eingebettet sind, außer Acht gelassen werden. Nachfolgende Tabelle beinhaltet in synthetisierter Form die wesentlichen Gemeinsamkeiten und vor allem die Unterschiede zwischen den Bundesstaaten Belgien und Schweiz.

Das politische System des Kantons Schaffhausen 159

Tabelle: Vergleich der föderalen Elemente in Belgien und der Schweiz

Belgien	Schweiz
„Junger", devolutiver Bundesstaat, d.h. aus bestimmten Gründen (sprachlich-kulturelle und sozio-ökonomische Spannungen) wurde ein ehemaliger Einheitsstaat zum Bundesstaat umgewandelt.	„Klassischer", evolutiver Bundesstaat, d.h. einzelne Bestandteile haben sich zu einem Bund zusammengeschlossen.
Keine Verfassungsautonomie für die Deutschsprachige Gemeinschaft und die Region Brüssel-Hauptstadt und eine nur sehr beschränkte Verfassungsautonomie für die anderen Gliedstaaten. Keine Gemeinschaft oder Region besitzt eine Verfassung.	Umfangreiche Verfassungsautonomie mit weitgehenden Selbstorganisationsrechten für alle Kantone. Jeder Kanton besitzt eine Kantonalverfassung.
Teilstaatenebene ist zweigliedrig und asymmetrisch. Kompetenzaufteilung: - Residualkompetenz bei der Bundesebene - Kein Vollzugsföderalismus	Teilstaatenebene ist einfach und symmetrisch. Kompetenzaufteilung: - Residualkompetenz bei den Kantonen - Vollzugsföderalismus mit Rahmengesetzgebung des Bundes
Geringe Finanzautonomie der Teilstaaten, die Deutschsprachige Gemeinschaft besitzt keine Finanzautonomie.	Sehr große Finanzautonomie der Kantone.
Keine wirkliche Mitwirkung der Gliedstaaten auf der Bundesebene. Aber auf der Bundesebene arbeiten in Wirklichkeit nur regionale Parteien zusammen.	Starke Mitwirkung der Kantone auf Bundesebene.
Zahlreiche Formen der Kooperation zwischen Gliedstaaten und zwischen Gliedstaaten und dem Bund.	Zahlreiche Formen der Kooperation zwischen Gliedstaaten und zwischen Gliedstaaten und dem Bund.

Die Stellung des Kantons Schaffhausen innerhalb der Schweizer Eidgenossenschaft ist im Unterschied zu derjenigen der Deutschsprachigen Gemeinschaft Belgiens klar und eindeutig. Er ist einer von 26 gleich gestellten Kantonen[144]. Da sich der belgische Bundesstaat noch in einem Entwicklungsprozess befindet, ist die künftige Stellung der Deutschsprachigen Gemeinschaft weniger deutlich[145]. Zur Zeit entwickelt sich die Deutschsprachige Gemeinschaft hin zu einer „Gemeinschaft-Region"[146], was inhaltlich bedeutet, dass sie neben

---

[144] Die Halbkantone unterscheiden sich von den restlichen Kantonen nur dadurch, dass sie einen anstatt zwei Ständeräte in den Bund wählen und ihre Stimme beim Ständemehr bei eidgenössischen Abstimmungen nur halb gewichtet wird.

[145] Zur Situation der Deutschsprachigen Gemeinschaft Vgl. Berge / Grasse, 2003 und Förster / Lambertz / Neycken, 2004.

[146] Zum Konzept der „Gemeinschaft-Region" Vgl. Hutop, 2004.

der originären mit der Gemeinschaft verbundenen Autonomie auch sukzessiv Kompetenzen der zweiten gliedstaatlichen Ebene, den Regionen, übernimmt. Langfristig könnte der belgische Bundesstaat ein „klassischeres Gesicht" annehmen, in dem die beiden parallel existierenden gliedstaatlichen Ebenen zu einer einzigen verschmelzen und Belgien aus vier Gliedstaaten bestehen würde (Flandern, Wallonien, Deutschsprachige Gemeinschaft und Brüssel). Entscheidend hierfür ist allerdings, ob eine Lösung für das „Problem Brüssel"[147] gefunden wird.

Unabhängig von diesen unterschiedlichen Rahmenbedingungen können einige interessante Elemente im Kanton Schaffhausen ausgemacht werden, die für die Deutschsprachige Gemeinschaft in Zukunft von Belang sein könnten. Dies bedeutet jedoch keinesfalls, dass diese einfach eins zu eins übertragbar sind.

Verfassung

Es ist eigentlich eine Selbstverständlichkeit, dass Gliedstaaten über eine eigene Verfassung verfügen. In Belgien ist dies nicht der Fall, jedoch ist nicht ausgeschlossen, dass dies in Zukunft geschehen wird, vor allem weil die flämische Seite in dieser Angelegenheit sehr progressiv vorgeht. Eine Verfassung hat vor allem einen hohen symbolischen Wert und deshalb sollte die Bevölkerung aktiv an ihrer Entstehung teilhaben. Der breit abgestützte Verfassungsgebungsprozess[148] in Schaffhausen könnte Ideenlieferant und Vorbild sein

Institutionen

Die belgischen Gliedstaaten haben zwar keine eigene Verfassung, können aber wohl verschiedene die Behörden bzw. Institutionen betreffende Regelungen eigenständig treffen (vor allem Wahl und Funktionsweise von Parlament und Regierung). Über dieses Recht verfügt die Deutschsprachige Gemeinschaft nicht. Es ist aber durchaus möglich, dass kurz- bis mittelfristig auch der kleinste Bestandteil des belgischen Bundesstaates diese so genannte konstitutive Autonomie erhält. In diesem Falle könnte ebenfalls ein Blick auf den Kanton Schaffhausen geworfen werden, um eventuelle Anpassungen an die besondere Situation einer kleinen gliedstaatlichen Einheit vorzunehmen.

Kooperation

Wie bereits angeführt, ist die kreative Kooperation mit verschiedensten Partner die zentrale Lösungsstrategie für die aus der Kleinheit resultierenden Probleme (fehlende Größenvorteile). Die Deutschsprachige Gemeinschaft geht bereits heute zahlreiche Kooperationen ein. Dass Problem besteht darin, dass im

---

[147] Vgl. Deschouwer, 2002.
[148] Siehe Kapitel 8.

eigenen Land weitaus weniger Möglichkeiten bestehen als in der Schweiz. Diesen Nachteil macht die Deutschsprachige Gemeinschaft v.a. durch grenzüberschreitende Kooperationsformen wett. Der Kanton Schaffhausen muss jedoch bedeutend mehr Kooperationen eingehen, da die Kompetenzfülle noch ausgeprägter ist, als die der Deutschsprachigen Gemeinschaft. Deshalb gilt auch hier, dass der Vergleich mit Schaffhausen fruchtbar sein kann.

Haushaltsgesetzgebung

Die Autonomie der Deutschsprachigen Gemeinschaft entwickelt sich nicht nur durch weitere Kompetenzübertragungen in die Breite, sondern ebenfalls in die Tiefe. Damit ist beispielsweise die Haushaltsgesetzgebung gemeint. Zukünftig schreibt das Bundesrecht nur noch einige Grundsätze vor, innerhalb derer die Gliedstaaten ein eigenes System entwickeln müssen. Aufgrund der Verschiedenartigkeit zu den anderen belgischen Gliedstaaten könnte es interessant sein, die Schaffhauser Haushaltsgesetzgebung zu Rate zu ziehen. Dies gilt in besonderem Maße, da in Schaffhausen zur Zeit eine völlige Neuorientierung gemäß dem Prinzip des „New Public Management" im Gange ist.

Finanzautonomie

Was diesen Aspekt betrifft, ist Belgien nur sehr wenig föderalistisch. Die Deutschsprachige Gemeinschaft verfügt über keine Finanzautonomie. Sie erhält ihre Mittel durch Dotationen des Bundes und der Wallonischen Region (als Ausgleich für die Kompetenzübertragungen). Dies schränkt den Gestaltungsspielraum der Deutschsprachigen Gemeinschaft natürlich stark ein. Falls es in Zukunft zu einer Erweiterung der gliedstaatlichen Finanzkompetenz (Steuerautonomie) kommt, würde sich ebenso ein Vergleich mit der Schweiz lohnen. Von besonderem Interesse ist die Verbindung von direkter Demokratie und Investitionsentscheidungen.

Selbstverständlich kann die Deutschsprachige Gemeinschaft auch ein interessantes Vorbild für den Kanton Schaffhausen sein. Dies gilt in besonderem Maße für die in dieser Arbeit behandelten Herausforderungen Professionalisierung des Parlaments und Reform der Gemeindestruktur.

Weiterer Vergleichs- und Lernmöglichkeiten von hohem praktischem Nutzen würden Politikfeldvergleiche ergeben, bspw. die Organisation des Schulwesens oder die Krankenhauspolitik. Hier könnte ein Austausch zwischen Fachpolitikern und –beamten sicherlich fruchtbar sein.

Anhang

1. Literaturverzeichnis

Bassand, Michel 1978, Les institutions communales: un rouage fondamental des systèmes politiques cantonaux, in: Germann, Raimund E. (Hrsg.), Politik der Kantone (Schweizerisches Jahrbuch für Politische Wissenschaft Bd. 18), Bern, S. 167-181.

Berge, Frank / Grasse, Alexander 2003, Belgien – Zerfall oder föderales Zukunftsmodell? Der flämisch-wallonische Konflikt und die Deutschsprachige Gemeinschaft, Opladen.

Betschart, Hedy 1999, Strukturreformen im Rahmen der Totalrevision der Ostschweizer Kantonsverfassungen, in: LeGes, Nr. 2, 41-59.

Betschart, Hedy 2000, Einbindung der Bevölkerung in den Prozess der Verfassungsgebung unter besonderer Berücksichtigung des Verfahrens im Kanton Schaffhausen, in: Gesetzgebungs-Bulletin, 14. Jg., Nr. 5, S. 15-20.

Betschart, Hedy 2001, Zum Stand des Schaffhauser Verfassungsrechts – geltendes Recht und laufende Totalrevision, in: Verein Schaffhauser Juristinnen und Juristen (Hrsg.): Schaffhauser Recht und Rechtsleben, Schaffhausen, S. 71-98.

Blum, Roger 1978, Rolle, Schwierigkeiten und Reform der kantonalen Parlamente, in: Germann, Raimund E. (Hrsg.), Politik der Kantone (Schweizerisches Jahrbuch für Politische Wissenschaft Bd. 18), Bern, S. 11-31.

Bolli, Felix 1992, Der Grosse Rat im Zentrum der Gewalten, in: Schaffhauser Magazin, Nr. 2, S. 16f

Bollinger, Ernst 1978, Die Rolle der Presse in der kommunalen und kantonalen Politik. Tatsachen, Hypothesen und Ungewissheiten, in: Germann, Raimund E. (Hrsg.), Politik der Kantone (Schweizerisches Jahrbuch für Politische Wissenschaft Bd. 18), Bern, S. 95-104.

Bolz, Urs 1992, Neuere Totalrevisionen von Kantonsverfassungen. Eine Bestandesaufnahme der Revisionsverfahren, in: Gesetzgebung heute, Nr. 2, S. 55-87.

Delley, Jean-Daniel / Auer, Andreas 1986, Structures politiques des cantons, in: Germann, Raimund E. / Weibel, Ernest (Hrsg.), Handbuch Politisches System der Schweiz, Bd. 3, Föderalismus, Bern, Stuttgart, S. 85-105.

Deschouwer, Kris 2002, Getrennt zusammenleben in Belgien und Brüssel, in: Europäisches Zentrum für Föderalismus-Forschung (Hrsg.), Jahrbuch des Föderalismus 2002, Baden-Baden, S. 275-287.

Dubach, Reto 2001, Kantonsrat, Regierungsrat und Verwaltung – staatliche Tätigkeit im Wandel, in: Verein Schaffhauser Juristinnen und Juristen (Hrsg.): Schaffhauser Recht und Rechtsleben, Schaffhausen, S. 181-196.

Dubach, Reto / Ritzmann, Christian 2001, Die interkantonale und internationale Zusammenarbeit des Kantons Schaffhausen, in: Verein Schaffhauser Juristinnen und Juristen (Hrsg.): Schaffhauser Recht und Rechtsleben, Schaffhausen, S. 249-266.

Fagagnini, Hans-Peter 1978, Die Rolle der Parteien auf kantonaler Ebene, in: Germann, Raimund E. (Hrsg.), Politik der Kantone (Schweizerisches Jahrbuch für Politische Wissenschaft Bd. 18), Bern, S. 75-94.

Felder, Urs 1993, Wahl aller Kantonsregierungen unter besonderer Berücksichtigung des Wahlsystems, Freiburg (CH), Dissertation.

Förster, Stephan / Lambertz, Karl-Heinz (Hrsg.) 2004, Small is beautiful, isn´t it? Herausforderungen und Perspektiven kleiner (glied-)staatlicher Einheiten, Tübingen.

Förster, Stephan / Lambertz, Karl-Heinz / Neycken, Leonhard 2004, Die Deutschsprachige Gemeinschaft Belgiens – das kleinste Bundesland in der Europäischen Union, in: Europäisches Zentrum für Föderalismus-Forschung (Hrsg.), Jahrbuch des Föderalismus 2004, Tübingen, S. 207-218.

Freiburghaus, Dieter / Zehnder, Vital 2003, Horizontale Kooperation zwischen den Kantonen und die „systematisch-pragmatische Zusammenarbeit" in der Zentralschweiz, in: Europäisches Zentrum für Föderalismus-Forschung (Hrsg.), Jahrbuch des Föderalismus 2003, Tübingen, S. 270-283.

Friedli, Felix 1996, Die funktionale Zusammenarbeit zwischen Kantons- und Stadtverwaltung Schaffhausen, Basel, Dissertation.

Germann, Raimund E. 1984, Regierung und Verwaltung, in: Klöti, Ulrich (Hrsg.), Handbuch Politisches System der Schweiz, Bd. 2., Strukturen und Prozesse, Bern, Stuttgart, S. 45-76.

Germann, Raimund E. (Hrsg.) 1985, Experts et commissions de la Confédération, Lausanne.

Germann, Raimund E. 1998, Öffentliche Verwaltung in den Schweiz, Bd. 1, Der Staatsapparat und die Regierung, Bern, Stuttgart, Wien.

Germann, Raimund E. 2002, Die Kantone: Gleichheit und Disparität, in: Klöti, Ulrich u.a. (Hrsg.), Handbuch der Schweizer Politik, 3., überarbeitete Auflage, Zürich, S. 385-419.

Geser, Hans 1981, Bevölkerungsgrösse und Staatsorganisation. Kleine Kantone im Lichte ihrer öffentlichen Budgetstruktur, Verwaltung und Rechtssetzung, Bern, Frankfurt a../M.

Geser, Hans 1986, Milizverwaltung und professionelle Verwaltung auf Gemeindeebene, in: Germann, Raimund E. / Weibel, Ernest (Hrsg.), Handbuch Politisches System der Schweiz, Bd. 3, Föderalismus, Bern, Stuttgart, S. 171-200.

Geser, Hans u.a. 1994, Die Schweizer Lokalparteien, Zürich.

Geser, Hans 2002, Die Gemeinden in der Schweiz, in: Klöti, Ulrich u.a. (Hrsg.), Handbuch der Schweizer Politik, 3., überarbeitete Auflage, Zürich, S. 421-468.

Geser, Hans / Höpflinger, Francois 1977, Staatsverwaltung und Sozialstruktur: Ein Vergleich zwischen vier Kantonen, in: Schweizerisches Jahrbuch für politische Wissenschaft, Bd. 17, S. 111-135.

Griffiths, Ann L. / Nerenberg, Karl 2002, Guide des pays fédérés, Montreal u.a.

Grisel, Etienne (2001), Die Volksrechte in den Kantonen, in: Thürer, Daniel / Aubert, Jean-Francois / Müller, Jörg Paul (Hrsg.), Verfassungsrecht der Schweiz, Zürich, S. 397-411.

Gruner, Erich 1977, Die Parteien in der Schweiz, 2., neu bearbeitete und erweiterte Auflage, Bern.

Gut, Walter 1990, Das Kollegialitätsprinzip, in: Schweizerisches Zentralblatt für Staats- und Gemeindeverwaltung, 90. Jg., Nr.1, S. 1-11.

Hangartner Yvo / Kley, Andreas 2000, Die demokratischen Rechte in Bund und Kantonen der Schweizerischen Eidgenossenschaft, Zürich.

Harnisch, Paul u.a. 1968, 50 Jahre Arbeiter-Zeitung im Dienste des Fortschritts (1918-1968), Schaffhausen.

Heierli, Claudia 2000, Kantonale Legislativen: Defizitäre oder ausgebaute Arbeitsparlamente, in: Mitteilungsblatt der Schweizerischen Gesellschaft für Parlamentsfragen, 3. Jg., Nr. 2, S. 14-21.

Hendry, Gion 1979, Die öffentlich-rechtliche Zusammenarbeit der Gemeinden im Kanton Schaffhausen, Zürich, Dissertation.

Herren-Luther, Ursula 1990, Die Frau im Parlament, in: Stadlin, Paul (Hrsg.), Die Parlamente der schweizerischen Kantone, Zug, S. 95-101.

Höpflinger, Francois / Ladner, Andreas / Tschäni, Hans 1987, Zur Zukunftstauglichkeit des Milizsystems, Zürich.

Hutop, Benjamin 2004, Das Konzept der „Gemeinschaft-Region" im Kontext des belgischen Föderalismus. Die deutschsprachige Minderheit im Spannungsfeld zwischen personenbezogener und territorialer Autonomie: Welche Entfaltungs- und Mitwirkungsmöglichkeiten kann ein multinationaler, dissoziativer Föderalstaat einer Minderheit bieten?, Jena (unveröffentlichte Magisterarbeit).

Jegher, Annina 1999, Bundesversammlung und Gesetzgebung. Der Einfluss von institutionellen, politischen und inhaltlichen Faktoren auf die Gesetzgebungstätigkeit der Eidgenössischen Räte, Bern, Stuttgart, Wien, Dissertation.

Joos, Eduard 1975, Parteien und Presse im Kanton Schaffhausen, Schaffhausen, Dissertation.

Joos, Eduard 2001, Ein Stadtstaat erfindet Kantonsstrukturen, Schaffhauser Verfassungsgeschichte seit 1798, in: Verein Schaffhauser Juristinnen und Juristen (Hrsg.), Schaffhauser Recht und Rechtsleben, Schaffhausen, S. 27-57.

Joos, Eduard / Ott, Bernhard 1998, Die kantonalen Volksabstimmungen seit 1831, in: Schaffhauser Beiträge zur Geschichte, Bd. 75, S. 237-256.

Joos, Eduard / Ott, Bernhard 2002, Vom Obrigkeitsstaat zum demokratischen Pluralismus, in: Historischer Verein des Kantons Schaffhausen (Hrsg.), Schaffhauser Kantonsgeschichte des 19. und 20. Jahrhunderts, Bd. 2, Schaffhausen, S. 614-923.

Klöti, Ulrich 1998, Kantonale Parteiensysteme – Bedeutung des kantonalen Kontexts für die Positionierung der Parteien, in: Kriesi, Hanspeter / Linder, Wolf / Klöti, Ulrich (Hrsg.), Schweizer Wahlen 1995, Bern, Stuttgart, Wien, S. 45-72.

Klöti, Ulrich 2002, Regierung, in: Derselbe u.a. (Hrsg.), Handbuch der Schweizer Politik, 3., überarbeitete Auflage, Zürich, S. 159-185.

Kriesi, Hanspeter 2001, Grundlagen der politischen Willensbildung, in: Thürer, Daniel / Aubert, Jean-Francois / Müller, Jörg Paul (Hrsg.), Verfassungsrecht der Schweiz, Zürich, S. 413-425.

Kübler, Markus / Schneider, Christian 2001, Das neue Schaffhauser Gemeinderecht, in: Verein Schaffhauser Juristinnen und Juristen (Hrsg.), Schaffhauser Recht und Rechtsleben, Schaffhausen, S. 209-221.

Ladner, Andreas 1996, Die Schweizer Lokalparteien im Wandel. Aktuelle Entwicklungstendenzen gefährden die politische Stabilität, in: Swiss Political Science Review, 2. Jg., Nr. 1, S. 1-24.

Ladner, Andreas / Brändle, Michael 2001, Die Schweizer Parteien im Wandel, Von Mitgliederparteien zu professionellen Wählerorganisationen?, Zürich.

Lijphart, Arend 1971, Comparative politics and comparative method, in: American Political Science Review, 65. Jg., Nr. 3, 682-693.

Linder, Wolf 1990, Ausblick, in: Parlamentsdienste (Hrsg.), Das Parlament – Oberste Gewalt des Bundes?, Bern, Stuttgart, S. 485-493.

Linder, Wolf 1999, Schweizerische Demokratie. Institutionen-Prozesse-Perspektiven, Bern, Stuttgart, Wien.

Linder, Wolf 2002, Direkte Demokratie, in: Klöti, Ulrich u.a. (Hrsg.), Handbuch der Schweizer Politik, 3., überarbeitete Auflage, Zürich, S. 109-130.

Lowi, Theodore J. 1972, Four systems of policy, politics and choice, in: Public Administration Review, July/August, S. 298-310.

Lowi, Theodore J. 1975, Ein neuer Bezugsrahmen für die Analyse von Machtstrukturen, in: Narr, Wolf-Dieter / Offe, Claus (Hrsg.), Wohlfahrtsstaat und Massenloyalität, Köln, S. 133-143.

Lutz, Georg / Strohmann, Dirk 1998, Wahl- und Abstimmungsrecht in den Kantonen, Bern, Stuttgart, Wien.

Mach, André 2002, Associations d'intérêts, in: Klöti, Ulrich u.a. (Hrsg.), Handbuch der Schweizer Politik, 3., überarbeitete Auflage, Zürich, S. 297-333.

Marti, Arnold 1999, Chronik des Schaffhauser Rechtslebens, in: Informationsblatt des Vereins Schaffhauser Juristinnen und Juristen, Nr. 11, S. 1-16.

Mastronardi, Philippe 1990, Parlamentarische Verwaltungskontrolle: Aufgabe und Entwicklungsmöglichkeiten in der Schweiz, in: Stadlin, Paul (Hrsg.), Die Parlamente der schweizerischen Kantone, Zug, S. 137-149.

Meuser, Michael / Nagel, Ulrike 1991, ExpertInneninterviews – vielfach erprobt, wenig bedacht, in: Garz, Detlef / Kraimer, Klaus (Hrsg.), Qualitativempirische Sozialforschung. Konzepte, Methoden, Analysen, Opladen, S. 441-471.

Meyn, Hermann 2004, Massenmedien in Deutschland, Konstanz.

Möckli, Silvano 2000, Über die Funktionen eines kantonalen Parlaments, in: Mitteilungsblatt der Schweizerischen Gesellschaft für Parlamentsfragen, 3. Jg., Nr. 2, S. 4-13.

Moser, Christian 1985, Institutionen und Verfahren der Rechtssetzung in den Kantonen, Bern.

Moser, Christian 1987, Aspekte des Wahlrechts in den Kantonen, Bern.

Moser, Christian 1988, Wahl und Zusammensetzung kantonaler Exekutiven: Die Entwicklung der letzten Jahre, in: Hablützel, Peter / Hirter, Hans / Junker, Beat (Hrsg.), Schweizerische Politik in Wissenschaft und Praxis. Festschrift für Peter Gilg, Bern, S. 71-91.

Moser, Christian 1990, Neue politische Gruppierungen ziehen in die Parlamente ein, in: Stadlin, Paul (Hrsg.), Die Parlamente der schweizerischen Kantone, Zug, S. 175-190.

Müller, Georg 1978, Methode und Verfahren der kantonalen Gesetzgebung am Beispiel des Kantons Aargau, in: Germann, Raimund E. (Hrsg.), Politik der

Kantone (Schweizerisches Jahrbuch für Politische Wissenschaft Bd. 18), Bern, S. 55-74.

Neidhart, Leonhard 1970, Plebiszit und pluralitäre Demokratie: Eine Analyse der Funktion des schweizerischen Gesetzesreferendums, Bern.

Neidhart, Leonhard 1986, Funktions- und Organisationsprobleme der schweizerischen Parteien, in: Politische Parteien und neue Bewegungen (Schweizerisches Jahrbuch für Politische Wissenschaft, Bd. 26), Bern, S. 21-46.

Nuspliger, Kurt 2001, Grundzüge der Behördenstruktur im Verfassungsrecht der Kantone, in: Thürer, Daniel / Aubert, Jean-Francois / Müller, Jörg Paul (Hrsg.), Verfassungsrecht der Schweiz, Zürich, S. 1083-1098.

Poitry, Alain-Valéry 1989, La fonction d´ordre de l´Etat. Analyse des mécanismes et des déterminants sélectifs dans le processus législatif suisse, Bern, Frankfurt a./M., New York, Paris, Dissertation.

Poledna, Tomas 2001, Grundzüge des Wahlrechts in den Kantonen, in: Thürer, Daniel / Aubert, Jean-Francois / Müller, Jörg Paul (Hrsg.), Verfassungsrecht der Schweiz, Zürich, S. 373-381.

Riklin, Alois 1997, Die Funktionen des schweizerischen Parlaments im internationalen Vergleich, in: Steffani, Winfried / Thaysen, Uwe (Hrsg), Parlamente und ihr Umfeld, Opladen, S. 65-82.

Riklin, Alois / Ochsner, Alois 1984, in: Klöti, Ulrich (Hrsg.), Handbuch Politisches System der Schweiz, Bd. 2., Strukturen und Prozesse, Bern, Stuttgart, S. 77-115.

Ritzmann, Christian 2001, Die selbstständigen kantonalen Anstalten, in: Verein Schaffhauser Juristinnen und Juristen (Hrsg.): Schaffhauser Recht und Rechtsleben, Schaffhausen, S. 197-208.

Rucht, Dieter 1993, Parteien, Verbände und Bewegungen als Systeme politischer Interessenvermittlung, in: Niedermayer, Oskar (Hrsg.), Stand und Perspektiven der Parteienforschung in Deutschland, Opladen, S. 251-275.

Schedler, Kuno / Proeller, Isabella 2000, New Public Management, Bern, Stutgart, Wien.

Schmid, Gerhard 1984, Parlament, Regierung, Gerichte, in: Das politische System Basel-Stadt. Geschichte, Strukturen, Institutionen, Politikbereiche, Basel, Frankfurt a./M., S. 259-278.

Schneider, Christian 1995, Die Volksrechte der Schaffhauser Kantonsverfassung – Entwicklung und Perspektive, in: Schweizerisches Zentralblatt für Staats- und Verwaltungsrecht, 96. Jg., Nr. 9, S. 389-415.

Schneider, Christian 2001, Die politischen Rechte der Schaffhauser Kantonsverfassung, in: Verein Schaffhauser Juristinnen und Juristen (Hrsg.): Schaffhauser Recht und Rechtsleben, Schaffhausen, S. 153-179.

Schönberger, Kurt 1989, Vademecum für den Ratsbesucher. Ein Wegbereiter zum Parlamentsbetrieb, Schaffhausen (Staatsarchiv Schaffhausen HZ3089).

Schönberger, Kurt 1990, Der Grosse Rat von Schaffhausen, in: Stadlin, Paul (Hrsg.), Die Parlamente der schweizerischen Kantone, Zug, S. 349-355.

Schreyer, Bernhard /Schwarzmeier, Manfred 2000, Grundkurs Politikwissenschaft: Studium der politischen Systeme, Wiesbaden.

Späth, Walter 1990: Magazin, in: Dufour. Das Bild der Schweiz, Nr. 1 (Schaffhausen), S. 146-189.

Stengel, Karl 1982, Kantonsinterne Vernehmlassungsverfahren, in: Schweizerisches Zentralblatt für Staats- und Gemeindeverwaltung, 83. Jg., Nr. 12, S. 521-536.

Stadlin, Paul 1990a, Rotation an der Spitze, in: Derselbe (Hrsg.), Die Parlamente der schweizerischen Kantone, Zug, S. 83-93.

Stadlin, Paul 1990b, Geschäftsordnung, Sitzordnung, Stabsfunktionen, in: Derselbe (Hrsg.), Die Parlamente der schweizerischen Kantone, Zug, S. 123-135.

Stoltz, Peter 1984, Verbände, Gewerkschaften, Interessengruppen, in: Das politische System Basel-Stadt. Geschichte, Strukturen, Institutionen, Politikbereiche, Basel, Frankfurt a./M., S. 333-345.

Tschäni, Hans 1983, Wer regiert die Schweiz? Zürich.

Trechsel, Alexander /Serdült, Uwe 1999, Kaleidoskop Volksrechte. Die Institutionen der direkten Demokratie in den schweizerischen Kantonen (1970-1996), Basel, Genf, München.

Urio, Paolo / Markow, Nedjalka 1986, Les administrations cantonales, in: Germann, Raimund E. / Weibel, Ernest (Hrsg.), Handbuch Politisches System der Schweiz, Bd. 3, Föderalismus, Bern, Stuttgart, S. 107-136.

Vatter, Adrian 2002, Kantonale Demokratien im Vergleich. Entstehungsgründe, Interaktionen und Wirkungen politischer Institutionen in den Schweizer Kantonen, Opladen.

Vatter, Adrian 2004, Gesetzgebung, Vollzug und interkantonale Zusammenarbeit in kleinen Schweizer Kantonen, in: Förster, Stephan / Lambertz, Karl-Heinz (Hrsg.), Small is beautiful, isn´t it? Herausforderungen und Perspektiven kleiner (glied-)staatlicher Einheiten, Tübingen.

Weber-Mandrin, Monique 2001, Öffentliche Aufgaben der Kantonsverfassungen, Zürich, Dissertation.

Wuerth, André 2002, Mediensystem und politische Kommunikation, in: Klöti, Ulrich u.a. (Hrsg.), Handbuch der Schweizer Politik, 3., überarbeitete Auflage, Zürich, S. 335-382.

Wyss, Moritz von 2002, Gesetzesformulierung oder Gesetzesabsegnung durch das Parlament, in Leges, Nr. 3, S. 59-65.

Zehnder, Ernst 1988, Die Gesetzesüberprüfung durch die schweizerische Bundesversammlung. Untersuchung der parlamentarischen Veränderungen von Vorlagen des Bundesrates in der Legislaturperiode 1971-1975, Entlebuch, Dissertation.

2. Amtliche Dokumente

- Berichte und Anträge des Regierungsrates für die untersuchten Geschäfte
- Vorlagen der parlamentarischen Kommissionen für die untersuchten Geschäfte
- Schaffhauser Abstimmungsmagazin der Jahrgänge 1989 bis 2002
- Verwaltungsberichte 1989-2002
- Staatskalender der Kantons Schaffhausen 2003
- Stellenplan des Kantons Schaffhausen 2003 (Amtsdruckschrift 03-28)
- Grosser Rat des Kantons Schaffhausen: Wahlvorschläge für die konstituierende Sitzung des Grossen Rates vom 15. Januar 2001
- Bericht und Antrag des Büros des Grossen Rates an den Grossen Rat des Kantons Schaffhausen betreffend Gesuch um Aufhebung der parlamentarischen Immunität von Kantonsrat René Steiner vom 18. Mai 1995 (Amtsdruckschrift 4138)

3. Nichtamtliche Dokumente

- Kantonale Parteiprogramme von SVP, FDP, SP, ÖBS, GB
- Kantonale Partei-Statuten von SVP, FDP, SP
- Kantonale Verbands-Statuten von KGV, IVS, Bauernverband, SGB, VÖPS, VPOD, SSH, LSH, Polizeibeamten-Verband, Pflegeberufs-Verband
- Tätigkeitsberichte von KGV, IVS, Bauernverband

4. Statistisches Material

- Der Kanton Schaffhausen in Zahlen 1980-2003 (Hrsg. Schaffhauser Kantonalbank)
- Statistisches Jahrbuch der Schweiz 2002, Neuenburg 2002
- Schweizerische Politik – Année politique suisse 1988-2002, Bern 1989-2003

5. Presseerzeugnisse

- „Schaffhauser Nachrichten" der Jahrgänge 1988 bis 2003
- Neue Zürcher Zeitung vom 28. August 2000 und vom 12. Juni 2003

6. Rechtsnormen

- Bundesverfassung der Schweizerischen Eidgenossenschaft vom 18. April 1999 (Stand 15. Juli 2003)
- Verfassung des Kantons Schaffhausen vom 24. März 1876
- Verfassung des Kantons Schaffhausen vom 17. Juni 2002
- Gemeindegesetz vom 17. August 1998
- Gesetz über den Grossen Rat vom 20. Mai 1996
- Organisationsgesetz vom 18. Februar 1985
- Wahlgesetz vom 15. März 1904
- Dekret über den Finanzausgleich vom 25. November 2002
- Dekret über die Einteilung des Kantons Schaffhausen in Wahlkreise für die Wahl des Grossen Rates vom 15. Juni 1992
- Dekret über Besoldung, Ferien und berufliche Vorsorge des Regierungsrates des Kantons Schaffhausen vom 31. August 1998
- Beschluss des Grossen Rates des Kantons Schaffhausen über das Sitzungsgeld für Mitglieder des Grossen Rates, des Büros und der Kommissionen vom 22. Januar 2001
- Beschluss betreffend Globalbudgets vom 2. Dezember 1996
- Proporzwahlverordnung vom 13. November 1979
- Geschäftsordnung des Grossen Rates des Kantons Schaffhausen vom 20. Dezember 1999
- Organisationsverordnung vom 6. Mai 1986
- Geschäftsordnung für den Regierungsrat des Kantons Schaffhausen vom 31. März 1987
- WoV - Verordnung vom 24. Dezember 1996
- Verordnung über die Zustellung der eidgenössischen und kantonalen Abstimmungsvorlagen und Erläuterungen vom 27. Juni 1995
- Vereinbarung über die Konferenz der Kantonsregierungen vom 8. Oktober 1993

Das politische System des Kantons Schaffhausen 175

7. Experteninterviews[149]

Parteien

Frau Eichenberger*	Parteipräsidentin ÖBS
Herr Flubacher-Hatt*	Parteipräsident EVP
Herr Freivogel*	Parteipräsident SP
Herr Heydecker*	Parteipräsident FDP
Frau Traber*	Sprecherin GB
Frau Widmer Gysel*	Parteipräsidentin SVP

Verbände

Herr Baumer	Präsident VÖPS
Herr Brunetti	Geschäftsführer KGV
Herr Dr. Jenny	Präsident der IVS
Herr Kammer	Präsident Lehrerverband LSH
Herr Landoldt	Sekretär des Bauernverbandes
Frau Marti	Präsidentin VPOD
Herr Passerini	Ex-Präsident des Staatspersonalverbandes
Frau Steinemann-Frey	Leiterin der Geschäftsstelle IVS
Herr Tissi	Präsident SGB

Presse

Herr Neininger	Chefredakteur „Schaffhauser Nachrichten"
Herr Ott	„Schaffhauser AZ"
Herr Stamm	Herausgeber „Schleitheimer Bote"
Herr Steiner	Herausgeber „Schaffhauser Bock"

---

[149] Die mit * gekennzeichneten Personen wurden aus technischen Gründen schriftlich befragt.

Gemeinden

Herr Hostetmann	Stadtpräsident Stein am Rhein
	Präsident des Verbandes der Stadt- und Gemeindepräsidenten
Herr Kaufmann	Gemeindepräsident Löhningen
Herr Wenger	Stadtpräsident Schaffhausen

Parlament

Frau Betschart	Projektbetreuerin Verfassungsrevision
Herr Beuter	Kantonsratspräsident 2003
Frau Frattini	Kantonsratssekretärin
Herr Dr. Joos	Präsident der Verfassungskommission

Regierung/Verwaltung

Herr Dr. Bilger	Sekretär Finanzdepartement
Herr Dr. Dubach	Staatsschreiber
Herr Gehring	Sekretär Departement des Inneren
Herrn Gnädinger	Chef Amt für Justiz und Gemeinden
Herr Hoff*	Sekretär Baudepartement
Herr Dr. Lenherr	Regierungspräsident 2003
Frau Liechtenstein	Wiss. Mitarbeiterin Finanzdepartement
Herr Christian Ritzmann	Staatsschreiber-Stellvertreter
Herr Dr. Rohner	Sekretär Erziehungsdepartement
Herr Schmid	Projektleiter SH.auf

Das politische System des Kantons Schaffhausen 177

8. Liste der untersuchten Normen

1 Änderung der Finanzkompetenzen
2 Teilrevision des Natur- und Heimatschutzgesetzes
3 Krankenkassengesetz
4 Finanzhaushaltsgesetz
5 Wärmeverbund Herrenacker, Schaffhausen
6 Sanierung Kreuzstrasse, Neuhausen am Rheinfall
7 Ausbau der "Judenstrasse" bei Dörflingen
8 Erstellung einer Turnhalle für die GIB Schaffhausen
9 Errichtung einer Prüfhalle für das Strassenverkehrs- und Schifffahrtsamt
10 Bauliche Erweiterung des Kantonalen Laboratoriums
11 Herabsetzung des Stimm- und Wahlrechtsalters
12 Herabsetzung des Stimm- und Wahlrechtsalters
13 Computertomograph für das Kantonsspital Schaffhausen
14 Blockheizkraftwerk Herbstäcker in Neuhausen am Rheinfall
15 Änderung des Schulgesetzes (Realisierung eines Sonderschulkonzeptes)
16 Änderung des Gemeindegesetzes (Feuerwehrwesen)
17 Totalrevision des Gesetzes betreffend "Erwerb und Verlust des Kantons- und Gemeindebürgerrechts"
18 Teilharmonisierung der Besoldung der Lehrerschaft durch den Einbau von Gemeindezulagen
19 Änderung des Gesetzes über die "Strassenverkehrssteuern"
20 Erstellung von Erweiterungsbauten für das Pestalozziheim Schaffhausen
21 Integriertes EDV-System im Bereich der Steuern
22 Gesetz über die Bauplanung und das öffentliche Baurecht im Kanton Schaffhausen (Baugesetz)
23 Änderung des Gesetzes über den Betrieb von Spielautomaten und Spielsalons
24 Änderung des Gesetzes über die Subventionierung von Schulbauten
25 Änderung des Strassengesetzes
26 Änderung des Gesetzes über die direkten Steuern
27 Gesetz über die Ausrichtung von Beiträgen an kantonale Hochschulen
28 Änderung des Einführungsgesetzes zum Berufsbildungsgesetz
29 Gesetz über die Jagd und den Schutz wildlebender Säugetiere und Vögel (Kantonales Jagdgesetz)
30 Beitritt des Kantons Schaffhausen zur Interkantonalen Vereinbarung über Hochschulbeiträge
31 Schaffung neuer Räumlichkeiten für das Kantonale Laboratorium
32 Änderung der Strafprozessordnung für den Kanton Schaffhausen
33 Änderung des Schulgesetzes (Schulzahnklinik)
34 Änderung des Personalgesetzes und des Schulgesetzes
35 Änderung des Personalgesetzes (Stufenanstieg und Teuerungszulage) (Schicksalsartikel)
36 Erstellung einer Dreifachhalle für Kanti, KVS und Vereinssport
37 Erwerb des Verwaltungsgebäudes der Georg Fischer AG im Mühlental
38 Gesetz über Warenhandel und Schaustellungen
39 Gesetz über den Schutz von Personendaten (Kantonales Datenschuzgesetz)
40 Änderung des Gesetzes über die direkten Steuern
41 Änderung des Gesetzes über die Einführung des Schweizerischen Zivilgesetzbuches (Konsumkreditwesen)
42 Änderung des Sozialhilferechts
43 Straffung der Rechtspflege
44 Gesetz über die Einf. des rev. BG über die Org. der Bundesrechtspflege und die Straffung der Rechtspflege
45 Gesetz über die Neuordnung des Flurwesens
46 Gesetz über die öffentliche Sozialhilfe (Sozialhilfegesetz)
47 Krankenversicherungsgesetz
48 Änderung des Schulgestzes (Verteilung der Schullasten bei gemeinsamen Schulen und Kreisschulen)

49 Änderung des Schulgestzes (Beiträge an Ausbildungsgänge im nachobligatorischen Schulbereich)
50 Änderung des Wahlgesetzes
51 Gesetz über Organisation und Schutzmassnahmen bei ausserordentlichen Ereignissen
52 Altersbetreuungs- und Pflegegesetz
53 Einmietung der Seminarabteilungen und des Didaktischen Zentrums in der ehemaligen Werkschule GF
54 Änderung des Musikschulgesetzes
55 Gesetz über die Schaffhauser Kantonalbank
56 Gesetz über Ergänzungsleistungen zur Alters-, Hinterlassenen- und Invalidenversicherung
57 Gesetz über das Gastgewerbe und den Handel mit alkoholhaltigen Getränken
58 Änderung des Gesetzes über die direkten Steuern
59 Gesetz über den Grossen Rat
60 Gesetz über die Einführung von Art.3 Abs.4 in das Gesetz über den Grossen Rat (Ausstandsregelung)
61 Änderung des Gesetzes über die Dienstverhältnisse des Staatspersonals (Personalgesetz)
62 Ersatz- und Umbauten des kantonalen Psychiatriezentrums
63 Einleitung des Verfahrens zur Gesamtrevision der Kantonsverfassung
64 Änderung der Verfassung des Kantons Schaffhausen
65 Tourismusgesetz
66 Arbeitslosenhilfegesetz
67 Kantonales Waldgesetz
68 Änderung des Personalgesetzes
69 Erstellung eines Verbindungstraktes zwischen dem alten und dem neuen Schulhaus der Kantonsschule
70 Beschaffung eines Magnettresonanz-Tomographen am Kantonsspital
71 Organisation des Einzelricherwesens
72 Gesetz über die Organisation des Einzelrichterwesens
73 Gemeindewesen
74 Gemeindegesetz
75 Gesetz über die Raumplanung und das öffentliche Baurecht im Kanton Schaffhausen (Baugesetz)
76 Gesetz über die Aufhebung des Gesetzes für die Erhaltung von Wohnraum im Kanton Schaffhausen
77 Änderung des Schulgesetzes
78 Wasserwirtschaftsgesetz
79 Gesetz über Ergänzungsleistungen zur AHV und IV
80 Änderung des kantonalen Krankenversicherungsgesetzes
81 Änderung des Gesetzes über die Einführung des Schweizerischen Zivilgesetzbuches (amtliche Vermes
82 Kantonsbeitrag an den Neubau der Obertorbrücke in Schaffhausen
83 Wirtschaftsförderungsgesetz
84 Teilrevision des Gesetzes über die öffentlichen Ruhetage und den Ladenschluss (Ruhetagsgesetz)
85 Gesetz über Familien- und Sozialzulagen
86 Ersatz- und Umbauten des kantonalen Psychiatriezentrums
87 Sanierung des alten Pflegetraktes des Kantonsspitals
88 Kantonales Landwirtschaftsgesetz
89 Elektrizitätsgesetz
90 Gesetz über die Organisation des Polizeiwesens (Polizeiorganistionsgesetz)
91 Totalrevision des Gesetzes über die direkten Steuern
92 Gesetz über die Regionalen Verkehrsbetriebe Schaffhausen
93 Anschluss des Kantonsspitals an den Wärmeverbund Mühlental
94 Kantonsbeitrag an den Ausbau und die Modernisierung des SBB-Bahnhofs Neuhausen am Rheinfall
95 Die neue Kantonsverfassung
96 Die neue Kantonsverfassung
97 Teilrevision des Gesundheitsgesetzes
98 Einführungsgesetz zum Gewässerschutzgesetz
99 Revision des Wirtschaftsförderungsgesetz
100 Radweg-Bauprogramm gemäss Strassenrichtplan 1996

Das politische System des Kantons Schaffhausen

101 Neubau und Umbau am Berufsbildungszentrum Schaffhausen
102 Die neue Kantonsverfassung
103 Variantenabstimmung zur neuen Kantonsverfassung über das fakultative Gesetzesreferendum
104 Gesetz über die Spielautomaten, die Spiellokale und die Kursaalabgabe (Spielbetriebsgesetz)
105 Änderung des Schulgesetzes (Pädagogische Hochschule)
106 Beteiligung des Kantons Schaffhausen an einer neuen schweizerischen Luftfahrtgesellschaft
107 Aufhebung des Niveauübergangs "Enge" in Beringen / Neuhausen am Rheinfall
108 Kantonsbeitrag an den Bau eines neuen Buszentrums beim Bahnhof Schaffhausen
109 Ergänzungsbau der Kantonsschule mit Ersatzräumen für die Diplommittelschule
110 Volksinitiative "Zur Verminderung der Motorboote auf dem Rhein"
111 Volksinitiative "Für die Erhaltung von preisgünstigem Wohnraum"
112 Volksinitiative "Für ein abfallarmes Gastgewerbe"
113 Volksinitiative "Mehr Volksrechte bei den Spitaltaxen"
114 Volksinitiative "Reduktion der Erbschafts- und Schenkungssteuer"
115 Gegenvorschlag zur Volksinitiative "Reduktion der Erbschafts- und Schenkungssteuer"
116 Volksinitiative "Für ein G. über die Förderung des Baus und der Erneuerung von preisgünstigem Wohnraum"
117 Volksinitiative "Solidarität in der Krise"
118 Volksinitiative "Frühpensionierung"
119 Volksinitiative "Verbilligung der Krankenkassenprämien"
120 Volksinitiative "Förderung des Selbstgenutzten Wohnraums"

Das Europäische Zentrum für Föderalismus-Forschung, Tübingen

Seit Beginn des europäischen Integrationsprozesses spielt die Frage nach der künftigen Struktur Europas bzw. einer europäischen „Verfassung" eine wichtige Rolle. Ein entscheidender Aspekt ist dabei, die föderale Balance zwischen zentralen und dezentralen Elementen zu finden, um die zukünftigen Herausforderungen Europas zu bewältigen. Maastricht, Amsterdam und Nizza haben entscheidend zu dem erneuten Aufleben dieser Diskussion beigetragen. Dabei gewinnt die öffentliche Debatte vor allem durch die wachsende Rolle der Länder, Regionen und autonomen Gemeinschaften sowie der Kommunen als europapolitische Akteure an Brisanz, deren Zahl durch die anhaltenden Regionalisierungs- und Föderalisierungstendenzen in vielen europäischen Staaten weiter zunimmt.

In diesem Zusammenhang steht die Tätigkeit des **Europäischen Zentrums für Föderalismus-Forschung (EZFF)** an der Universität Tübingen. Es begleitet seit 1993 diese Entwicklung und erforscht ihre Hintergründe. Das EZFF ist eine interdisziplinäre Einrichtung, die sich wissenschaftlich und politikberatend mit Fragen des Föderalismus, des Regionalismus und der subnationalen Ebenen in Europa beschäftigt. Die einzelnen Arbeitsschwerpunkte des EZFF lassen sich in einem dreisäuligen Modell darstellen:

1. *Regionen, Regionalismus und Regionalpolitik* (derzeit u.a. grenzüberschreitende und interregionale Kooperation innerhalb und an den Außengrenzen der Europäischen Union, Regional- und Strukturpolitik in einer erweiterten Union, Regionen im Europa 2000, Regionen und europäische Informationsgesellschaft);

2. *Föderalismus als Organisationsprinzip für Institutionen, Entscheidungsstrukturen und für einzelne Politikfelder in den Mitgliedstaaten und dem Europäischen Mehrebenensystem* (derzeit u.a. Effizienz und Demokratie in dezentralen und föderalen Systemen, Aufgabenverteilung und Subsidiaritätsprinzip in der Europäischen Union, die Zukunft der europäischen Finanzverfassung, Sozial- und Beschäftigungspolitik in der EU, Entwicklungsperspektiven des Ausschusses der Regionen in einer erweiterten EU);

3. *Dezentralisierungs-, Regionalisierungs- und Föderalisierungsprozesse in den Mitgliedstaaten der Europäischen Union sowie in Mittel- und Osteuropa.*

Das Europäische Zentrum für Föderalismus-Forschung führt transnationale Forschungsprojekte durch, veranstaltet regelmäßig internationale Konferenzen in ganz Europa (z. B. Belgien, Italien, Ungarn, Schweden) und nimmt Aufträge für Einzelgutachten entgegen. Die Forschungs- und Konferenzergebnisse werden im „Jahrbuch des Föderalismus. Föderalismus, Subsidiarität und Regionen in Europa" (seit 2000), der Schriftenreihe des Zentrums bei der NOMOS-Verlagsgesellschaft und in der Serie „Occasional Papers" publiziert. Gleichberechtigt neben der wissenschaftlichen Arbeit steht die Beratungstätigkeit des EZFF für Politik, Verwaltung und Wirtschaft. Besonderen Wert legt das Europäische Zentrum für Föderalismus-Forschung in seiner Arbeit auf die Verbindung von Theorie und Praxis, transnationale Kooperationen und die interdisziplinäre Ausrichtung seiner Forschungsaktivitäten. Zur Tätigkeit des EZFF gehört deshalb auch der Aufbau von Netzwerken. So hat das Zentrum die **European Association of Researchers on Federalism (EARF)** gegründet, der etwa 70 Wissenschaftler aus den Mitgliedstaaten der Europäischen Union, der Schweiz und den Staaten Mittel- und Osteuropas angehören. Das EZFF betreut dieses Netzwerk und dient als Geschäftsstelle.

Das EZFF wird von einem interdisziplinär zusammengesetzten Vorstand aus Geographen, Historikern, Juristen, Ökonomen und Politikwissenschaftlern geleitet. Die laufenden Arbeiten werden durch den Wissenschaftlichen Koordinator und die Mitarbeiter des Zentrums betreut.

Nähere Auskünfte bei:

Europäisches Zentrum für Föderalismus-Forschung (EZFF)
Ass. iur. Annegret Eppler, M.A.
(Wissenschaftliche Koordinatorin)
Nauklerstr. 37a
D-72074 Tübingen

Tel.: +49(0)7071-29 77 368
Fax: +49(0)7071-92 28 76
E-Mail: ezff@uni-tuebingen.de
Website: www.uni-tuebingen.de/ezff

Schriftenreihe des Europäischen Zentrums für Föderalismus-Forschung bei der NOMOS Verlagsgesellschaft, Baden-Baden:

Band 1: KNIPPING, Franz (Ed.), Federal Conceptions in EU-Member States. Traditions and Perspectives, 1994,
ISBN 3-7890-3663-3, € 45,-

Band 2: HRBEK, Rudolf (Hrsg.), Europäische Bildungspolitik und die Anforderungen des Subsidiaritätsprinzips, 1994,
ISBN 3-7890-3656-0, € 28,-

Band 3: RAICH, Silvia, Grenzüberschreitende und interregionale Zusammenarbeit in einem "Europa der Regionen". Dargestellt anhand der Fallbeispiele Großregion Saar-Lor-Lux, EUREGIO und "Vier Motoren für Europa" - Ein Beitrag zum Europäischen Integrationsprozeß, 1995,
ISBN 3-7890-3657-9, € 34,-

Band 4: ALEN, André, Der Föderalstaat Belgien, Nationalismus - Föderalismus - Demokratie. Mit dem Text der neuen Belgischen Verfassung, 1995,
ISBN 3-7890-3791-5, € 20,50

Band 5: STURM, Roland (Hrsg.), Europäische Forschungs- und Technologiepolitik und die Anforderungen des Subsidiaritätsprinzips, 1996,
ISBN 3-7890-4149-1, € 28,-

Band 6: WEBER-PANARIELLO, Philippe A., Nationale Parlamente in der Europäischen Union. Eine rechtsvergleichende Studie zur Beteiligung nationaler Parlamente an der innerstaatlichen Willensbildung in Angelegenheiten der Europäischen Union im Vereinigten Königreich, Frankreich und der Bundesrepublik Deutschland, 1995,
ISBN 3-7890-4120-3, € 45,-
Dieser Band wurde 1996 mit dem Wissenschaftspreis des Deutschen Bundestages für Arbeiten zum Parlamentarismus ausgezeichnet.

Band 7: KINSKY, Ferdinand/KNIPPING, Franz (Eds.), Le "fédéralisme personnaliste" aux sources de l'Europe de demain. Der personalistische Föderalismus und die Zukunft Europas, Hommage à Alexandre Marc, 1996,
ISBN 3-7890-4190-4, € 44,-

Band 8: HRBEK, Rudolf (Hrsg.), Die Anwendung des Subsidiaritätsprinzips in der Europäischen Union - Erfahrungen und Perspektiven, 1995,
ISBN 3-7890-4142-4, € 28,-

Band 9: COLLIER, Ute / GOLUB, Jonathan / KREHER, Alexander (eds.), Subsidiarity and Shared Responsibility: New Challenges for EU Environmental Policy, 1997,
ISBN 3-7890-4647-7, € 35,-

Band 10: AGRANOFF, Robert (Ed.), Accommodating Diversity: Asymmetry in Federal States, 1999,
ISBN 3-7890-6395-9, € 34,-

Band 11: AMMON, Günter et al. (Ed.), Föderalismus oder Zentralismus? Europas Zukunft zwischen dem deutschen und dem französischen Modell, 1996,
ISBN 3-7890-4446-6, € 34,-

Band 12: SCHULTZE, Claus J., Die deutschen Kommunen in der Europäischen Union - Europa-Betroffenheit und Interessenwahrnehmung, 1997,
ISBN 3-7890-4830-5, € 34,-

Band 13: **STRAUB, Peter / HRBEK, Rudolf** (Hrsg.), Die europapolitische Rolle der Landes- und Regionalparlamente in der Europäischen Union, 1998, ISBN 3-7890-5219-1, € 40,-

Band 14: **STURM, Roland / WEINMANN, Georg** (eds.), The Information Society and the Regions in Europe. A British-German Comparison, 2000, ISBN 3-7890-7007-6, € 45,-

Band 15: **MÄNNLE, Ursula** (Hrsg.), Föderalismus zwischen Konsens und Kooperation. Tagungs- und Materialienband zur Fortentwicklung des deutschen Föderalismus, 1998, ISBN 3-7890-5490-9, € 45,-

Band 16: **KRETSCHMER, Otto / HRBEK, Rudolf** (Hrsg.), Standortpolitik und Regionalisierung in Europa. Probleme - Kompetenzen - Lösungen, 1999, ISBN 3-7890-6083-6, € 37,-

Band 17: **HRBEK, Rudolf** (Hrsg.), Europapolitik und Bundesstaatsprinzip. Die "Europafähigkeit" Deutschlands und seiner Länder im Vergleich mit anderen Föderalstaaten, 2000, ISBN 3-7890-6541-2, € 37,-

Band 18: **STUDENT, Thomas**, Die europäische Herausforderung – Grenzüberschreitende Kooperation im Wettbewerb der Regionen. Zusammenarbeit an der deutsch-niederländischen Grenze im Rahmen der Ems Dollart Region und der Neuen Hanse Interregio, 2000, ISBN 3-7890-6546-3, € 43,-

Band 19: **STURM, Roland / KROPP, Sabine** (Hrsg.), Hinter den Kulissen von Regierungsbündnissen. Koalitionspolitik in Bund, Ländern und Gemeinden, 1999, ISBN 3-7890-6393-2, € 43,-

Band 20: **TEUFEL, Erwin / PERLOT, Enzo** (Hrsg.), Starke Regionen für ein Starkes Europa - Dokumentation des zweiten deutsch-italienischen INTERREGIO-Forums, 2000, ISBN 3-7890-6939-6, € 28,-

Band 21: **JOHNE, Roland**, Die deutschen Landtage im Entscheidungsprozess der Europäischen Union. Parlamentarische Mitwirkung im europäischen Mehrebenensystem, 2000, ISBN 3-7890-6797-0, € 66,-

Band 22: **HRBEK, Rudolf** (Hrsg.), Political Parties and Federalism. An International Comparison, 2004, ISBN 3-8329-0914-1, € 44,-

Band 24: **EUROPÄISCHES ZENTRUM FÜR FÖDERALISMUS-FORSCHUNG (Hrsg.)**, Europäischer Föderalismus im 21. Jahrhundert, 2003, ISBN 3-7890-8306-2, € 36,-

Band 25: **HRBEK, Rudolf / NETTESHEIM, Martin (Hrsg.)**, Europäische Union und mitgliedstaatliche Daseinsvorsorge, 2002, ISBN 3-7890-7881-6, € 48,-

Band 26: **ZIMMERMANN-STEINHART, Petra**, Europas erfolgreiche Regionen. Handlungsspielräume im innovativen Wettbewerb, 2003 ISBN 3-8329-0367-4, € 48,-

Band 27: **HRBEK, Rudolf (Hrsg.)**, Außenbeziehungen von Regionen in Europa und der Welt – External Relations of Regions in Europe and the World, 2003 ISBN 3-8329-0382-8, € 55,-

---

Die Bände der Schriftenreihe des Europäischen Zentrums für Föderalismus-Forschung (EZFF) sind über den Buchhandel oder direkt bei der NOMOS Verlagsgesellschaft, Vertrieb, D-76520 Baden-Baden zu beziehen   (E-mail: NOMOS@nomos.de oder Fax: ++49 (0)7221/ 21 04-27).

OCCASIONAL PAPERS

Hrsg. vom Europäischen Zentrum für Föderalismus-Forschung (EZFF), Tübingen:

☐ Nr. 1: **STURM, Roland**, Economic Regionalism in a Federal State: Germany and the Challenge of the Single Market, 1994, ISBN 3-980 3672-0-7, € 2,-

☐ Nr. 2: **HAVERLAND, Markus**, Europäische Integration im Spannungsverhältnis von Zentralisierung und Dezentralisierung, 1995, ISBN 3-980 3672-1-5, € 2,-

☐ Nr. 3: **FECHTNER, Detlef**, Abschied vom kompensatorischen Föderalismus, 1995, ISBN 3-980 3672-2-3, € 3,-

☐ Nr. 4: **SCHÖBEL, Norbert**, Der Ausschuß der Regionen, 1995 (vergriffen; siehe Nr. 17)

☐ Nr. 5: **GROSSE HÜTTMANN, Martin**, Das Subsidiaritätsprinzip in der EU – eine Dokumentation, 1996, ISBN 3-980 3672-5-8, € 6,-

☐ Nr. 6: **ILLÉS, Iván**, Carpathian (Euro)Region, 1996, ISBN 3-9803672-6-6, € 4,-

☐ Nr. 7: **HORVÁTH, Gyula**, Transition and Regionalism in East-Central Europe, 1996, ISBN 3-9803672-7-4, € 4,-

☐ Nr. 9: **HANNOWSKY, Dirk/RENNER, Andreas**, Subsidiaritätsprinzip, Bürgersouveränität und Ordnungswettbewerb. Ordnungstheoretische Überlegungen zur Ausgestaltung einer präferenzkonformen Ordnung Europas, 1996, ISBN 3-9803672-4-X, € 4,-

☐ Nr. 10: **KROPP, Sabine,** Dezentralisierung und Transformation in Rußland, 1996, ISBN 3-9803672-8-2, € 4,-

☐ Nr. 11: **STURM, Roland**, Strategien intergouvernementalen Handelns. Zu neueren Tendenzen des Föderalismus in Deutschland und den USA, 1996, ISBN 3-9803672-9-0, € 3,-

☐ Nr. 13: **HRBEK, Rudolf** (Hrsg.), Regionen und Kommunen in der EU und die Regierungskonferenz 1996, 1996, ISBN 3-9805358-0-0, € 4,-

☐ Nr. 14/1: **LOB, Harald/OEL, Matthias**, Informationsgesellschaft und Regionen in Europa. Wirtschafts- und regionalpolitische Aspekte der Europäischen Informationsgesellschaft, 1997, ISBN 3-9805358-1-9, € 3,-

☐ Nr. 14/2: **STURM, Roland/ WEINMANN, Georg**, Challenges of the Information Society to the Regions in Europe. A Research Agenda, 1997, ISBN 3-9805358-5-1, € 4,-

☐ Nr. 15: **MÜHLBACHER, Georg**, Italien zwischen institutioneller Reform und Föderalismus, 1999, ISBN 3-9805358-9-4, € 6,-

☐ Nr. 17: **SCHÖBEL, Norbert**, Der Ausschuß der Regionen, 1997, ISBN 3-9805358-2-7;

SCHÖBEL, Norbert, The Committee of the Regions, 1997, ISBN 3-9805358-3-5;

SCHÖBEL, Norbert, Le Comité des Régions, 1997, ISBN 3-9805358-4-3, € 5,-

☐ Nr. 18: **BLANCKE, Susanne/SCHMID, Josef**, Die aktive Arbeitsmarktpolitik der Bundesländer im Vergleich - Programme, Konzepte, Strategien, 1998, ISBN 3-9805358-6-X, € 4,-

☐ Nr. 19: **NEUSS, Beate/JURCZEK, Peter/HILZ, Wolfram (Hrsg.)**, Grenzübergreifende Kooperation im östlichen Mitteleuropa. Beiträge zu einem politik- und regionalwissenschaftlichen Symposium an der TU Chemnitz, 1998, ISBN 3-9805358-7-8, € 6,-

☐ Nr. 20: **NEUSS, Beate/JURCZEK, Peter/HILZ, Wolfram (Hrsg.)**, Transformationsprozesse im südlichen Mitteleuropa - Ungarn und Rumänien. Beiträge zu einem politik- und regionalwissenschaftlichen Symposium an der TU Chemnitz, 1999, ISBN 3-9805358-8-6, € 6,-

☐ Nr. 21: **NEUSS, Beate/JURCZEK, Peter/HILZ, Wolfram (Hrsg.)**, Entwicklungsstrategien in Nordosteuropa – Baltikum und Finnland. Beiträge zu einem politik- und regionalwissenschaftlichen Symposium an der TU Chemnitz, 2000, ISBN 3-9806978-1-9, € 7,-

☐ Nr. 22: **HRBEK, Rudolf (Hrsg.)**, Die Osterweiterung der Europäischen Union. Problemfelder und Lösungsansätze aus deutscher und ungarischer Sicht, 2000, ISBN 3-9806978-0-0, € 7,-

☐ Nr. 23: **MARHOLD, Hartmut**, Föderale Strukturen Für Europa? Aktuelle Beiträge zur Debatte in Frankreich, 2000, ISBN 3-9806978-2-7, € 4,-

☐ Nr. 24: **NEUSS, Beate/JURCZEK, Peter/HILZ, Wolfram (Hrsg.)**, Zwischenbilanz der EU-Osterweiterung – Slowenien, Slowakei. Tschechien als Beispiele, 2001, ISBN 3-9806978-3-5, € 5,-

☐ Nr. 25: **BLANKE, Hermann-Josef**, Der Ausschuss der Regionen. Normative Ausgestaltung, politische Rolle und verwaltungsorganisatorische Infrastruktur, 2002, ISBN 3-9806978-4-3, € 4,-

☐ Nr. 26: **NEUSS, Beate/JURCZEK, Peter/HILZ, Wolfram (Hrsg.)**, Europäische Integrationsbestrebungen auf politischer und regionaler Ebene – Tschechien und Polen, 2002, ISBN 3-9806978-5-1, € 5,-

☐ Nr. 27: **NEUSS, Beate/JURCZEK, Peter/HILZ, Wolfram (Hrsg.)**, Die MOE-Staaten vor dem EU-Beitritt Chancen und Probleme aus politik- und regionalwissenschaftlicher Sicht. Beiträge zu einem politik- und regionalwissenschaftlichen Symposium an der TU Chemnitz, 2003, ISBN 3-9806978-6-x, € 7,-

☐ Nr. 28 **HRBEK, Rudolf/EPPLER, Annegret (Hrsg.)**, Deutschland vor der Föderalismus-Reform – Eine Dokumentation, 2003, ISBN 3-9806978-7-8, € 3,-

☐ Nr. 29 **FÖRSTER, Stephan/LAMBERTZ, Karl-Heinz (Hrsg.)**, Small is beautiful, isn´t it? Herausforderungen und Perspektiven kleiner (glied)staatlicher Einheiten. Beiträge zur Konferenz in Eupen am 31. Januar 2004, ISBN 3-9806978-8-6, € 4,-

☐ Nr. 30 **FÖRSTER, Stephan**, Das politische System des Kantons Schaffhausen. Akteure, Institutionen und Entscheidungsprozesse in einem Kleingliedstaat, ISBN 3-9806978-9-4, € 8,-

Occasional Papers können Sie über den Buchhandel beziehen oder direkt bestellen. Bitte kreuzen Sie dazu die gewünschten Titel auf der Liste an und senden das Formular an:

Europäisches Zentrum für Föderalismus-Forschung (EZFF)
z.Hd. Frau Katrin Böttger
Nauklerstraße 37 A
D-72074 Tübingen
Oder Sie senden das Formular per Fax an das EZFF:

Fax: +49 / (0)7071 / 92 28 76
Schließlich können Sie auch über unsere Homepage bestellen:
http://www.uni-tuebingen.de/ezff
Dort finden Sie auch weitere Informationen zu uns und unseren Aktivitäten sowie eine Menge nützlicher Links und Materialien zu den Themen „Föderalismus" und „Europäische Integration".